现代教师教与学

张 华 王亚军 张 姝 编著

教育部、财政部"国培计划"生成性资源

四川省哲学社会科学规划课题"四川省中小学教学名师的现状调研与培训模式研究"研究成果

四川中小学教师专业发展研究中心立项课题"四川省'国培计划'骨干教师培训模式创新研究"研究成果

科学出版社

北 京

内 容 简 介

　　本书是教育部、财政部"国培计划"生成性资源、国家级精品资源共享课配套用书,是四川省哲学社会科学规划课题"四川省中小学教学名师的现状调研与培训模式研究"、四川中小学教师专业发展研究中心立项课题"四川省'国培计划'骨干教师培训模式创新研究"的研究成果。

　　本书以"理论引路·案例铺路·反思指路·训练行路"为编写原则,立足于"教",指向于"学",通过介绍教师的职业发展、角色表现、知识结构、能力类型、道德诉求、心理调适、礼仪行为等内容,结合理论阐述、教育叙事、案例分析等层面进行应用性、策略性和操作性的梳理和解读。

　　本书适用于高等师范院校教师教育各专业的本科教学、中小学教师培训,也可作为选修教师教育课程的其他专业本科生、研究生,以及一线教师、学校管理者、基础教育研究者等的参考用书。

图书在版编目(CIP)数据

现代教师教与学/张华,王亚军,张姝编著 .—北京:科学出版社,2017.6
ISBN 978-7-03-051366-3

Ⅰ.①现… Ⅱ.①张… ②王… ③张… Ⅲ.①教师素质-教材
Ⅳ.①G451.6

中国版本图书馆 CIP 数据核字(2017)第 002453 号

责任编辑:李淑丽/责任校对:彭　涛
责任印制:赵　博/封面设计:华路天然工作室

科 学 出 版 社 出版
北京东黄城根北街 16 号
邮政编码:100717
http://www.sciencep.com

三河市荣展印务有限公司 印刷
科学出版社发行　各地新华书店经销

＊

2017 年 6 月第 一 版　　开本:787×1092 1/16
2018 年 6 月第二次印刷　　印张:15
字数:365 000

定价:39.80 元
(如有印装质量问题,我社负责调换)

前　　言

　　教师学是以教师为研究对象的学科，它既研究教师职业与教师行为的基本特点，也研究教师群体和个体的发展规律。本书以"理论引路·案例铺路·反思指路·训练行路"为整体编写原则，立足于"教"，指向于"学"，通过介绍教师的职业发展、角色定位、专业知识、专业能力、职业道德、心理素质、教师学习、教师研究、教师文化、形象礼仪等内容，结合理论阐述、教育叙事、案例分析、教病诊治等层面进行应用性、策略性和操作性的梳理和解读，以揭示和厘清教师职业和教师群体演变发展的规律，以及教师个体成长的规律，从而对教师的专业发展提供认识上、方法上和实践上的指导，为师范生在职前教育和一线教师在职后教育中提高自己的专业素养和专业化水平提供帮助。

　　本书按照"一线传真""理论导航""案例聚焦""点石成金"和"技能训练"五个板块组成，以突显"应用性"与"理论型"的编写特色。其中，"一线传真"旨在通过教学一线的典型故事，抛砖引玉，开启读者的探究兴趣；"理论导航"是各章重点，借助理论分析和中小学的经典案例渗透课改精神和教师专业理念；"案例聚焦"均为编著者甄选源自基础教育课程改革中一线教师或师范生提供的原创个案；"点石成金"主要由编著者对案例进行点评，以进一步深化对教师行为的理解和认识；"技能训练"主要由"教学反思""教病诊治""行动作业"三种类型构成，旨在让读者参与实际操作，发现并能矫正教学中的各种问题，深化对教师学的理论认识和对教师职业的理解。

　　本书共十章，主要内容如下：

　　第一章"现代教师职业论"：本章主要是对教师职业发展的历史、职业地位、劳动特点和职业幸福的介绍，梳理教师职业的历史变迁，增强从教的幸福感和神圣感。

　　第二章"现代教师角色论"：本章主要是对教师角色类型的梳理，通过比较传统、现代和未来角色的不同特点，强化教师自我的角色感和使命感。

　　第三章"现代教师知识论"：本章主要探讨一个合格的教师应该具备什么样的知识结构、教师知识的特殊性，以及什么样的知识对于教师而言最有价值。

　　第四章"现代教师能力论"：本章主要探讨一个合格的教师应该具备什么样的能力，教师能力的不同类型，以及不同阶段教师能力的培养。

　　第五章"现代教师道德论"：本章主要通过介绍教师的基本职业道德，教师道德在不同时期的要求及其核心要素，明确教师道德对于职业的重要性和特殊性。

　　第六章"现代教师心理论"：本章主要通过对教师心理健康重要性的认识，引导教师正确认识职业压力和职业倦怠，增强教师心理健康和心理应对能力。

　　第七章"现代教师学习论"：本章主要通过对教师学习的内涵、特征和价值的分析，以进一步提升学习对于教师的重要性，为教师的专业化成长提供路径。

第八章"现代教师研究论"：本章主要介绍了教师研究的价值、特点，以及当前在教师研究领域关注颇多的教师研究的类型，以促进教师从"教学型"向"研究型"的提升。

第九章"现代教师文化论"：本章主要通过对教师文化的介绍，揭示教师文化的作用、形式以及教师群体发展的规律，打造教师研修文化。

第十章"现代教师礼仪论"：本章主要通过教师仪表礼仪、教师校园礼仪、教师交际礼仪三个部分的介绍，让教师掌握常用的、必备的基本礼仪。

本书主要适用于高等师范院校教师教育各专业的本科教学、中小学教师培训，也可为选修教师教育课程的其他专业本科生、研究生，以及一线教师、学校管理者、基础教育研究者提供理论参考和学习用书。作为一本尚处于"初级阶段"的教师学用书，本书主要侧重于学习内容的原理性和基础性，同时作为现代教师学课程的入门用书，其主要体现在知识学习的实用性和丰富性，以期激发读者进一步学习的兴趣。"纸上得来终觉浅，绝知此事要躬行"，无论是作为教师还是编写者，我们深知：博采众长，学以致用，慎思笃行，方可得益。

本书由张华负责框架拟订、体例设计和内容审定，具体编写情况为：第一章：刘继华（成都大学）、罗芳（四川师范大学）；第二章：张华（四川师范大学）、王丹（四川师范大学）；第三章：徐猛（成都师范学院）、杨小青（四川师范大学）；第四章：王和芬（成都文理学院）、刘芷伶（四川师范大学）；第五章：张伟（四川师范大学）、陈恩意（四川师范大学）；第六章：徐华（西南民族大学）、兰欣（四川师范大学）；第七章：王亚军（四川师范大学）、杨茹钦（四川师范大学）；第八章：张姝（四川师范大学）、张华（四川师范大学）；第九章：范佳（西华大学）、曾芮（四川师范大学）；第十章：赵艳林（四川师范大学）、温馨（四川师范大学）。此外，四川师范大学文学院2016级课程与教学论、学科教学专业的研究生王琴、焦虹、彭蜀蓉、林娇、陈梦瑶、刘晓、杨美凤、罗芳、邓诗蜜、张茜、袁子茜、侯舒桐、余悦、刘维良，2014级汉语言文学专业本科生乐芮、孔佳丽、何文涛、李成艳、李尔英、李丹阳、庞丹、彭璟、李承招、冯后继、何鑫、唐宇辰、母栏方参与了礼仪拍摄和图片处理。

本书的出版得到了四川师范大学副校长杜伟，教师培训学院院长李志全、副院长曹正善，文学院院长刘敏、副院长汪燕岗、谭光辉、袁雪梅等领导的热切关心和大力支持。

本书在编写过程中参考和引用了国内外许多研究者的研究成果，借鉴和吸收了一线教师的经典案例，由于涉及面广，内容多，未能一一列举，在此诚谢，疏漏之处，敬请同行雅量。

由于编著者水平与时间的限制，书中难免存在不妥之处，真诚希望专家、同行和读者不吝赐正，也恳请广大读者将意见和建议通过科学出版社反馈给我们，以便在后续版本中不断改进和完善。

张　华

2017 年 3 月

目　　录

第一章　现代教师职业论

教师是一种使人类和自己都会变得更加美好的职业。教师以其创造性的劳动去实现自己的生命价值，并在创造性的劳动中，享受因过程本身而带来的自身生命力焕发的欢乐。

——叶澜

★ 一线传真

"一群特别的孩子，过早地遭遇了风雨；别人来了又走，她却欲走又回；别人收获的时候，她还在默默地辛勤耕耘；她播下的是孩子希望的种子，她放飞的是孩子们沉甸甸的梦想。"2016 年 9 月 10 日，身为"80"后的梁琰在央视"寻找最美教师大型公益活动"中荣获 2016 年度"最美教师"。她 18 岁毕业进入河南省安阳市特殊教育学校教授舞蹈，用舞蹈帮助身患残疾的孩子实现成才梦想，每一个看似简单的动作，梁琰和她的学生都要经过成百上千次练习。耐心教导、刻苦训练，这便是梁琰和孩子们的日常生活。为了更好地开展教育，她编创了符合孩子们心理、生理特点的舞蹈教材。2015 年，梁琰老师带领学校艺术团学生在《我要上春晚》《群英汇》等中央电视台金牌节目中展露风采，得到大众一致好评。她用全部的爱帮助每一位学生，从 18 岁到 35 岁，梁琰把最美丽的青春奉献给了这些孩子们。

从古至今，教师始终是正能量的代名词，是社会价值的标杆。梁琰的漫长坚守绝非来自功名利禄的驱使和一时的心血来潮，而是来自将信念看得比生命还重要的一代人的情怀，来自将这些特殊的孩子视为自己的孩子的价值认知。正是处处以学生利益为重的职业价值观，才会使她具有甘于奉献、乐于坚守的勇气。她的事迹通过央视平台引起的广泛关注，鲜明体现了社会对教师职业价值的高度认同，深刻传达出普通大众对无私、大爱的颂扬和渴望。正如第斯多惠所言："（教师要）把教育事业作为自己一生的使命，（要为教育）贡献出自己的整个心灵。"毫无疑问，"最美教师"梁琰的事迹为新时代的教师职业书写了一份崇高与神圣，铸造了 21 世纪教师职业形象的一座崭新的丰碑。

★ 理论导航

第一节　教师职业的历史

"古之学者必有师。"教师是一种古老而年轻的职业，是推动历史车轮滚滚前行的重要力量。教师"得天下英才而教育之"，以庄严的历史责任感传承人类文明，让民族文化世代流传。几千年来教师职业伴随着社会的发展和劳动的分工，其间经历了一个从依附（官师合一）到独立，从单一到复杂，从无序到制度化的发展历程，有成功的经验，也有失败的教训。如果说历史的更迭铺就了教师职业的发展之路，那么古往今来尊师重教的传统则深化着人们对教师职业的理解与认识；如果有一种力量可以指引生命的方向，其中一定有教师的光芒；如果有一种声音可以影响人生的思想，其中一定有教师的嘹亮。

一、古代教师职业的时代变迁

自原始社会以来，人类的生存与文化的传承始终都离不开劳动技能和生活经验的传授。我国古籍所载的伏羲氏教民以猎、神农氏教民耕种的传说都表明：早在人类社会初期，教师还没有形成独立职业的时候，就存在着教师劳动。但在人类历史的早期，教师并不具有独立的身份，其所承担的教育者的任务与所直接从事的生产劳动、政治活动、宗教活动等紧密结合，呈现出"政教合一""以吏为师""以僧为师"的现象。

1. 教师职业的萌芽

在原始社会，部落首领和具有生产、生活经验的长者为了部落自身的生存和发展，把生产知识、生活经验，特别是风俗习惯、行为规则有意识地传授给年轻一代，这就成为最早的"教师"。

原始社会承担教育活动的人员主要有父母、老人、巫师和部落首领，他们分别在不同的教育活动中承担不同的教育任务。父母主要承担生产劳动的教育任务，老人主要承担生活习俗的教育任务，巫师和部落首领主要承担原始宗教、原始艺术、体格和军事训练的教育任务等。在原始社会，每一门学问都是从父母到子女一代一代传下去的，子女在实践中从父母那里得到社会生活和生产劳动的知识经验，从而成长为社会生活所需要的成员。

在原始社会，任何一个氏族成员都不能离开氏族生存下去。对每一个氏族成员来说，氏族的制度，如风俗习惯、禁忌、婚姻规定、共同分配原则等都是要共同遵守的，这也构成了氏族进行道德教育的重要内容。这些内容大多由老人通过讲授氏族部落祖先英勇行为的故事来启发青少年的道德感。

巫师在原始社会中处于特殊地位，是原始宗教的解释者、宣传者和执行者。巫师一般采用师徒传授的形式。巫师需要接受专门训练，除了掌握一定的宗教知识和巫术外，还掌握一定的医药知识和文化历史知识，以配合宗教活动。巫师通晓许多历史知识，能背诵氏系谱、讲述重大历史事件，知晓大量历史传说，能结合各种宗教仪式活动讲述氏族族谱的历史和迁徙路线。巫师是原始文化知识的保存者和传播者，是知识分子的前身，这是巫师作为原始社会的教育者与其他教育者不同的地方。

2. 兼职教师的出现

教师成为真正意义上的一种专门职业是在专门的教育机构——学校产生以后。这一时期，出现了专门从事教育活动的教师，但承担教师职责的人大多是官吏和僧侣。

我国的学校产生于原始社会末期或奴隶社会初期。为了适应奴隶社会发展的需要，夏、商时期便产生了名为"序""庠"、大学、小学等学校机构，这些学校机构不仅国都、王都有，地方也有。古籍记载，在尧、舜、禹的时候已有大学，名叫"成均"。这时的学校兼做养老、藏米之所，集中敬养富有生产经验和社会生活常识的老人。这些老人自然担负起教育下一代的责任，而养老的场所逐渐变成了传授知识的学校。学校的教师就是这些老人，而且他们已经有了最初的级别，即"国老"与"庶老"。

同时，在国家行政机构中已产生了专门掌管教化（教育）工作的官职，如司徒；出现了专门从事某种教育工作的人员，如乐师。到了西周，"学在官府"实行政教合一、官师一体，官学中设有专职的教育官——"师氏"。"师氏"有"大师"和"小师"之分。这一时期的学校分"国学"和"乡学"两种。国学是专门为京城的奴隶主贵族子弟设立的，乡学是建在地方上为一般奴隶主和庶民子弟设立的。国学的教师由京城大官担任，乡学的教师由地方官吏担任。

世界各国学校和教师出现的时间和历史背景各不相同。比如：两河流域古代苏美尔城邦教师的产生源于经济上的需要。苏美尔的神庙是城邦的政治、经济、文化中心，每一座庙宇都拥有土地、手工业、商业等多种产业。由于经济上的需要，管理神庙财产需要文字，认识文字则要通过学习，所以从事管理神庙工作的人都要学习文字和符号，因而就产生了训练书吏（管理神庙财产的人）的学校和老师。

中世纪的教育开始于基督教教会，在中世纪的西欧，僧院学校、教会学校多"以僧为师"。由于当时的宗教教会在政治、经济、思想上都占据统治地位，因而当时的文化教育也深受宗教神学的影响。僧侣是知识教育的垄断者，大部分教育含有神学性质。在中世纪，尤其是早期，文化教育几乎全部为教会所垄断，教会学校是当时教育最主要的组成部分，教师全由僧侣担任。学校的教育内容主要是宗教，神学是全部学科的"王冠"，其中"七艺"（文法、修辞学、辩证法、算术、几何、天文、音乐）的教学也都是为神学服务的。

从严格意义上讲，在教师职业未独立化之前，不论氏族首领、年长有经验者还是兼任教师的官吏、僧侣，其活动形态都具有原始的丰富性特征，是综合性的而非分化性的。可以说，在学校产生后一个相当长的历史阶段里，教师并不是专职的，教师职业也没有成为一种独立的社会职业。

3. 职业教师的出现

随着生产力的高度发展，社会职业分工越来越明确，教师也逐渐由非专门化走向专门化。教师从其他职业中分化出来成为一种专门职业，这是社会发展和进步的标志。最初的职业教师以教书为谋生手段，只因其掌握较多的文化知识，并没有受过专业机构的专门训练，并不具有从教的专业技能，教师职业的专业化特征尚不明显。

在我国，教师职业作为一种独立职业出现于春秋战国时期。这一时期，官学衰落，私学兴起。由于社会变革打破了奴隶主贵族垄断教育的局面，秘藏于官府的典籍文物散失民间。落魄奴隶主贵族及掌握了一定文化知识的人员流落到社会下层，成为私学的教师。这一时期，教育过程与政治活动有所分离，教师不再是官吏，而成为较单纯、独立的社会职业，可以随处讲学。私人讲学之风盛行，诸子百家兴起。教书作为"成一家之言"的方式，形成了我国学术思想发展史上"百家争鸣"的繁荣局面。私学大师作为专门从事教育活动的人无疑是真正意义上的教师，孔子、墨子、老子等就是我国历史上最早的私学大师。

在我国古代，自春秋战国以来，长期存在官学与私学并存、兼职教师与职业教师并存的历史现象，既有官吏兼任或辞官还乡的专任教师，也有名儒大师不愿出任，退而授徒，亦有清贫文人充任乡间塾师、书师。在官学中，汉代以后，中央及地方官学中有"博士""祭酒""助教""直讲""典学"等专职教师；唐代以后还有"学正""学录""监丞""典簿""典籍"等专职教师。宋朝除官办学校外，众多书院兴起，同时，还有"私学""蒙学"（或称"乡学""村学"）以及私人设立的"私塾"。私塾教师一直是推动中国古代教育发展的一股重要力量，他们在弥补官学教育不足的同时，将教师职业自身的优良传统继承下来，塑造了自身的职业形象。明清时期，统治者在文化思想教育方面实行专制主义政策，大兴"文字狱"，实行八股取士，对教师采取压制、笼络等政策。教师噤若寒蝉、头脑禁锢、思想僵化，成了"腐儒"。清末，教育腐败、没落，外国侵略者开始对中国进行文化教育侵略，开办了一些教会学校，由外国传教士任教师。后来洋务派也创办了一些新式学堂，教师也多为外国人。直到后来留学生回国后，才开始有了新学教师。

二、近代教师职业的蓬勃发展

近代特别是自鸦片战争以来，中国教师职业发生了根本性的变革，其标志就是师范教育这一新的师资培养方式的出现。鸦片战争的惨痛历史使清政府逐渐认识到原有的教师选拔方式和教师的知识结构已远不能适应社会和教育发展的需要，迫切需要建立一种新型正规的教师培养体制来代替以前只选拔不培养的无计划被动做法。因而，在清末的《钦定学堂章程》和《奏定学堂章程》中，师范教育便正式确定下来。师范学校的毕业生开始成为各级、各类学校教师的主要来源，教师职业由此步入制度化的发展轨道。

1. 独立师范教育的诞生

在教师走向职业化、专业化的过程中，独立师范教育发挥了重要作用。世界最早的独立师范教育机构产生于法国。1681 年，法国天主教神甫拉萨尔创立了第一所师资训练学校，成为世界独立师范教育开始的标志。1695 年德国法兰克在哈雷创办了一所师资养成所，施以师范教育，成为德国师范教育的先驱。1795 年法国在巴黎设公立师范学校，1810 年设立高等师范学校。1832 年法国规定，师范学校系统统一隶属中央。1833 年的《基佐法案》明确规定各省均设师范学校一所。从 1870 年到 1890 年，世界许多国家颁布法规设立师范学校。中国也是在这个时代，即 1897 年创立了以专门培养教师为主的师范学校——上海南洋公学师范院，这是中国最早的师范学校。

进入 20 世纪 60 年代后，世界主要发达国家的基础教育普及基本完成，教师需求总量萎缩，质量要求提高，教师职业逐渐成为令人羡慕的社会职业。在多方因素的相互作用下，独立设置的师范教育机构开始逐渐减少，曾经在教师培养历史上起过举足轻重作用的师范院校逐渐并入综合性院校，教师的培养任务改由综合大学的教育学院或师范学院承担。以独立设置的师范院校为主体的师范教育体系开始被以师范院校、综合大学等多种教育机构共同参与的教师教育体系所取代。

中国的师范教育自新中国成立以来一直是以独立师范院校为主体形式的发展模式。到 21 世纪，由于中国经济的迅速发展，普及教育对教师质量提高的急切要求以及用人市场的自由选择机制，都客观要求改革封闭定向的师范教育体制，取而代之的是一个发展模式多元并存的过渡时期。当前，中国的教师培养主要来自三种模式：独立设置的师范院校、综合性的以培养教师为特长的大学、综合大学的教育学院或师范学院。随着人们认识的深化，"师范教育"的称谓逐渐被"教师教育"所替代。

2. 教师资格制度的实施

世界上一些建立国家法定职业资格制度的历史过程证明：任何一项国家资格制度的建立都具有重大的意义和作用，都会对这项国家资格制度所涉及的职业产生重大的社会影响。教师资格是国家对专门从事教育教学工作人员入职条件的要求，以能胜任教师职业的态度、能力和学识修养为基准，并适应建设高素质专业化教师队伍的发展要求。因此，教师资格作为一种国家法定的职业资格具有很高的权威性。

1993 年 10 月 31 日，第八届全国人大常务委员会第四次会议通过了我国教育史上第一部关于教师的单行法律——《中华人民共和国教师法》。《教师法》明确提出："教师是履行教育教学职责的专业人员"，这是第一次以法律的形式正式规定了我国教师的地位——专业人员，并规定"国家实行教师资格制度"。1995 年，作为教育事业基本法的《中华人民共和国教育法》规定国家实行教师资格制度，教师资格制度由此确立了完全的法律地位。按照《教师法》的要求，国务院于 1995 年发布了《教师资格条例》，规定"教师应当取得国家规定的教师资格"，这标志着教师资格制度进入实施阶段。2000 年教育部颁布《〈教师资格条例〉实施办法》部长令，对实施中的具体问题作出了补充规定。

我国教师资格制度的实施初步建立了教师队伍准入机制，实行教师资格制度后，只有依法取得教师资格的人员，才能在教育行政部门依法批准举办的各级各类学校和其他教育机构中从事教育教学工作。同时，无论是师范教育类毕业生还是非师范教育类毕业生，无论是应届毕业生还是已经工作的其他人员，凡是有志于从事教师工作的人，都可以通过申请认定教师资格，再按照法定的教师聘任办法进入教师队伍。2011 年，全国教师资格考试统考首次试点，逐步过渡实施"国标、省考、县聘、校用"的教师资格考试制度和定期注册制度，即由教育部建立统一考试标准，各个省份教育部门统一组织实施的标准参考性考试，县一级教育行政部门组织教师公开招聘。2013 年，教育部颁布《中小学教师资格定期注册暂行办法》，中小学教师资格每 5 年注册一次，注册条件以师德表现、年度考核和培训情况为主要依据。定期注册不合格或逾期不注册的人员，不得从事教育教学工作。2015 年，教师资格证考试进行改革，不再区分师范生和非师范生，师范毕业生不再直接认定教师资格，一律参加全国统考。资格考试改革和定期注册制度改革提高了教师准入门槛，其核心是把好"入口关"和"出口关"，破除教师资格终身制，提升教师队伍的质量和水平。

三、现代教师职业的专业发展

实现教师专业化是提高教师社会地位的重要保证，因为社会职业有一条铁的规律，即只有专业化才有社会地位，才能受到社会的尊重。如果一个职业是人人可以担任的，则在社会上是没有地位的。教师如果没有社会地位，教师的职业不被社会尊重，那么这个社会的教育大厦就会倒塌，这个社会也难以进步。

1. 教师专业化是世界教育发展的新潮流

目前，教师专业化成为教师职业发展的主流和方向。自20世纪60年代开始，教师专业化的问题就提上了世界教育的议程。1966年国际劳工组织、联合国教科文组织联合发表的《关于教师地位的建议》首次提出教师的专业化问题，指出："应把教育工作视为专门的职业。这种职业是一种要求教员具备经过严格而持续不断的研究才能获得并维持的专业知识及专门技能的公共业务"。1986年，美国的卡内基工作小组、霍姆斯小组相继发表《国家为培养21世纪的教师作准备》《明天的教师》两个重要报告，同时提出以教师的专业性作为教师教育改革和教师职业发展的目标。1989～1992年，经济合作与发展组织相继发表了一系列有关教师及教师专业化改革的研究报告，如《教师培训》《学校质量》《今日之教师》《教师质量》等。1996年，联合国教科文组织召开第45届国际教育大会明确提出："在提高教师地位的整体政策中，专业化是最有前途的中长期策略。"

1993年，我国颁布的《中华人民共和国教师法》在法律上第一次确认了教师的专业地位，这表明教师工作是一种专门的职业，具有不可替代性；教师是专业人员，教书育人是教师的基本职责。2000年，我国出版的第一部对职业进行科学分类的权威性文件《中华人民共和国职业分类大典》，首次将我国职业归并为八大类，教师属于"专业技术人员"一类。2000年教育部颁布《〈教师资格条例〉实施办法》，教师资格制度在全国开始全面实施。2001年4月1日起，国家首次开展全面实施教师资格认定工作，进入实际操作阶段。进入21世纪，我国开始在文件中正式引入教师教育的概念，明确提出了推进教师专业化发展的任务，把教师教育一体化、建立开放的教师教育体系，改革教师教育课程和走向专业发展的教师继续教育确立为我国教师教育改革与发展的方向。

2012年，教育部颁布《幼儿园教师专业标准（试行）》《小学教师专业标准（试行）》《中学教师专业标准（试行）》。以上专业标准是新时期国家对幼儿园、小学和中学合格教师专业素质的基本要求，是教师实施教育教学行为的基本规范，是引领教师专业发展的基本准则，是教师培养、准入、培训、考核等工作的重要依据。2015年，我国教师资格证考试改革正式实施，改革后逐步实行"国考"，考试科目为：幼儿园、小学教师《综合素质》《教育教学知识与能力》；初中、高中教师《综合素质》《教育教学知识与能力》《学科知识与能力》。改革后的考试内容增加、考试难度加大，报考条件也相应提高（在校专科大二、大三，本科大三、大四才能报考），师范生和非师范生一样都必须参加国家统一组织的教师资格证考试，考试合格后方可申请教师资格证。由专业化教育考试机构组织教师资格考试，改变了过去的考试和认定不分、组织不够规范的现象，能增强教师资格考试的社会公信力，改变教师资格证含金量不高的情况，以提高教师职业准入门槛。

2. 教师专业化的基本含义和主要内容

在教师职业的专门化以无可辩驳的姿态进入社会发展历史的同时，隐含教师专业化的问题也被提上了前所未有的高度。步入 21 世纪以来，"教师"是教育改革的关键性因素的观点，越来越引起人们的关注和重视。随着对教育新的质量要求与目标日渐明晰，课程、教材改革和学校内部教育、教学改革不断深化，教师教育应该用教师专业化的追求向教育的改革发展作出主动回应，有关教师及教师教育的研究也随之活跃起来。

如果说过去教师的工作还只是一种职业，只要具备各门学科知识就可以担任教师，那么今天还必须具有从事教育教学工作的专业知识和能力，才能符合教师资格的要求。因此，教师专业化的基本含义就是教师工作已经不仅是一种职业，而是一种专业。教师同医生、律师、工程师一样被作为一种专业工作者来对待、要求，实行教师专业资格制度。综合国内外学者的观点，教师专业化的主要内容包括：第一，教师专业既包括学科专业性，也包括教育专业性，国家对教师任职既有规定的学历标准，也有必要的教育知识、教育能力和职业道德的要求；第二，国家有教师教育的专门机构、专门教育内容和措施；第三，国家有对教师资格和教师教育机构的认定制度和管理制度；第四，教师专业发展是一个持续不断的过程，教师专业化也是一个发展的概念，既是一种状态，又是一个不断深化的过程。

统览 21 世纪与教师相关的诸多研究，专业化无疑是教师队伍建设的集中着力点，而专业素养的提升又应以承认教师职业是一种专业性的职业为前提。林崇德教授为教师专业素养架构了"师德、专业知识、专业能力"的三维结构，顾明远教授从社会学的角度提出了"教师只有专业化才有社会地位"，钟启泉教授提出教师"专业化"需要满足三个条件：理性的教师形象的确立、教师教育制度的创新、教育科学的改造与发展，归纳了"技能熟练模式"和"反思性实践模式"两类教师专业化的具体模式。这些研究日渐成为 21 世纪教师专业发展的主流，深刻影响着当前教师教育与教师队伍建设的相关政策和研究，鲜明地展现出 21 世纪教师专业化发展已经成为我国教师教育改革的一个重要取向和主流话语。

第二节　教师职业的特点

教师职业不仅要从当前的社会需要和人的需要出发，而且还应该从长远的社会发展和人的发展考虑，因而其目的总是指向未来的。通过教师的劳动把教育对象培养成社会所需要的人，需要一个长期的过程。不管从人的整体发展来看，还是从人的某一具体、局部的身心特点的发展变化来看，教师劳动都要经过一个长期反复的过程。任何一种品行的形成和完美化，都不是一朝一夕的教育和实践所能实现的，而是要经过多次的再认识和再实践才能逐步达到较高的境界。

一、教师职业的复杂性

教师职业的工作是复杂劳动，既不同于物质生产劳动，也不同于一般的精神生产劳动。这是因为教师的劳动是通过教育活动进行的，教师的劳动对象是身心正在成长中的、具有个性特点和年龄特点的儿童和青少年。教师劳动的手段是用自己的知识、才能、品德和智慧，在和劳动对象共同的活动中去影响他们。对人的要求是不断变化的，这就决定了教师对学生的教育和培养必须具有发展的眼光。

1. 教育对象的复杂性

教师劳动的复杂性，首先是由教育对象的复杂性决定的。每一个学生生活在不同的家庭环境中，受不同因素的影响，有着不同的个性特点，这也就决定了教师在进行教育劳动时不能像物质生产劳动那样，采取千篇一律的方式，而必须善于根据每个学生的特点采取不同的方法，使每个学生都能得到较好的发展。由于现代社会的开放性、自由性、多变性，当今中小学生的思维非常活跃，个性张扬的愿望特别强烈，这就需要教师适时、适机进行相应的调整。请看以下案例：

在一节美术课上，老师要学生画太阳。绘画一开始，小明便很快在纸上画了一个很大的太阳，并选择了一只绿色的油画棒涂了起来，而别的孩子都在用红色的油画棒给太阳穿衣服。老师走过去对他说："小明，你画得不错；不过，太阳是红色的呀！你见过绿太阳吗？我看，还是用红色画太阳更美！"说完，便去指导别的学生了。当老师再次回到小明身边时，见他还在涂绿太阳，便问："你为什么用绿色涂太阳啊？"小明说："夏天太热了，我喜欢给太阳穿上绿色的衣服，那样我们就会感到凉爽一点，不会感到热了。"作品展示时，老师请小明把自己的作品讲给大家听，同学们听后，说道："老师，我要给太阳穿上蓝色的衣服，蓝色也很凉爽呀！""老师，我要给太阳穿上五颜六色的衣服，和我们一样，那才叫漂亮呢！……"

（http://wenku.baidu.com/view/21807469a45177232f60a2ae.html）

由于教师面对的是一个个鲜活的人，儿童的经验、思维、心智存在客观差异，教师劳动中不仅有教师的能动因素介入，而且还有学生的能动因素介入，以至于教师不能像医生用"标准病例"来开具处方，而只能因人、因事采取不同策略。如果说教师作为一种"教"的主体在影响着学生，那么学生作为"学"的主体也随时以其思想、情感、态度影响乃至改造着教师。在其他劳动中，被加工的物质对象也会产生它的反作用，但是教育对象的反作用却表现出特有的丰富形式和复杂程度。

2. 教育目的的复杂性

教师劳动的复杂性还体现在教育目的的复杂性上。教师劳动的目的不是生产某种物质产品，而是教书育人。其目标的确立必须同时考虑社会的发展与人的发展两个方面的因素,并且必须着眼于学生素质的全面发展。基础教育课程改革要求教师尊重学生的个体体验,鼓励学生的个性发展,但在实际教学中却出现了一些误差,如过分强调学生的个性体验,偏离教育价值的取向,甚至出现了违背新课改的精神实质。请看一位教师执教《乌鸦喝水》一文的片段教学案例:

师:你觉得这是一只怎样的乌鸦?

生:它很聪明,自己想办法喝到水了。

生:乌鸦爱动脑,它想的办法挺巧妙。

生:乌鸦很勤快,渴了的时候到处找水喝。

生:乌鸦不讲卫生,小石子多脏呀!

(其他学生对此说法颇感新奇)

生:乌鸦不会唱歌,叫声很烦人……

师:(一愣,随后露出笑容)真会动脑筋,认识与众不同!

师:以后我们也要像乌鸦一样机智、灵活地处理问题。

(郑浩.教师课堂反思[J].中国教师,2015,(06):27)

显然,该教师只注意设置问题情境,仅局限于鼓励学生个性化解读,把眼光放在"多元"理解和所谓的"独特"感受上,却忽视了学生的认知与文本追求的价值观是否一致。究其原因,主要是因为该教师忽略了教育目的的复杂性,当然也就背离了课程改革的精神实质。由此可见,教师担负着全面发展学生德、智、体、美、劳等身心品质的任务,不仅要传授知识,还要培养学生的学习能力和创造能力,完成有关的德育目标,促进学生的身心发展。这诸多方面的要求比起物质产品固定可量的具体指标来说,无疑要复杂得多,由此也就带来了教师劳动评价的复杂性与困难性。

3. 教育过程的复杂性

教师劳动的复杂性还体现在教育过程的复杂性上。教师抓好教育过程必须做好多种工作:既要了解学生个体,又要针对学生整体;还要对教材进行重组加工,以适应学生的身心发展水平与情趣;更要随时观察学生的反应,及时作出调整。教师的劳动虽以个体劳动为主,但要在学生身上产生最佳的教育效果,教师还必须善于协调家庭、社会、学校、教师之间的各种影响。其中,影响学生成长的因素不仅来自学校、教材、课堂,而且也来自社会生活的各个领域。要把这复杂多样的因素都组织到有效的教育过程中,其任务十分艰巨,过程十分复杂。请看一位教师执教《早操》巩固识字的教学片断:

师:请从"苹果树"上摘一个带有你认识的字的"苹果"贴到黑板上。(出示教具苹果树)

学生纷纷争抢"苹果"(共10个字,没摘到的同学又回到座位上)。

师:老师帮助你们贴到黑板上。

最后,在老师指引下热热闹闹地将"苹果"贴成了环行板书。

师:请把自己摘的苹果上的字领大家读一读(学生依次领读词语)。

(http://wenku.baidu.com/view/21807469a45177232f60a2ae.html)

教学中，教师示意学生摘取"苹果"和贴"苹果"的过程，学生似乎其乐融融地参与其中，整个教学过程比较顺利。但这真的是自主合作探究式学习吗？这种看似活跃的"自主"，其结果对于大多数学生来说是虚假的，是华而不实的。教师留给学生的仅仅是随意争抢后的快感与欢愉，匆匆而过，期间的思考与选择呢？最后，教师的代替分配也掩盖了学生真实的思维，结果是以一种看似积极的教学活动掩盖了教学过程隐射的多重考量因素。

二、教师工作的创造性

教师工作看似简单、平凡、琐碎，其实不然，教师工作是最富创造性的。苏霍姆林斯基说过："教师劳动创造性的最重要特征之一是他的工作对象——儿童，经常在变化，永远是新的，今天不同于昨天。"正是教师劳动的复杂性，推动着教师必须进行富有创造性的劳动。

1. 内容的创造性

教学内容虽然已为课程标准和教科书所规定，但怎样把这些静止、生硬的东西变成形象具体、易于被学生接受的东西，这就需要教师在备课时深入研读课标、钻研教材、分析学情、研究教学方法、参考先进的教学经验，进行创造性的加工和设计。若是僵化刻板地按照教材的安排去照本宣科，必然使教学陷于失败当中。请看初中数学《一元一次方程中关于打折销售的问题》的教学案例：

课前让学生利用周末的时间分组到县城进行了一次社会调查。其中有一组同学的调查结果是有一件"劲霸男装"，标价 498 元，7 折销售，这件衣服的进价是 238 元。于是我便以此数据为依据出了一道应用题：某件服装标价 498 元，以 7 折销售后仍然获利 110.6 元，求该服装的进价是多少元？（提示：利润＝销售价－成本）由于课前各组同学都进行了社会调查，同学们很快找出了该题的已知量、未知量和等量关系，当然也很快解决了这个问题。然后我又让各组学生根据自己的调查结果出一道关于一元一次方程的应用题，自己解答后向全班同学展示并分析该题目的已知量、未知量和等量关系，解题过程等。各组同学经过一番激烈的讨论后得出了各种各样的设题、解题思路和解题方法。通过这次活动，拓展了学生的解题思路、开阔了视野，还让他们认清了商店里所谓的"亏本处理""跳楼大甩卖"等现象的本质。

这个案例启发我们，教师可以利用发生在学生身边的社会现象创设教学情境、创新教学内容的典型案例，这有助于拓展学生的思维，激发他们的兴趣。此外，我们还可以利用学生的认识水平和心理特点、当地本土教育资源等来创造性地使用教材。

2. 方法的创造性

教育教学从来没有，也不会有适用于一切年级、一切教材的程序和模式。教师怎样去组织教学过程，采用什么样的教学方式，怎样调动学生学习的积极性，唤起学生对学习的渴望，怎样达成课程目标等，无不需要教师进行创造性的思考和实施。可以说，教师在教育教学环节中的每一个决策都是创造性思维的结果，教育是一种高度的创造性劳动。请看一位地理教师的案例：

2014年9月15日，成都市温江区寿安学校初二（2）班的学生像往常一样开始了上午的第二堂课——地理课。忽然，多媒体教学设备中飘出了当时正在热播的《小苹果》熟悉的旋律，教室里顿时沸腾了。"老师，你要教我们唱《小苹果》吗？"有学生起哄。地理教师罗春笑道："这是地理版本的《小苹果》哦！"同学们高兴地跟着歌词哼唱："亚洲东部有条龙，它的名字叫中国，它的疆域十分辽阔。她有多少行政区，她有多少自治区，下面我就为你分析。宁夏、西藏、新疆显得很神秘，内蒙古、广西各具特色风景很秀丽，香港、澳门都是特别行政区，台湾宝岛，爱你永远，生死相依！你是我的大呀大中国，怎么爱你都不嫌多……"罗春的教学视频在学生中大受欢迎，迅速走红网络，被各中学地理老师效仿。

材料中，老师把地理教学和神曲《小苹果》神奇地结合在一起，自己填词自己演唱制成了一段地理教学视频，全国34个省级行政区不知不觉中就被学生记住了。通过不断变换教学形式，创新教学方法，调动学生的听觉、视觉各种感官来加强记忆，让学生感受到学习是一件快乐的事情。所以说，教育的过程本身就是创造的过程，是一项没有常规可循、没有模式可套的工作，任何有效的教育，都依赖于教育者根据教育对象和情境的具体情况，选择与创造出最佳的教育方法并灵活地实施。

3. 语言的创造性

教师的语言是教育的媒介。教师通过发自肺腑的语言，不仅能给学生以教诲，还能点亮学生的心灵，解开学生心中的疑惑，融洽师生感情。教师的思想、感情、知识和才能要想变为影响学生的力量，就必须依靠语言表达这一途径。教师对学生的教育主要是通过语言实现的，语言对人的感染教育作用非同寻常，甚至教师的一句话都能影响学生的一生。请看窦桂梅老师执教《晏子使楚》课堂即时评价语言的片段：

师（有力量的抚摸）：你看，你的朗读、你的认识让我们感受到这么多的快乐。

师（摸学生的头）：孩子，你再面不改色地读——，谢谢你的发现。

师（夸张地拍拍某学生的肩）：晏子什么也没改，他的秉性，他的潇洒、自信。虽然我很矮，我很小，但我的气质不凡。

师：掌声！你苦笑一下啊！（哈哈哈哈哈）

师：谢谢哦，这种苦笑装得真不容易哦。再来！还有怎么笑？

师：亲爱的同学们啊，这故意的笑一笑那叫一笑解千愁。用我们课前背的诗来说就叫"谈笑间，樯橹灰飞烟灭"，用现在的时髦词那叫笑傲——（江湖）。

师：那叫智慧。哎！就是这故意地笑一笑，如同学们所说的那样——笑出了自信，笑出了幽默，笑出了潇洒，小个子晏子我依然风度翩翩，我依然有气质，我依然这样倜傥，有魅力！

师：谢谢亲爱的同学们，你们的朗读告诉我，就是这笑一笑，我们就能想象晏子的文化。从笑声中，就超越了晏子自身的这种脾气、性格，笑声之外的这种骨气。让我们再次为晏子的这种智慧喝彩！

教育，其实就是给人积极向上的影响力，而教学艺术就是激励的艺术。真挚热忱的激励语言，其价值便在于探明学生的思维状态，促进思维能力的提升。教师的语言表达方式和质量直接影响着学生对知识的接受，教师的鼓励之语干净利落，有助于启迪学生的智慧；教师的升华之辞深邃睿智，有助于唤起学生的深层思维。所以，教师无论对学生进行思想教育，还是传授科学文化知识，都离不开语言，这是教师职业的一个特点，是教师必须具备的基本素养。甚至可以说，教师的语言修养直接决定着教学效果和教育质量，直接影响着教育的成败。

三、教师形象的示范性

教师是培养人的活动，这一特点决定了教师的劳动必然带有严格的示范性。青少年学生富于模仿和易受暗示，他们把教师看作是知识的化身、高尚人格的代表，是天然的模仿对象。教师的世界观，教师的品行、生活以及对每一现象的态度都会这样或那样地影响着学生，在学生头脑中留下不可磨灭的印迹。所以，教师必须身体力行，以身作则，充分认识身教重于言教的意义，无论在言论行动上，还是在思想感情、立场观点方面都应成为学生的榜样。

1. 丰富学识的示范性

教师的首要任务是传授知识，因此教师的博学多才既是学生的所求，更是教师的必备。对学生而言，他们对知识的学习需要在教师指导下由浅到深、循序渐进地进行。同时，教师的学识渊博与否，不仅影响着学生未来知识系统的形成、塑造与更新，而且还影响着学生的求知态度和世界观的形成。正如洛克在《教育漫话》中指出的："教师应该记住，他的工作不是要把世界上可以知道的东西全部交给学生，而是使得学生爱好知识、尊重知识，使学生采用正当的方法去求知，去改进自己。"

请看浙教版第11册《三顾茅庐》的教学片段：

张飞说："一个村夫，何必哥哥您亲自去呢？派个人把他叫来得了。"刘备斥责他："胡说！孔明是当今大贤。怎么可以随便派个人去呢？"

师：（在具体的朗读训练之后）什么叫"大贤"？老师先来考考大家。你们知道武艺十分高强的人叫什么吗？

生：大侠！

师：家里钱非常多的人呢？

生：大款！

⋯⋯⋯⋯⋯

师：在文学、艺术方面具有高深造诣的人呢？

生：大师！

师：现在你们明白什么叫"大贤"了吗？

生：就是指在道德和才华方面非常出众的人。

生：就是思想素质和才华能力方面最伟大的人。

（http：//wenku.baidu.com/view/21807469a45177232f60a2ae.html）

将文本中的语言内化成学生自己的语言，这样的词义教学能让学生体验到文字背后的生活，感受到文字背后的精彩，广化、深化、敏化了学生的思维，可以看出教师对语言文字运用的专业化功力和扎实的专业知识素养。毕竟，要给学生一杯水，自己就得有一眼泉。换言之，教师应具备比在课堂上所要传授的内容系统得多、渊博得多的知识，而且要不断学习新知识、了解新事物。教师的知识越丰富，艺术修养越高，其对教学艺术的感受和对教学设计的理解也越深刻。正因为如此，人们才说："在知识的舞台上，最渊博的教师也是最谦虚的学生。"

2. 高尚人格的示范性

21 世纪的教育不同于 19 世纪的知识教育和 20 世纪的技能教育，它是人格教育。人格，应该是具有健康的思想、情感和意志，它既是做人的根本，又是高尚师德的基础。教师人格是教师形象的文化标志，人格塑造是师德建设的灵魂工程。教师为人师表的人格魅力，是道德教育的奠基石，也是"润物细无声"式道德教育潜移默化的关键环节。教师对自身人格塑造的重视与表率，是道德教育得以持续进行、健康发展的重要保证。如果说教育的关键在于教师，那么教师人格的自我塑造则构成了 21 世纪人格教育的逻辑命题和现实需求。

盘圭禅师是一位诲人不倦的禅宗良师。有一次他的一名弟子行窃，被当场抓获，其他弟子要求盘圭禅师把此人逐出，但盘圭没有理会。不久之后，那名弟子恶习难改，再偷窃，又被当场抓住，众徒再度请求盘圭惩治，哪知盘圭依然不予发落。众徒十分不满，联合写了一张陈情书，表示若不将窃贼开除，他们就集体离开。盘圭读了陈情书，把弟子们全部召来，对他们说："你们都是明智的人，知道什么是对，什么是不对，只要你们高兴，到什么地方去学都可以。但是这位兄弟甚至连是非都还分不清，如果我不教他，谁来教他？我要把他留在这里，即使你们全部离开也一样。"热泪从那位偷窃者的眼中涌出，涤净了他的心灵，从此偷窃的冲动如烟消散。

（http：//wenku.baidu.com/view/21807469a45177232f60a2ae.html）

"其身正，不令而行；其身不正，虽令不从。"这句话形象地说明了教师的示范性。盘圭禅师大慈悲的胸怀和处世之道，给众徒以"爱"的示范，他以宽容和理解去包容犯错的弟子，渗透着以人为本的情怀，是一个生命对另一个生命的关怀。教师的人格，是怎样做教师以及做什么样教师的问题，是学生成长的重要保证，是社会进步的价值尺度。因为教育的示范性特点，教师高尚人格的教育力量也通过教育的示范性体现出来。教师的人格品质、行为等能给学生树立榜样，促进学生的健康成长。夸美纽斯指出："教师的人格是儿童心灵最灿烂的阳光。"乌申斯基也指出："教师人格是教育事业的一切。"教师不仅要以自己丰富的学识去教育学生，更要以自己的高尚人格去影响学生。

3. 人生追求的示范性

人生的追求，不外乎物质的富裕和精神的富有。人生追求的方向往往与文化素养、道德情操、生活习惯、生活方式和工作态度息息相关。一个有追求的女教师，可以不漂亮，但不能缺乏高雅的气质；一个有文化的男教师，可以不潇洒，但不能遗弃儒雅的风采。做人要做有品位的人，做教师要做有品位的教师，没有品位的教师，只能沦为"教书匠"，不可能成为"教育家"。毕竟，教师犹如一面镜子，映射着社会发展的先进性和时代性。所以，教师不仅是美好价值的坚守者和弘扬者，更是人类文明的传承者和创新者，做真的追寻者、善的传播者、美的创造者、爱的践行者，这个源远流长又被赋予时代内涵的命题，将鞭策和激励每一位即将以及正在教育岗位上工作的人。

如果说"梦想、激情"是21世纪对人才精神境界的要求，那么教师作为培养人才的人，要鼓励孩子敢于追求人生理想，要相信每一个学生都是天才，要激励学生大胆创新，教师自身首先更应该是有人生追求，敢于筑梦的人。对广大一线教师而言，人生追求不一定轰轰烈烈，但平淡之中要有强大的力量。对普通教师来说，人生追求或许就是成为一名优秀的教师。然而，优秀教师并没有终点，很多教师用其一生的努力朝着这一追求奋斗。就像顾泠沅教授曾说的："一个人千万不能天天想、天天问'我可不可以像谁谁谁一样出名，一样有成就'。每个人走路时与其看天不如看路，你一直相信你走的路是对的，而且你正在向上走，那么终有一天你会成功，至少是你自己的人生意义上的成功。我在最初当老师时，从没想过自己会是一个全国知名的教师，我只是想做一个我们那个乡最好的农村教师，然而我做到了，而且我现在也并没觉得自己有多伟大，一切都是你一直不停走路的结果。"

第三节　教师职业的魅力

"教师是太阳底下最光辉的事业""一日之师，终身为父"，在人类历史上，教师始终都是推动人类历史文明进步的重要力量；而且随着人类文明的进一步发展，这种力量将发挥越来越重大的作用。随着科教兴国战略的实施，教育优先发展地位的确立，尊师重教社会风尚的形成和《教师法》的进一步贯彻落实，我国广大教师的地位不断提高，待遇也越来越好，教师这一崇高的职业日益受到人们的羡慕和向往。

一、教师职业的地位

教师职业的地位与教育的地位紧密相连。它不仅与人们对教育地位的认识有关，而且与社会对教育的需要和期望有关，还与它拥有的社会地位资源及对社会的实际贡献有关。联合国教科文组织与国际劳工组织1966年《关于教师地位的建议》中指出："用于教师地位的'地位'一语有两方面的意思，一是赋予他们的地位和尊重，其具体表现为对教师职务的重要价值及履行该职务的能力水平的肯定；二是教师在享受工作条件、报酬和福利待遇方面与其他职业人群相比照的地位。"

1. 社会地位

尊师重教是中华民族的优良传统。中国古代儒家把教师的地位看得很高,常常把教师与君王相提并论。《尚书·周书·泰誓》中说:"天佑下民,作之君,作之师。"这就将"君""师"视为一体,将"君""师"并列于同等地位。荀况进一步把教师纳入"天、地、君、亲"的序列。他说:"礼有三本——天地者,生之本也;先祖者,类之本也;君师者,治之本也。"柳宗元说:"举世不师,故道益离",即认为只有尊师重道,整个社会才能按照"道统"的方向顺利发展。苏轼说:"斯文有传,学者有师",阐述了教师对于发展文化、培养人才具有重要的作用。《白虎通义》特别强调:"人有三尊,君父师是也。"

随着社会经济文化的发展,教师的社会地位越来越高,教师职业也越来越受到人们的青睐。社会上有很多关于教师的隐喻,人们用这种方式来赞美和讴歌教师的伟大与荣光。诸如用"春蚕到死丝方尽,蜡炬成灰泪始干"这样的诗句来比喻教师具有无私奉献、甘于牺牲的精神;用《长大后我就成了你》这样的歌曲来赞美教师的美丽与魅力。应该说,这些美丽的诗句和歌曲是千千万万中国教师形象的生动刻画。近年来,由中央电视台和光明日报社共同主办的"寻找最美乡村教师"大型公益活动,吸引了亿万人民的关注和参与。在"寻找最美乡村教师"的过程中,很多人一次次被乡村教师安贫乐道、传递知识灯火的人生选择所打动,被乡村教师的情怀与执著所感动。

教育是一项神圣而光荣的事业。一个国家有没有前途,很大程度上取决于这个国家重视不重视教育;一个国家是否重视教育,首先要看教师的社会地位。长期以来,广大教师兢兢业业,默默耕耘,培养了一批又一批优秀人才,为我国教育事业和现代化建设做出了突出贡献,因而受到全社会的尊重。每年教师节前夕,党和国家领导人都以多种形式倡导全社会尊师重教。更可喜的是,免费师范生、"国培计划"等诸多教育政策的设计与推行更全面地反映了国家致力于教育发展的决心,进一步促进了尊师重教良好社会氛围的形成。在全社会大力弘扬社会主义核心价值观之际,社会各界都在积极营造尊师重教的浓厚氛围,引导了更多的人关注和关心教育、支持和帮扶教师,教师的社会地位也随着教育事业的发展而不断提升。

2. 政治地位

教师职业的政治地位是指教师职业在国家或民族的政治生活中所处的地位和所起的作用,表现为教师的政治身份获得、教师组织的建立、政治参与度与政治影响力等。在我国古代社会,教师的政治地位总体上是低下的。在等级森严的奴隶社会与封建社会,教育只是统治阶级愚弄和驯服人民的工具,教师也只不过是统治者的雇佣劳动力,必须完全服从于统治者的意志,因而根本没有什么政治权利与地位可言,甚至常常受到政治上的压制与迫害。随着社会的发展,教育地位的提升,教师政治地位的提升成为提高教师社会地位的前提。

《教师法》的颁布大大提高了我国教师的社会影响力和政治地位。它以法律的形式规定了教师应享有的权利和待遇,确立每年9月10日为教师节,要求和倡导全社会尊重教师。《教师法》以教师为立法对象，把国家尊师重教的方针上升为法律，体现了党和国家对人民教师的重视，对教师职务重要价值的肯定。这对于确立教师职业的法律地位，维护教师的合法权益，促进教育事业乃至整个社会的经济发展，有着十分重要的意义。

教师法律地位的提高是其政治地位提升的重要体现。20世纪90年代以后，随着国家人事制度改革的深入，我国中小学教师的身份发生了重大变化。未实行教师聘任制之前，在编的中小学教师是教育行政机关派遣到中小学任教的"国家工作人员"，具有"干部"身份，与教育行政机关、学校之间形成的是纯粹的行政隶属关系。《教师法》第十七条规定："学校和其他教育机构应当逐步实行教师聘任制。"它从法律上明确了教师的身份为"学校聘任的专业人员"，标志着教师的身份从"国家干部"变为"专业人员"。1995年通过的《中华人民共和国教育法》再一次明确规定学校教师聘任制。两部法律规定的教师聘任制是一种不同于以往任命制的新的用人制度。2003年，人事部、教育部印发的《关于深化中小学人事制度改革的实施意见》要求："全面推行中小学教职工聘用（聘任）制度。根据《国务院办公厅转发人事部关于在事业单位试行人员聘用制度意见的通知》精神，按需设岗、公开招聘、平等竞争、择优聘用，在平等自愿、协商一致的基础上，由学校与教职工签订聘用（聘任）合同，明确聘期内的岗位职责、工作目标、任务以及相应待遇。"

3. 经济地位

教师的经济地位是由教师的工资收入及其福利待遇与其他职业相比较的结果来确定的。教师的经济地位是其社会地位高低的直接表现之一。自古以来，除少数鸿儒外，普通教师的经济待遇一直比较低。"家有一斗粮，不当孩子王""两袖清风"等正是对当时情况的真实写照。在现代社会，教师的价值与教育的价值、知识的价值紧密联系在一起。教师的经济待遇不仅影响教师个体的生存和发展，也影响教师队伍的稳定和教师职业的专业化程度，它是教师社会地位的最直观表现。

近年来，在国家的努力下，教师的经济地位逐年提升。1994年，根据《教师法》的规定，制定和实施了新的教师晋级增薪制度。《教师法》中还规定："教师的平均工资水平应当不低于或者高于国家公务员的平均工资水平，并逐步提高"的参照标准，使教师工资提高有了法律依据。同年发布的《中国教育改革和发展纲要》也提出，"要使教师待遇和人均公用经费逐年有所增长""要把教师待遇提到社会的中等偏上水平"。

从2009年1月1日起，我国对义务教育阶段教师实行绩效工资，保证教师平均工资水平不低于当地公务员平均工资水平，同时对义务教育学校离校退休人员发放生活补贴。在中小学教师收入分配过程中实行绩效工资制是改善教师生活水平的重大举措，是对教师地位和价值的高度认可，更是教师激励制度改革中最重要的内容之一。中小学阶段的绩效工资基本分为职岗工资和奖励工资。其中，职岗工资以职称、职位、工作年限为制定基础。奖励工资包括量考核工资和质考核工资，即注重教师的"多劳"和"优绩"。2010年颁布的《国家中长期教育改革和发展规划纲要》明确提出："提高教师地位，维护教师权益，改善教师待遇，使教师成为受人尊重的职业。"这表明，关心教师、尊重教师、从物质层面保障和提高教师的经济地位，已经成为国家和社会日益关注的重点话题。

二、教师职业的价值

教师职业的地位高低与其社会价值、作用大小呈正相关。教师的社会作用是指教师职业对一定社会的发展所产生的实质性影响，它是教师社会地位的客观基础。随着现代社会的文明进步，文化科学、思想品德、人的智能都在人类社会活动中发挥着日益重要的作用，社会发展的轨迹中明确显示出这一特征。因此，教师职业的社会作用客观地提升到历史上从未有过的新高度。教育提升了人类的地位，提高了人的价值，必然要求教师在社会发展中充分发挥其作用，也必将赋予教师崇高的社会地位。因此，教师职业的社会作用不可取代，教师劳动理应受到全社会的尊重与承认。

1. 传播知识，传承文化

教师是知识的传播者。知识问题是教育学的经典问题，也是教育的现实问题。对这一问题的回答，在很大程度上支配着人们的教育理念和教学行为。怎样看待知识，站在什么立场上理解知识，如何把握知识的内在构成及其与学生发展的关系，从而找到传播知识的合理内容与方法，是教师需要积极面对的问题。在信息大爆炸的时代，教师还应跟上时代发展的步伐，在社会进步的潮流中去获取新时代所需传播的知识和传承的文化。信息化时代的到来，决定了教师所传之道，所授之业与以往大不相同，所解之惑也不一样。面对信息社会的挑战，教师传播知识，更需要掌握好"一桶水"与"一碗水"的关系，努力成为具有广博知识的杂家。

教师是人类文化的传递者，在人类社会发展中起着承上启下的作用。从纵向来看，年轻一代掌握人类文化知识是一个人类文化传承的过程，学校是进行人类文化代际交接和传承的场所，教师则是进行人类文化代际交接和传承的执行者。教师把人类长期积累起来的科学文化知识经过整理传授给下一代，对社会的延续与发展发挥着极其重要的作用。从横向来看，教师通过对文化的传播，使世界各民族的先进成果得以相互吸收，促进了社会的文明和进步，也起着桥梁与纽带的作用。2013年10月，北京、上海等地30所中学的高中生用上了中国台湾地区国学教材的消息引发了人们的广泛关注。大陆首次引进的这套台湾国学教材名为《中华文化基本教材》，为了适应内地教育环境，教材做了大幅度修改，多位感动中国人物被编入。其中，获得第四届全国孝老爱亲道德模范提名奖，替牺牲战友尽孝的"扬州好人"李彬事迹入选，成为"论孝"章节的仁孝典范。这一事件鲜明反映出社会对中华传统文化传承的渴求，也反映出教育和教师在传承中华优秀的传统文化过程中责无旁贷。

2. 引领道德，开掘智慧

教师是人类灵魂的工程师，对塑造下一代新人的思想品德起着特别重要的作用。学生良好思想品德的形成有赖多方面因素共同发挥作用，教师是多因素之中的主导者。

对于学生，特别是可塑性最大的基础教育阶段的学生，教师的教育作用十分重要。中小学阶段不仅要为学生的智力、体力发展打好基础，更要在思想品德方面打好做人的基础，使学生始终沿着正确的方向发展。教师在思想品德方面的育人作用，具有巨大的社会价值，不仅为学生健康成长提供保证，更是为社会的文明进步，提高道德水准，树立良好社会风气，形成和谐人际关系等创造基础性条件。正是在这种意义上，加里宁称教师是"人类灵魂的工程师"。

除此而外，教师还是人的潜能的发掘者，对人的智力开发起着奠基作用。教师除了传授知识外，更为重要的是开启学生的智慧，使其进入与他们现在得到知识的世界具有极大不同的世界时，不至于应对不及。因此，教师应强调知识学习的过程，将方法蕴含于知识之中，让学生从追求思维成果（知识）转到追求思维过程（方法），让学生获取"有滋有味"的寻求真知的过程。教师应尤其注重方法的传授，要注意思维方式的引导和挖掘，尤其是对创造性思维方式的认识和使用，促进学生智慧的开发和思维的发散。教师还应领会到人的潜能是存在个体差异的，个体在发展方向与发展水平上可能有着很大差异，这种差异要求教师及时认识、创造条件，施以正确的教育。无论是对学生群体还是对学生个体来说，教师对人的智慧的认识和开发，对整个社会智力开发具有重大意义。

3. 培养人才，服务社会

教师被人们誉为最崇高、最神圣的职业。教师，每一个人生命中最灿烂的灯火，烛照文明的智慧根源，也光照我们的人生旅程。正如苏霍姆林斯基所言："教师，是学生智力生活中第一盏、继而也是主要的一盏指路灯；是他在激发学生的求知欲，教会他们尊重科学、文化和教育。"可以说，在青少年的成长中，教师的重要性无论如何强调都不过分。这不仅因为教师承担着教书育人的责任，更因为教师对青少年的人格完善和心灵成长都具有深远影响。在人类历史的长河中，一代又一代优秀的教师们用爱和智慧，甚至热血和生命塑造着教师的职业形象。教师，以其独特的职业魅力吸引着千千万万有志之士在教育的沃土上播种、耕耘，收获幸福。

教育以培养人才，尤其是以培养面向未来社会的人才为己任。德国哲学家海德格尔说："最好的老师常常让学生觉得没有学到什么，而实际上老师却是在不知不觉中教会他的学生很多很多的东西。"人才培养是学校最基本的职能，是教师最重要的任务。人才培养的问题，关键是要解决好"培养什么人""怎样培养人"的问题。对学校和教师而言，有什么样的教师、开设什么样的课程与培养什么样的人才直接相关。学校应着力培养学生立志服务国家、服务人民的社会责任感，勇于探索的创新精神和善于解决问题的实践能力。对于教师而言，必须准确把握社会发展的趋势和脉搏，深刻领会教育为社会服务的价值取向，将自身的发展置身于社会发展与教育发展的宏大背景中去，通过自身的专业知识，培养社会所需的人才，对促进社会和人类发展做出应有的贡献。

三、教师职业的幸福

幸福是一种体验，是对教育中生存状态的一种高级的、愉悦的情感体验。教师是人类灵魂的工程师，启迪人的智慧，净化人的心灵；教师是阳光雨露，温暖花草，滋润树木。教师职业是一个平凡而神圣的职业，教师职业的幸福是一种精神享受。事实上，有很多教师都在平凡的职业中追寻着属于自己的幸福。对于教师来说，幸福感也许并不来源于物质享受，但却可能来源于自我演绎的精彩课堂，来源于天真无邪的学生，来源于自己亲手创造的教育奇迹。

1. 课堂精彩

一个懂得享受上课的人，课堂自然会成为其享受幸福的重要舞台，营造一个充满生命活力的课堂，和学生一起学习、一起欢乐，就会少了许多的焦虑和烦恼。在平常的教学中，人们津津乐道的好教师的教学，不外乎以下几个方面：对课程标准的把握——界定精准，重点突出；对教学内容的挖掘——鞭辟入里，入木三分；对教学流程的设计——环环相扣，跌宕起伏；对课堂气氛的调节——张弛有度，活泼有序；对学生学习的关注——体察入微，关怀备至……应该说，讲得清楚、听得明白、学得有趣、做得出来，是很多教师一直追求的教学境界。以享受的态度对待教学，心灵就会充满着明媚的阳光，回响着和谐的音乐，体验着诗意的灵感；以享受的眼光走进课堂，才会真心地热爱每一个孩子，就会把每一节课精彩地演绎，会感觉自己的生命在闪光。

著名特级教师王崧舟将每一堂课都看成是献给孩子们的礼物，他努力把课堂营造成充满爱意和诗意的精神花园。听王崧舟老师的《天籁》，恍若再现庄子梦蝶之神奇迷离，回肠荡气、百转千回。他让孩子们闭上眼睛，轻轻地说着雪花飘落、蚂蚁爬行、海棠开花、春笋破土、露珠滚动……让孩子们安静下来感受各种天籁，领悟所谓的天籁就是大自然中自然而然的声音。整堂课最后的设计可谓是点睛之笔，王老师让孩子们思考庄子最推崇的是哪种声音，学生各抒己见，滔滔不绝，本以为王老师会做最后的总结，然而，他让学生聆听着大自然中倾泻的声音：水滴、鸟啼……话锋一转：你们明白了吗？学生尚且沉浸在其中，当老师宣布下课时还意犹未尽。这样的课堂让学生真正体验到了喜悦和感动，教师也收获了满足与幸福。

（赵远利. 天籁无声 道法自然——听王崧舟老师《天籁》有感［J］. 语文知识，2016，（04）：18）

2. 学生成长

作为一种社会角色，教师肩负着社会责任和历史使命，对其最朴素的概括就是"教书育人"。因此，尽管教师幸福与其他因素有关，但主要体现在教书育人的过程中。可以这么说，学生是教师幸福的来源，教师的幸福来源于学生的发展。当学生得到发展时，教师都会有一种愉悦的情感体验，这就是教师的幸福表征。从这个意义上说，判断一个好教师的标准不能只靠专家评定，还要看学生是否认可。和好教师在一起，学生会感到愉悦，会萌发很多话题和探索的欲望。

教学《珍珠鸟》（人教版）一课，学生对冯骥才写于文末的那句话"信赖，往往创造出美好的境界"提出了不同的想法。有的说，小珍珠鸟不是因为作者的呵护而对他产生了信赖，原因是小珍珠鸟根本不知道人类会伤害他，当然就不会害怕。有的说，为什么笼里的大珍珠鸟要召唤小珍珠鸟回笼子，难道它和作者之间没有信赖吗？还有的说，既然作者这么信赖珍珠鸟，喜欢珍珠鸟，为什么不把珍珠鸟放了，还他们自由呢？把珍珠鸟关在笼子里，这也叫信赖吗？

（周一贯．"核心素养"语境下的语文课程改革走向［J］．语文教学通讯·小学，2016，（10）：12）

学生正是在不断质疑中逐步成长起来的，当然需要教师给予他们足够的思考空间。教师要充分尊重学生的思维成果，赏识学生的每一次进步。对教师而言，学生的成长进步就是他们辛勤劳动的最好回报，也是他们全部付出的价值所在，更是他们最大的快乐与幸福。教师由于自己的付出，能够得到爱的回报，这就是教师拥有的最大幸福。教育是一项充满激情、关爱和生命体验的活动，是师生双方共同成长的过程。教师们可以从学生那里获得一种满足、收获一份感动、收藏一份纯真，这种体验，本身就是一种幸福，也是只有教师才会拥有的一种财富。关乎心灵，关乎生命，关乎成长，这是教师职业的底色所系，正因为如此，教师的幸福深深地关联着学生的快乐成长。

3. 自我超越

清晰而成熟的教育教学理念，这是一种幸福；富有魅力的教育教学艺术，这是一种幸福；积极乐观的教育教学追求，这同样是一种幸福。网络上曾流行着这么一个小故事：

三个工人在砌一堵墙，有人过来问："你们在干什么？"第一个人没好气地说："没看见吗？砌墙。"第二个人抬头笑了笑，说："我们在盖一座高楼。"第三个人笑得更灿烂："我们正在建设一个新城市。"十年后，第一个人在另一工地上砌墙，第二个人坐在办公室里画图纸，他成了工程师，第三个人呢，是前面两个人的老板。

（http://wenku.baidu.com/view/21807469a45177232f60a2ae.html）

故事的内容反映到教育领域则是对教师"为什么教书"这一实质性问题的思考，把工作的价值看得越高，由此激发的动机就越强，在工作中焕发的内部力量就越大，由此我们不难理解一样的砌墙工作为什么会有不一样的前途。第三个工人就如同以幸福和爱为支撑的教师，倾心育人，他们真心地热爱着自己的劳动、自己的学生，追寻并享受着苦中之乐、苦中之趣。事实上，教师的幸福更重要的是一种心态和状态，是个人信念与追求的体现。教师若能超越自身对工作的狭隘理解，真正视教育为爱的事业，视教学为艺术行为，视反复为精致，视忙碌为创造，则能在平淡的教育生活中获取更多的幸福，并乐此不疲、虽苦犹甜。静下心来好好读一本书，对自己的职业人生做一个规划，腾出一片心灵的空间思考问题，在先贤、大师的引领下战胜自我，超越自我，才能真正地走进幸福、拥抱幸福。

★ 案例聚焦

老师布置了一道家庭作业，是篇作文，题目叫"老黄牛"。晚饭后，云云就趴在桌上写开了。她是这样开篇的："我不喜欢老黄牛，身上脏脏的，不讲卫生，走起路来，慢腾腾的，很笨……""不对，不对，走题了！"妈妈站在背后大声说。"走题了？"云云停下笔，不解地问。"我还没写完嘛。"云云歪着脑袋认认真真地说："我要帮助老黄牛改正缺点，让它天天洗澡，养成好习惯，身上干干净净的……""这孩子，别强词夺理，快重写！老黄牛的精神是吃苦耐劳、乐于奉献，它有好多优点，你可以把它比作老师、劳动模范……""我不。"云云十分不解。云云的爸爸端了杯茶走过来，看了题目就笑了，"这题目我上学时也做过，托物言志，借题发挥，抓住它的吃苦耐劳就合题了。"对不？最后再写上一句：我长大后要学习老黄牛的精神，争当一名老师或劳动模范。云云不吭声了，半晌才抬起头："只能这样写吗？""对。"两位长辈异口同声地说。云云无奈地拿着橡皮擦去了原先的字……第二天，云云的作文被老师作为范文在班上宣读，老师称赞她的作文立意高，还说要向报刊推荐。

（张万祥. 教师专业成长的途径 ［M］. 上海：华东师范大学出版社. 2005）

★ 点石成金

"儿童是期待点燃的火把。"教师应是他们的引路人、朋友、伙伴，要倾听他们的心声，与他们交流感受，真正了解他们所想、所盼、所思。因势利导，循循善诱，潜移默化，润物无声。教育应多一点实实在在的情感，多一点丰富多彩的个性展露，多一点儿童自己的喜怒哀乐，多一点生命的价值。如此想来，云云老师此番"善意"的"表扬"未必是一件好事。如果他经常这样，想必他的学生说假话、套话的肯定不少。这与我们的课改合拍吗？让我们走进孩子心灵深处，听听他们心灵的呼声；让学生的主体性得以凸现、个性得以张扬、潜能得以开发；让我们的课改体现"为了每一位学生的发展"的理念；让我们的教育真正成为"有人的教育"！

★ 技能训练

1. 教学反思

谈谈你对下面案例的认识。

在教学过程中，教师问这样一个问题：兵马俑作为世界的一大奇迹，最应该感谢的是谁？

生：我认为最应该感谢的是秦始皇。

（老师毫无表情地让学生坐下）

生：我认为最应该感谢的是第一个发现兵马俑的人。

（老师微笑地摇摇头，示意学生坐下）

生：我认为应该感谢的是制造兵马俑的人。

（老师尴尬地笑笑并示意学生坐下）

生：我认为这是中国古代劳动人民的功劳。

（老师满意地示意学生坐下）

（http：//wenku. baidu. com/view/21807469a45177232f60a2ae. html）

2. 教病诊治

几个学生正趴在树下兴致勃勃地观察着什么，一位教师看到他们满身是灰的样子，生气地走过去问："你们在干什么？"

"听蚂蚁唱歌呢。"学生头也不抬，随口而答。

"胡说，蚂蚁怎会唱歌？"老师的声音提高了八度。

严厉的斥责让学生猛地从"槐安国"里清醒过来。于是一个个小脑袋耷拉下来，等候老师发落。只有一个倔强的小家伙还不服气，小声嘟囔说："您又不蹲下来，怎么知道蚂蚁不会唱歌？"

（http：//www. ht88. com/downinfo/314623. html）

（1）请你对这位教师的做法作一评析。

（2）作为教师，我们在教学中应该如何关注学生？

第二章 现代教师角色论

真正好的教学不能降低到技术层面，真正好的教学来自于教师的自身认同与自身完整。

——【美】帕克·帕尔默

一线传真

赵老师是某中学的一名青年教师，现在正担负着班主任工作，他深深服膺于伟大的人民教育家陶行知先生"爱满天下"的教育格言，发誓要做一名热爱学生的优秀教师。大学毕业走上工作岗位后，他一心扑在对学生的教育教学上。为了解和接近学生，以便取得学生的信赖，他与学生一起参加课外甚至校外活动，如打球、下棋、逛电子游戏厅等，几乎对学生的各种要求都是有求必应。但是，一学年下来，赵老师却感到非常沮丧：不仅学校领导批评他过于放纵学生，而且班上的同学也对他的管理方式颇有微词，抱怨老师有偏向。为此，赵老师非常苦恼，几乎动了辞掉班主任职务的念头。

对于大部分青年教师来说，如何与学生保持适当的距离成为一大难题，许多教师一面想和学生亲近，一面又担心过度亲近导致威严丧失，在两者之间摇摆不定。案例中的赵老师虽然热爱学生和教育事业，但是他忽略了其他方面的教师素养，过于放纵学生，甚至带头违反校规，未能正确处理与学生之间的关系。其实，教师与学生之间要想保持良好的关系，其前提之一是教师的自我定位。没有教师的自我苏醒，教育是可悲的；没有教师生命的绽放，教育则是可怕的！倘若要让学校成为学生心灵的土壤，倘若要让教育成为学生生命的河床，我们必须以建设性和开放性的视角去寻找确证教师身份存现的语境——教师角色。

理论导航

第一节 教师角色的内涵

广义上说，教师是泛指传授知识、经验的人；狭义上说，教师是专指受过专门教育和训练的人，并在教育（学校）中担任教育、教学工作的人。概言之，教师是指在各级各类学校中，以教育培养学生（学员）为职责的专业工作者。作为一个工作性质和环境、教育的对象和内容十分特殊的职业，"教师"一词具有双重含义，既指一种社会角色，又指这一角色的承担者。不仅如此，教师还是一种"角色丛"的集合。从这一层面对教师进行分析，有助于我们把握现代教师的形象，深刻理解教师角色的独特性和专业性。

一、教师角色的学术视野

角色本身对于教师个人生命发展的意义是重要因素，它直接影响着教师角色践行的水平、角色兴趣、角色动机以及角色创新。对教育根源性的影响来自于教师的灵魂深处，缺乏对教师立身之本的追问与思考，势必也难以成就教师角色的丰满与充盈。面对"角色转型"的期求与呼唤，"角色"一词对教师而言，在某种程度上已经远远超出了其社会学意义。尤其是在充盈着新奇与变化的教育世界中，需要教师主体能够不断更新内在构成要素及其性质和层次，教师角色概念中必须富有一股内在的推动力量和创新取向，以推动教师在扮演浸染着生命气息和精神底蕴的角色中提升内在价值，和外在形象和谐统一。

1. 心理学与教师角色

"角色"又称"脚色"，最早出现于戏剧中，指戏剧舞台上的特殊人物。1934 年，米德运用角色的概念来说明个体在社会舞台上的身份及其行为。角色的本质是社会身份的持有者，可以看出，角色中蕴涵着社会、他人对个人行为的理解、期望、要求，包含着个人在社会群体中的地位、身份和作用。绝大多数角色理论专家认为，角色是指个体在特定社会关系中的身份以及由此而规定的行为规范和行为模式的总和。

（1）建构主义

瑞士心理学家皮亚杰指出："认识起因于有效的和不断的建构。"建构主义学习理论认为，儿童是在与周围环境相互作用的过程中，逐步建构起关于外部世界的知识，从而发展自身的认知结构。知识不是通过教师传授，而是学习者在一定的情境，即社会文化背景下，借助于其他人的帮助，即通过人际间的协作、讨论等活动，实现意义建构过程。让学生自己在学习中建构知识结构，才能真正学有所得，学以致用。教师应以"平等学习中的首席"代替传统知识传授者的角色，其角色行为主要表现为学生创设有意义的知识建构的情景和语境。倘若教师代替学生学习知识，培养出来的只能是"机器"。

（2）人本主义

美国著名心理学家卡尔·罗杰斯创立了人本主义教育思想，强调以学习者为中心，从注意人的本身价值和长期被教育所忽视的情感领域入手，探讨教学如何培养和发展人的性格，以适应社会的需要。在教学中，师生关系应是所谓"我与你"，即"主体与主体"的关系，而不是"我与它"，即"主体与客体"的关系，就是说，教师要把学生当人，而不是当作物看待。学生是生活中的人，是发展中的人，是关系中的人，是文化遗产中的人，是现实社会复杂背景中的人。教师的角色行为表现为尊重学生的人格，尊重学生的情感，尊重学生的独特体验和个性化的见解，培养他们独立思考的能力，发展他们的个性。

2. 社会学与教师角色

教育社会学家比德尔在前人的基础上将教师角色界定为以下三种类型：其一，教师角色即教师行为；其二，教师角色即教师的社会地位；其三，教师角色即对教师的期望。现代教育往往倾向于把这三种定义综合起来理解，把教师角色定义为处在一定社会地位上的教师，按照人们或者他们自己所期望的方式表现出的自主自愿的行为。因此，教师角色往往也主要指向于教师的社会角色，任何一个人一旦进入社会就要参与一定的关系体系，就要处在一定的地位上而具有某种社会角色。社会角色的核心概念是角色期待，也称"角色规范""角色规定"，即社会对各种角色的一系列规定（或者规范），对所应该从事的活动的规定，对其在活动中的权利、义务、责任的规定，对其行动方式或模式的规定等。

（1）规范性

教师的社会角色就是关于教师社会实践活动的一套规范、模式，而且社会就以这套规范、模式来期望教师的行为活动，并以此作为评判教师的标准。而教师的社会角色是确定教师社会地位和待遇的依据，是制定、实施教师法规、政策的前提，是加强师资队伍建设的出发点和归宿，是社会教育需要的反映，也是教师劳动的"效益"。教师的社会角色是一种由于社会劳动分工所造成的"社会职业角色"。这一角色的特征标志在于它所分工承担的社会劳动任务——教育学生。这也是教师角色期待的首要规定，其他的规定，如权利、义务、责任及行为规范、模式都与此相应。

（2）多元性

当教师角色作为教育者在校内外各种情境中表现出行为时，它是具体的、可以观察到的，而作为一种社会期望或者社会地位、身份时，它更多地表现出一种抽象性。如此说来，教师角色已成为教师地位、社会期望、教师行为的叠加体，在三者之间寻求自我生命的萌发。一方面，教师在社会中的地位和社会对教师职业的内在期望影响着人们对教师角色的界定，成为人们判断教师角色合格与不合格的内在标准；另一方面，通过教师行为表现出来的教师角色必定隐含了社会期望，昭示着教师在社会中的地位和身份，因而呈现出"父母的替代者""学生的朋友"等多种角色认知。

3. 文化学与教师角色

文化在本质上是人们的一种行为规则，教师角色在文化学上的表现，可以从文化内容和文化形式角度加以分析。所谓教师文化内容，是指教师在教育教学活动中形成和发展起来的价值观念和行为方式，它主要包括教师的职业意识、自我认同、价值取向、思维方式、态度倾向与行为方式等。所谓教师文化的形式，是指在该文化范畴内的成员之间具有典型意义的相互关系的类型和联系的方式。教师文化形式体现于教师与同事之间关系的特定联系方式。作为一种复杂的社会文化和心理现象，教师角色可以从以下两个维度进行思考。

（1）客观与主观

教师角色是社会物质结构的产物，也是文化模式塑造的结果，它必须兼顾政治、经济、文化的客观要求，依照人们的社会心理环境来设计自己应有的角色规范、职业品质。由于社会要求相对稳定，且外化于具体的人，所以，教师角色不可避免地表现为一种客观规范性，如果不按照公认的特定方式去行事，也就无法实现角色功能，找不到角色的归属。但是，角色又不仅仅是他人愿望和需求的反应，也包含着教师自己的选择和认定，他们根据自己的爱好、态度、价值观不断充实、丰满着角色定义。可以说，角色是客观的，角色表现却是多样化的，于是，每个教师都在努力寻求这样一个角色平衡点，在这个平衡点上，教师既有适应社会地位的行为，又有展现自我人格的特征。

（2）传统与现代

中国具有悠久的历史文化，传统的教师角色文化表现为角色认同的神圣化。中国是一个礼仪之邦，此文化价值和信念强调"天地君亲师"，作为教师角色象征的孔子被尊称为"圣人"，教师被推上了"圣坛"；强调"师道尊严"，尊重权威，重视人伦；教师形象被刻画为沉稳老练的"完人"，不苟言笑，表达含蓄。这样的教师角色文化，缺少现代社会人文性和法理性的特征，缺乏明确的现代分工意识，对教师要求明显过高，教师承担的责任完全超负荷。显然，这种狭隘和封闭的教师文化束缚了教师的专业化成长。"亲其师则信其道"，与学生之间彼此尊重，保持信任，相互理解，学会沟通，这应该成为现代教师文化视野中的关键词。

二、教师角色的社会类型

教师的角色转换问题是整个当代教育改革的核心问题，它既是教育教学改革的重要内容，又是教育教学改革的必要条件。然而长期以来，教师职业的"回归性""不确定性"和"无边界性"特征却直接制约了教师的职业发展和专业成长。因此，重新保持对"教师角色"的追问，意味着我们必须帮助教师在角色发展的语脉和坐标中，校正和开掘教师身份存在的方式和教师主体实践的方向。

1. 职业角色

角色意味着被赋予特定的行为规范和行为模式，个体只有更好地体现这种行为规范的要求并表现相应的行为模式，才能胜任相应的角色。教师能正确认知职业角色的内涵并有效管理职业压力，对于角色的成功扮演有重要意义。事实上，教师的职业角色始终与社会的变迁和教育的改革发展密切相关，在对教师进行角色追问时，仍然需要站在历史的、社会的视角加以进一步的辨析和反思。

（1）专人专职

教师作为职业出现有着非常古老的历史。在奴隶社会，伴随专门的教育机构——学校的出现，教师职业开始初现端倪。在人类社会发展的早期，由于生活常识和宗教知识占据重要位置，经验作为唯一的教学内容被长者传递给晚辈，遵循学高为师、师长合一的原则，官吏、僧侣们成为教师的主要力量，教育作为政治、宗教的点缀物而存在。随着时代的发展，仅仅依靠口耳相授的知识显然已无法应对生产的变革，因此，教育开始成为人们适应社会生活的必经之路，教师的作用日益受到肯定和重视，同时兼职教师无法完成教育的重任。到 18 世纪后期，教师职业就逐渐成为一个专职，有专门的培养机构、培养机制和培养体系，至此，教师职业成为一个独立的职业。当教育不是一场个人长跑而成为接力赛时，教师职业角色得以凸现。

（2）复杂劳动

教师职业角色的指向主要为了自我生存，更多的是被当做一种谋生手段，在现实中的表现就是很多教师所说的——我教书对得起我的工资。从根本上说，教师是复杂的个体劳动者。人们都认为教师是知识分子，是脑力劳动者，其实教师也是体力劳动者，长期伏案，伴随着的是冬日的严寒，夏天的酷热，午夜的灯火。一堂课站着讲的同时，脑子还得高速运转，不断搜索恰当的语言来表达自己的想法。上课前得先备好课，上课时有学生盯着，有督导随时督查，下课后得改作业，还得经常充电，做出科研成果。所有这些工作，都是教师默默地自己完成，所以教师不但是复杂的劳动者，而且是超强度的个体劳动者。

（3）知识分享

很显然，传道、授业、解惑是传统教师职业角色的最大特色，但在科技日新月异的今天，这一职业角色的特征必将产生重大转变。教师不再以信息传播者、讲师或组织良好的知识体系的呈现者出现，其主要职能已从"教"转向"导"：引导——帮助学生确定最佳的学习目标，并协调目标达成的最佳途径；指导——指导学生形成良好的学习习惯、掌握学习策略和发展其认知能力；诱导——创设丰富的教学情境，激发学生的学习动机，培养学习兴趣，充分调动学生的学习积极性；辅导——为学生提供支持，使他们能够在正确的地方找到需要的信息并完成学习任务；教导——教导学生养成高尚的道德、完善的人格、健康的心理等符合时代精神的各种优秀品质。正如埃里克·詹森在他的《美妙的教学》一书中所说："你知道教学远不是解释知识和等待最后的铃声，它远远超过这些。它是发现，是分享，是成长，是兴奋和爱。它不是负担，而是快乐。它像强烈的、能给你带来温暖的阳光和激情迸发的篝火。"

2. 专业角色

"专业"或称"专门职业"，系指通过特殊的教育或训练掌握了业经证实的认识（科学或高深的知识），具有一定的基础理论的特殊技能，从而按照来自非特定的大多数公民自发表达出来的每个委托者的具体要求，从事具体的服务工作，借以为全社会利益效力的职业。教师职业的专业化意味着教师不再只是一种专职，而是一种需要专业技能、知识的人。

（1）专业指向

教育是教师的一种生活方式，课程是教师和学生共有的生活过程，教育是学生和教师共同的成长过程，是一种自我实现过程。角色不是外化于人的一种存在，而是和人本身融合在一起，教师通过它不只获得生活的经济保障，更重要的是获得精神的愉悦、内心的成长、生活质量的提高。个人掌握角色的过程也是人社会化的过程，所以，个性也往往被认为是内化了的角色指向的总和。教师作为个人承担的角色不是单一的，而是各种不同角色的统一体：教师既是学生的"家长代理人"，又是人类已有知识的

"传授者"，还是"严格的管理者"，约束学生的生活、学习习惯；同时扮演"心理调节师"或"心理医生"的角色，鼓励学生保持健康积极的情绪；并且是学生的"朋友和知己"。

（2）专业技能

作为一名合格的教师，应该具备从事教育工作的专业技能：教育教学技能、自学能力、组织管理能力、表达能力和教育科研能力，同时教师还应具备热爱教育事业、热爱学生、勇于创新和良好的道德修养等基本素质。有研究者认为教师的专业角色技能主要包括认知技能和活动技能，并应从以下三个方面培养教师的角色技能：①教师教育态度的培养，帮助教师获得精湛的教学技巧，为学生构建全面立体的知识宽带；②要求教师尊重学习者的主体作用，重视学习者的意愿、情感需要和价值观，形成教师威信；③维持教师心理健康。

（3）专业表现

英国哲学家怀特海曾指出："教育的全部目的就是使人具有活跃的智慧，要使知识充满活力，不能使知识僵化，而这是一切教育的核心问题，教师对于学生来说，不是意味着一种知识传递的结束，而是意味着智慧的开始。"毋庸置疑，超越知识本位主义，培养智慧活动的主体，正在成为当代知识传授的内在逻辑和基本命题。知识传授旨在培育人的智慧生命，培植人的智慧主体性，完善人的理性世界、价值世界和实践世界，强调将受教育者的知识学习过程转化为他们的智慧能力和人格力量不断获得发展的实践活动过程，强调人的智慧发展的丰富性、多元性和综合性。

3. 修辞角色

人们对教师的认知，直接反映在通过比喻道出对教师角色形象的理解。苏格拉底说："教师是助产婆，不仅仅使学生的智慧得以发展，而且更大限度地挖掘学生的潜能。"随着教育思想、育人理念、教学方式、教育环境的改变，人们对角色的理解也开始悄悄改变。

（1）温暖之称：园丁和慈母

"园丁"本意指从事园艺的技术工人，后来用于比作教师。童真、烂漫的孩子好比是花朵，而培育花朵的老师就像是辛勤的园丁，用汗水浇灌枝叶，用智慧培育花蕊，用爱心呵护花瓣，让每一朵花都开出自己的色彩。因此，"园丁"这一称呼不仅是最质朴、最形象、最富有诗意的比喻，还是广大教育工作者的至高荣耀，更是社会对教师的高度评价。1984 年全国第一个教师节，北京发行的邮票纪念封图案就是花朵与教师，喻示"老师像园丁，用辛勤的汗水滋润祖国的花朵"。

"辛勤园丁情，悠悠寸草心；慈母手中线，缕缕学子襟。"师如园丁，师更如慈母。这不仅是中华民族"尊师爱师"的传统美德的体现，也是老师"爱生如子"的高尚师德的彰显。鲁迅曾说："教育是植根于爱的。"全国优秀教师斯霞被称做教育界的"慈母""校园妈妈"，她从教 72 年，以伟大母亲的慈爱精神培育每一个学生，毫无保留地奉献出自己的一切，使学生更好地受到教育，在知识上、精神上和品德上取得最好的结果。正是这种母爱使教师们赢得了人们极大的尊敬和高度的评价，而"慈母"也是对那些用爱辛勤耕耘育人的教师的最高荣誉。

（2）博大之称：果树和水源

"落红不是无情物，化作春泥更护花。"教师更要做一棵果树，扎根在土地里，年复一年地从土地里吸收营养，经过加工，结出硕果供养学生。这样才有可能在有限的从教生涯中，为祖国、为民族的教育事业，为学生的成长做出一份自己的贡献。有人将学生比作果树，脆弱而敏感，稍微照顾不周就难以结出香甜的瓜果，如果对他们多一些关爱与细心，就会开出又大又美的花朵，结出累累硕果。所以说，教育不仅需要精深的专业知识，更要有一颗爱心。

"问渠那得清如许，为有源头活水来。"以前说"要给学生一杯水，教师自己就要有一桶水"，而这个说法对现在和未来的教师已经不够了。"桶"里的水毕竟是"死水"，不更新，它的可用含量就会大大降低。我们要想办法去开凿并拥有"一眼泉"。老师要想提高自己的课堂效率，真正培养学生的综合素质，只有不断更新自己的知识，不断填充自己的头脑，才能输出更新鲜的琼浆。多读读专家的理论，会使自己的定位更准确；多听听同仁的经验，会少走很多弯路。在科技高速发展的今天，到处都有我们可以汲取的水源，只要我们肯俯下身子来品味，每天都会有惊喜，都会有收获！

（3）感人之称：蜡烛和春蚕

"春蚕到死丝方尽，蜡炬成灰泪始干。"人们歌颂蜡烛，而蜡烛总让人联想到可亲可敬的老师，蜡烛默默地燃烧着自己，用自己的光去照亮别人，直至将自己燃尽的那一刻；老师也是如此，把自己全部的知识传授给学生，用智慧和德行之光照亮孩子前行的路。燃尽自己为他人照亮道路，让他人看见光明，这种无私奉献的精神不仅是对蜡烛的赞美，更是对人民教师最真切的讴歌！"如红烛发光发热，精心培育国家良材；似春蚕无怨无悔，毕生献给教育事业"，这副由一名老师自勉的对联正是对"蜡烛""春蚕"称谓的认可。

著名画家潘絜兹的《春蚕颂》写道："春蚕化生，蠢而微虫；春蚕何取，一桑始终；春蚕春蚕，万世可风。"人们赞美教师就像春蚕一样"吐尽心中万缕丝，奉献人生无限爱；默默无闻无所图，织就锦绣暖人间"。春蚕这些优秀的品质，只有光荣的人民教师才无愧于这样的称谓。春蚕冰清玉洁，教师洁身自好；春蚕食几茎绿叶，便能吐一片锦绣，教师育一方英才，便能助祖国腾飞；春蚕生命不息，吐丝不止，教师传道授业，育人无数……"春蚕"是广大教师感到无比荣耀的称谓。正如著名学者朱光潜所说："只要我还在世一日，就要吐丝一日，但愿我吐的丝，能替人间增一丝丝温暖，使春意更浓。"

（4）平凡之称：人梯和路石

湖北大学年近90岁高龄的朱祖延老教授曾在《教师述怀》中写道："不辞辛苦做人梯，在有生之年把自己全部知识和经验传授给学生。"一个人接一个人踩着肩膀向高处攀登叫做搭人梯。人梯是古代向上攀高、攻城拔寨、翻山越岭所创造的集体配合行动，是通过牺牲一些人来获得成功的。现在人们把"人梯"比作那些为别人的成功，而做出自我牺牲、无私奉献的人，而光荣的人民教师同样具备这种优秀的品质和精神，因此，"人梯"便是对教师最高评价的专称。很多为世界做出贡献的科学家，取得成就的文学艺术家们经常提及老师的教育，感谢甘为"人梯"的教师们。

同样，为来往者铺就道路、提供便利、牺牲奉献的路石，亦用作对老师的最高评价。"千里之行始于足下，足下之路源于路石"，广大的人民教师辛勤地铺就了教育的康庄大道，指引着学生走向成功。他们不图名、不图利、不图回报，默默无闻地教书育人，兢兢业业地培育人才，这充分体现了中华世代延绵而甘为路石的教师精神。这种无怨无悔，不图所求，甘作人梯，让学生踩在自己身体上、肩膀上更上一层楼的自我牺牲、无私奉献精神，是每一位教师都应当具备的，"人梯"因此成为教师们最光荣和最贴切的称谓。

（5）神圣之称：灵魂工程师

"人类灵魂工程师"原是苏联领导人斯大林用来形容作家的称谓，后来被教育家加里宁引用："很多教师常常忘记他们应该是教育家，而教育家也就是人类灵魂工程师。"从此，"人类灵魂工程师"成为老师特定的称谓，这也是社会给予教师的崇高赞誉。"人类灵魂工程师"不仅定义准确，而且是对教师这一职业的深刻理解和高度评价。教师不仅要把科学文化知识传授给学生，而且以"为人师表"的行为将自己的德性、德行、情感、情操传承给每一个学生，塑造学生的心灵、优化学生的行为、培养出具有高尚道德和良好行为习惯的人。

如今，社会上人们越来越喜欢用"人类灵魂工程师"来比喻老师，表明了人们对这份职业有了更深的理解和更高的敬意，老师也为这一称谓感到由衷的自豪，台上教书、台下育人。教师不是匠人，而是工程师；教师也不是修筑房屋，而是建造心灵。教师的根本任务是教书育人，教师要时刻以模范品行作为榜样，用美的语言、行为和心灵去感染和教育学生，真正成为学生效仿的楷模。因此，教书育人、为人师表是老师的崇高义务和职责，只有真正做到这些才不愧为"人类灵魂工程师"的称谓。

（6）浪漫之称：天使守护神

每一个孩子都是折翼的天使，他们少了一双翅膀，而教师就是那个为孩子插上翅膀，助他们飞得更高、看得更远的"天使守护神"。孩子是最纯洁无瑕的，也是最容易受到伤害的，他们的心中充满着对未来的美好憧憬，可未来似乎太远且不可知。老师将陪伴着他们走过快乐的童年、花季般的少年、多愁善感的青年时代，丰盈稚嫩的羽翼。每一点、每一滴的记忆都如一缕阳光，如一丝清泉，缓缓涌入孩子的心田，滋润着孩子的心灵。

当孩子的羽翼渐丰，由一个懵懂无知的幼童成长为一个出类拔萃的精英，能够飞翔并且能够给他人带去幸福时，教师的幸福感也会油然而生。当老师张开双手，庇护孩子的那一刻，她是幸福的；当老师为天使的展翅翱翔而绞尽脑汁时，她是幸福的。正如苏霍姆林斯基所说："教育是人和人心灵上的最微妙的相互接触。如果我们希望自己的学生成长为有义务感和责任心、善良而坚定、温厚而严格、热爱美好事物而仇恨丑恶行为的真正的公民，我们就应该真诚地对待他。"

三、教师角色的教育品性

教师的角色品性主要是由教师职业劳动的特征决定的，但同时它又受到政治、经济、文化以及公众对教师期望的影响和制约。随着教育事业的发展和科技进步，传统的以"传道、授业、解惑"为准则的教师角色会受到时代的挑战，教师角色的多元性特征日益突出。

1. 德性

德为师之本。若不提高教师的德性，培养学生健全的道德行为就会落空。教师是精神文明的传播者，如果德性上不去，则会通过自身以及学生对全社会的精神风貌产生反作用力。从教师承担的社会重任、社会角色的地位和社会对教师德性的期望评价以及众多优秀教师的素质表现，不难看出：教师的德性已经远远超出了教师职业和一般道德的范畴，它不仅包含师德，也含有世界观、人生观、价值观、政治立场和态度、法纪观念和行为等，并将社会上普遍需要的这些优良品格、思想、情操、才学、气质等集于一身，在教书育人的过程中展现出来，这是融进了职业理想、职业情感、职业规范和职业道德以后的德性，是教师从事教育工作所必需的。无数事实证明，身教胜于言教，教师只有严于律己、言行一致、表里如一地做一个正直、诚实、光明磊落的人，才能提升自己的品位和境界，才能对学生的教育起到良好的作用。

数学特级教师郭楚明是湖北省浠水县实验高中众多优秀教师中的杰出代表，学生说他是良师益友，家长说遇上他是孩子的福气。他已连续担任班主任二十多年，遇到过不少家庭困难的学生，他总是千方百计解决学生的困难，使他们安心学习。一天，他发现王勇同学精神状态不好，一问旁边同学得知王勇同学没有钱未吃晚饭，他便亲自回家做饭给王勇吃，并给了他50元作生活费，王勇吃饭时激动不解地问："郭老师你是怎么这么快就知道我没有吃晚饭……"是啊，哪一位学生的冷暖饥饱不装在他心中。当王勇拿到武汉大学的录取通知书时对他说："郭老师，您和实验高中给我的帮助太大了，我现在无法感谢您，等我将来发达了，一定要报答您和实验高中。"

教育无小事，处处大手笔。教师每天做着看似细枝末节的事儿，却往往蕴含着某种神奇的力量。法国教育家卢梭曾说："凡是缺乏师爱的地方，无论品格还是智慧都不能充分自由地发展，只有真心实意地去爱学生，才能精雕细刻地去塑造他们的灵魂。"教师的德性正是在"善心"的基础上建立起来的。特级教师郭老师对学生充满无私的爱，热情帮助班级的每一位孩子，尽力扫除他们心灵上的"灰尘"，并始终用自己的敬业精神和优秀的工作成绩影响和激励学生。因为他懂得一名教师的工作精神、人格修养在一定意义上来说比传授知识更为重要，认真负责的工作精神和高尚的人格修养能激励学生形成良好的个性品质，对促进学生成人成材大有帮助。

2. 智性

近年来，教师成为"反思实践者""教育专家"或"研究者"，新型教师角色日渐渗透到教师专业发展的日常活动中。智性的核心在于教师以其独特的方式传播知识，通过文化知识的传播促进学生的认识和发展，进而促进文化和社会的延续和发展。当代教育的要义在于教师在动态、生成的课程体系之中，引起学生学习的意向，唤醒学生学习的需要，培养学生的学习动机，激发学生的问题意识。因此，想要成为一名优秀的教师，必须构建以教育科学、心理科学、管理科学为核心的复合型知识结构，必须具备相当的教育智慧——扎实的专业知识、精湛的专业技能、现代化的教学手段与技能。汉代韩婴在《韩诗外传》中指出："智如泉涌，行可以为表仪者，人师也。"它准确地概括出了教师生命的两个支撑点：德性与智性。也就是说，教师须德才兼备，智慧如泉水喷涌，道德、言行可以作别人的榜样。教师拥有高尚的德性和渊博的学识，才能让学生尊师向道，从而达到教育之传道授业、树根立魂的目的。

曹老师作为一名中学物理老师，常在物理实验操作过程中设置"悬念"情节。例如，在"探究影响电阻因素"的实验中，有一个影响因素是温度，很多教师将热敏电阻一烧就完事，学生也就很机械地知道了这一因素。而曹老师先给学生出了一个难题，他没有告诉学生电路中的电阻是热敏电阻，酒精灯也先藏了起来。学生到讲台上按电路连接好实物电路，然后闭合开关，发现小灯泡不亮。下面上来几个同学协助，分析原因：可能电流太小，也可能断路，调节滑动变阻器，调节电源电压，怎么做小灯也没亮。下面又来了几个同学协助，座位上的同学也在指指点点，这时曹老师意识到"神秘效果"差不多达到了，于是告诉大家这个故障很特别，"看我的"：闭合开关，拿出酒精灯，点燃，放到热敏电阻下，小灯泡慢慢亮了起来，同学们惊呼"老师太有才了"。这样，"温度"是影响电阻的因素之一也就顺理成章了。

（曹涛. 演示物理实验，体现教师智慧［J］. 速读·下旬，2014，（04））

俄国教育家乌申斯基说过："不论教育者怎样地研究教育理论，如果他没有教育机智，他不可能成为一个优秀的教育实践者。"这就要求我们教师在课堂教学中，面对千变万化的教学情景，要具有迅速、敏捷、灵活、准确地做出判断和处理的能力，以及保持课堂平衡的能力。曹老师巧设悬念，善抓时机，不仅激发了学生的探究兴趣，也打开了他们闭合的思维。因此，有技术和艺术地处理好演示实验，不但能发挥出物理演示实验的功能，还能充分体现教师的教育智慧。

3. 诗性

真正的教师，是那些把自己的生命融入职业生活中，从职业生活中得到快乐和发展的人。崇高的师德和精湛的教艺固然是成为一个优秀教师必不可少的条件，但教育还应当有更高的精神诉求，用诗人的气质、理想、激情传达出人类的真善美和人类文明的结晶。真正的教育者应当拥有一片燃烧的热情，以此激发学生学习人类文明的热情和对未来世界的美好信念。真正的教育家应当怀着一份对教育的挚爱，以此从情感和意志上与学生达成心与心的融通，真正关心学生成长。下列教例极为准确地证明了这个道理。

有一天，学前班的老师问她面前的孩子：花为什么会开？第一个孩子说：她睡醒了，她想看看太阳。第二个孩子说：她一伸懒腰，就把花骨朵顶开了！第三个孩子说：她想和小朋友比比，看谁穿得更漂亮。第四个孩子说：她想看看，小朋友会不会把她摘走？第五个孩子说：她也长耳朵，她想听听小朋友唱歌。突然，第六个小孩子问了老师一句：老师，您说呢？老师想了想，又想了想说——花特别懂事，她知道小朋友们都喜欢她，就仰起她的小脸，笑了！老师原来准备的答案是，花开了是因为春天来了。

美国学者柯伦曾经说过："教师有一种神奇的力量，他们能唤醒自己，也能唤醒他们接触的人。"倘若案例中的这位老师仅仅拘泥于自己的"标准答案"，不去触摸孩子童心，那么很难想象我们的教学还有多少艺术的空间。童心，是教育策略的灵感，更是教育智慧的精灵。诚如冰心所言，除了宇宙之外，最可爱的就是孩子。唤醒沉睡已久的童心，是召唤并鞭策教育促使我们洋溢生命活力的永恒之源。"我思故我在"，课堂教学流淌着教师生命和灵魂的思想火花，它既是教育的巨大力量，也是教育的手段。每一位充满"诗意"的教师都应当在历史的诗性、现实的关怀和未来的仰望中促成个体生命价值的实现。

第二节 教师角色的转型

作为一定社会关系结构和文化模式塑造的结果，教师角色的规约、变迁与社会制度、文化心理、教育认知休戚相关。社会转型的多元化和文化语境的复杂性，需要教师不断适应其至推进教师职业角色的转换与提升。一方面，教育活动的生成性、教育内容的发展性和教育对象的主体性等，都决定了教师在不同的时间和空间里，必然与学生、课堂、学校和社会之间构成错综复杂的关系；另一方面，伴随社会发展、课程改革和知识更迭，教师必然需要在坚守教育岗位的基础上，显示出与时俱进的教学行为。

一、传统教师角色扫描

传统教师角色是与人类农业、工业社会相适应的角色，在这样一种生产型的基本背景下，教育承担着人类文化传播和生存技能繁衍的天然任务，教师则扮演着人类知识财富合法"代理人"与"供应商"的角色，尽心尽责地充当中介，把知识"复制""传送"甚至"贩卖"给学生。在此语境下成长起来的教师，则往往是以知识的权威、真理的化身和文化代言人的形象出现。

1. 课程的执行者

长期以来，以技术理性为旨趣的课程重视的是教师的工具价值，人为地割裂教师与课程之间天然的联系，教师成为课程的"附庸"，为课程所控制，教师的内在价值难以展现。教师的功能往往被局限在教学计划、教学大纲和教材修筑的围城里，所以教师只要"照本宣科"，就宣告教学任务的完成，而任何标新立异、逾越雷池的行为则可能被视为"大逆不道"。无论从宏观的教育目标来说，还是从微观的每个课程内容的设定来看，教师都处于一种极端被动的状态。对于教育目标，他是坚定的服从者；对于课程内容，他是忠实的执行者。自上而下的教育目标要求教师在规定的时间里培养质量标准完全相同的产品。这个质量由社会和高层教育领导来确定，通过考试来测量，教师无权干涉，只有无条件地接受。教师角色被人为地限制在一个狭小的空间中，成为社会期望和道德理想的传播工具。他被动执行课程目标设计者的想法，以"准确"地向学生传递、解释教科书中的知识为己任，"教书匠"成为传统教师角色的最佳注释。

2. 知识的传授者

从整个教学来看，在传统的角色中，教师本身是作为"教学知识的旁观者"存在的，他只是负责知识的传递和搬运。教师被美化为知识拥有者，学生则异化为知识接受者，一切教学活动以知识、教师、教材、教室和考试为中心。一方面，教师的话语权决定着信息交流的单向性，学生在教师的控制和监督下被动学习；另一方面，教师的教学以知识传输为主，学生的情感、态度、价值观则被抛到九霄云外。此外，在传统教育中，书本知识、理性知识长期占据上风，对体验性知识、缄默性知识相对忽视。对教师来说，这种影响表现为只要完成课本知识的传授即可，没有必要讨论在本时本地、本学校本课堂中的具体细微的情境问题。即使是同一学科的教师之间也是一种隔绝的状态，他们都只重视围绕着课本知识展开自己的教学，不需要也无法就体验知识和情境知识展开讨论和研究。事实上，每一次教学都是一次冒险，而不是照本宣科的宣讲，在当前网络信息发达的时代，教师如果还定格于既定的知识结构，置身于知识之外，难免会被社会淘汰。

3. 课堂的主宰者

在中国社会尊卑意识、权力崇尚、长官意志此消彼长的课堂话语中，"师讲生听"这种由来已久、单一机械的线性关系与教师和学生身份、地位、权利之间的差距一脉相承。"天地君亲师"的等级观念，"上所施，下所效也"的不二法则，一系列的教育潜规则驱使教师天经地义地成为课堂的"权威"和"霸主"。由于背负社会期望，教师往往被设定为知识理性的典范、道德准则的楷模、文化科学的权威以及社会价值的维护者。这一期望尽管压得教师喘不过气来，然而在执行这些职责时，教师反而站到了维护者的立场，成为新的专制权威者，把自己受到的压制原封不动地转给了学生。在这样的知识背景和教学过程中，作为学习主体的学生，其自身意愿和喜好则遭到轻视甚至排挤，而拥有知识发言权的教师自然就成了权威。尤其是置身于教室里的狭窄空间里，教师的声音总是响亮的，教师极容易成为一个焦点和中心，"一言堂""满堂灌"的现象自然就发生了。

二、现代教师角色透析

在传统教学活动中，教师自我生命意识的遮蔽、自我思考意识的钝化、自我发展意识的萎缩使教师发展成为"无我"的发展。在教学即知识传递的时代，教师只有充当知识传声筒的工具性价值，而在如今教育变革和教育实践转型的新时期，受教育者已由知识的继承者转变为自我发展的承担者。在当下语境中觉醒与崛起的现代教师角色，开始意味着一次精神栖居的守护和寻找，即一种教师风采和职业责任的唤醒。

1. 课程的研究者

20世纪60年代，英国课程论学者斯坦豪斯敏锐地认识到教师在课程发展中的作用，提出"视教师为研究者"的观点，教师在课程中的角色观得到修正，课程对教师而言，不再是给定的、一成不变的教育要素，而是教师可以变更的教育要素，是与教师的人生阅历、教师的独特教育理念、师生所处的独特的社会环境、教育情景有直接关联的教育要素。课程开发不是以国家意志和专家建议为起点、以既定课程为终点的封闭系统，研究必然意味着教师由原来的课程实施者变为课程的参与者，教师以主体角色的身份参与课程的开发、决策、实施及评价，并对课程进行全程性跟踪、合作性介入和批判性反思。教师成为进入课程领域的主要要素和设计主体，教师不再是教育权力部门和课程专家的附庸，而是时刻以自己的教育知识和教育理解为根据，改造着预设的课程。同时，教师在教学中，可以根据学生的不同而选择不同的教学内容、教学方式，直接展开情境化的教学和研究。

2. 知识的建构者

与知识的旁观者要求抛弃个体情感相反，知识的参与者理论意味着知识不再是作为一个静止的东西等待人们的认识，而是一种认知行为，是不断变动的、发展的；而且，由于个体的参与，知识不再是纯粹认知的活动，它与个体的情感、兴趣、信仰等相关。知识参与者理论带动知识从"普遍的"知识转变为"局部的"，教师更关注"缄默化""境域化"的知识，每个人都具有起码的学习、评价和鉴赏知识的素质，都有参与知识创造的可能性以及知识选择、创新和对话的权力。加拿大著名课程专家史密斯教授指出："教师所关注的并不是教——即通常所谓的灌输条理分明的知识，而是保护每个学生找到适合自己的道路的环境条件。"无疑，教师不是作为驱赶学生掌握既定知识的工具而存在，而是要激发学生自我情感，组合他们的经验，唤醒他们的学习积极性，鼓励他们自己去感受知识、思考知识和发现知识。

一名小学语文老师执教《坐井观天》这节课，在课堂开始便问学生："同学们，小青蛙听到大家把井外的世界说得这么精彩，它真想跳出井口来看一看。请说说青蛙跳出井口后，将会怎么样呢？第一个孩子说："它看到绿绿的小草，还有五颜六色的花儿。"接着，第二个孩子说："它看到校园里开满了桂花，闻到了阵阵花香。"第三个孩子不甘示弱，站起来说："它看到了果园里挂满了黄澄澄的梨子，红彤彤的苹果，一派丰收的景象！"正当同学们发表对生活的赞美之言时，一位学生忍不住也想说说："老师，我觉得青蛙有可能没有看到这么美的景色。"听到了该同学的发言后，老师充满期待地说："说说你是怎么想的？"一石激起千层浪，学生们积极发表意见。

《坐井观天》是一篇非常有趣的寓言。文章通过生动有趣的对话，向孩子们讲述了一个寓意深刻的故事。在本片段中，老师在注意上述内容的价值取向的同时，适当对教学内容进行拓展，尊重学生的独特体验，鼓励学生多向思维。当学生发表不同意见时，老师并未制止，而是顺势引导学生说出原因。不仅如此，教师和学生一样，也是一个伟大的参与者。在教学过程中，他可以提出自己的看法和学生进行交流，一起思考，一起进步，共同步入知识的建构和思维的历险。只有经过师生共同的理解与阐释，相互的表达与交流，转化到师生互动的真实体验中，知识才显示其存在的价值和创生的意义。

3. 课堂的合作者

孤军奋战的传统教师既难以承担居高不下的教学任务，也难以解决纷繁复杂的教育现象，更难以应对日新月异的学习内容。教师要真正回归到"人"的本质，就需要尝试以一种民主的态度和学生共同参与学习，参与知识文化的建构与再建构，教师和学生站在同一个台阶开始新的教学征程。教师开始尊重学生的个性特征，尊重学生的经验观念，不是带着教科书走向学生，把知识强加给学生接受，而是带领学生走向知识，和学生一起展开探寻知识的未知旅行。民主下的平等并不否认和抛弃教师的作用，教师处于"平等中的首席"的位置，在具体情境内展开对学生的指导、引导和帮助。与此同时，日益更新的知识、便捷的网络技术让教师的单兵作战显得疲惫和保守，教师还应该走出自我纤小的世界，跳出学科偏见，尝试用一种新的视角来打量和整合自己的专业领域。教师要实现专业的深入发展，必须突破目前普遍存在的教师彼此孤立与封闭的现象，学会与他人进行合作。

三、未来教师角色转变

教师角色的发展不仅是理论上的构建，也意味着实践中的转变。就教学内容来说，教师逐步脱离知识细节上的纠缠，而是着眼于学习方法的传授；就教育目的来说，教师培养的不仅是社会需要的合格人才，更重要的是培养人的个性、责任和良知。在这个意义上说，未来的教师必须关注人的内心世界和精神空间，一方面，教师应当带给学生知识的惊奇、理性的探险和生命的尊严；另一方面，教师必须随时关注自身心灵的健康、教学的境界和生命的意义。

1. 生命的捍卫者

教育面对的是人的世界，人是教育的根本，生命是教育的灵魂，提升生命质量、捍卫生命尊严是教育和教师的使命。审视教师的生命意义，就是要承认教师也是一个"人"，是一个活生生的人，教师生命的意义及价值不仅是在其教育的轨迹中显现和张扬的，而且也是在生命的对话中成就和丰满的。轻视甚至否认教师在学校中的生命价值，必然造成教师职业地位的失落和专业层次的下降。诚然，现代科学的发展和技术理性的张扬迫使教育一味拔高知识的地位，偏爱逻辑推理的结果，忽略人的生命情感和直觉感受，教育成为生硬的物与物之间的信息交换，教师成为冷冰冰的"霸主"和"权威"，这不仅会导致教育实践的危险，也会导致教师角色的式微。教师既是一种角色，也是一种个性，为此，新的教师角色呼唤的是珍视和保留教师生命的敏锐和浪漫，捍卫教师自我生命的细腻性和独特性。

2. 智慧的培植者

从深层次讲，教育教学活动呼唤的是教师的经验改造和心灵丰富，显示的是教师的文化底蕴和教育追求，因而教育教学活动需要表达教育的智慧，激发教育者的想象力、批判力和创造力。与一般意义上的智慧不同，加拿大学者马克思·范梅南指出："教育的智慧性是一种以儿童为指向的多方面的、复杂的关心品质。"这种教育学意义上的智慧呼唤并鞭策教师随时对学生生活保持一种敏感与惊奇，随时对教学情境持守一种接受与倾听，从而引导教师具有一种更为热切、更为亲近、更为纯粹的理解语境和表达形式，引领他们在一连串激动人心的实践中重新寻找自我和学生的关系，捕捉教学和研究的关系。

我国小学语文界名师王崧舟在《望月》教学中作了一个极富深意的总结，他说："望月望的就是这三个月亮——"。学生一齐答道："江中月，诗中月，心中月"。"融为一体的也是这三个月亮。"王老师继续追问，学生再次读到："江中月，诗中月，心中月。"此时，王老师突然问道："但是，既然已经融为一体了，为什么还是三个月亮呢？应该成为一个月亮呀？（稍停）孩子们，让我们仔细地想一想：一个人，一旦没有了自己的心，还能观察到江中月和诗中月吗？"学生自由应答："不能。"王老师总结道："所以最终我们望见的只有一个月亮，那就是心中月，明白了吗？"学生纷纷应答："明白了!"，而王老师却面带微笑地说道：大家不可能一下就明白这个道理，需要大家用一辈子时间去明白，明白吗？（众笑）

（孙琪，王崧舟."诗意语文"理论体系的生命精神［J］.教学与管理，2015，2：20）

这个结语，渗透着王老师对生命的感悟，颇耐人寻味，这里所说的"月"已经不再是一个单纯的物象，而是一种有着极其深厚的文化内涵的意象，这个意象承载着中国文人独有的抒情情结。正因为蕴含深意，王老师才鼓励学生用一生去思考，此举重在启发学生的思维，雅斯贝尔斯说过："真正的教育是一棵树摇动另一棵树，一朵云推动另一朵云，一个灵魂唤醒另一个灵魂。"一个真正智慧的教师应该是让学生成为绚丽灿烂、花季各异的大花园，而不是造就一个修剪一致的人工苗圃园。

3. 信仰的护佑者

教育是心灵的体操，同样也是信仰的航标。如果说教师的知识、经验和能力是体现教师角色的基本前提，那么教师的品位、思想和信仰则是实现教师角色的原动力。价值的引领、精神的创生和灵魂的感召自始至终都是教育的血脉和底气。仅仅满足于卓越的关心而放弃对意义的追问，必然导致教师角色存在合理性的质疑甚至否定，让教师难以对社会道德、社会价值做出准确的评估，也容易模糊自己的使命和责任。"信仰是真正教育的天然要素"，信仰教育意味着教育不再是作为一种谋生的手段，而是觉悟教育的幸福，感受教育带给人的福祉与尊严、聪慧与高尚。这昭示着教师需要勇敢地体认人生的完美和关爱的力量，努力地向往教育事业的神圣、伟大与教师职业的温暖、芬芳，保持对教育本源的坚守与仰望，包括来自于心灵深处的震撼与萌动，以力图使教师能更深刻、更丰富地理解教育、参与教育、呵护教育。

第三节　教师角色的澄明

相对于基础教育的种种思考和探讨而言，"教师角色"无疑是异常活跃而又颇具争议的一个焦点。置身于教育变革风起云涌的时代，在充盈着新奇与变化的教育世界中，需要教师主体能够不断更新内在构成要素及其性质和层次，教师角色概念中必须富有一股内在的推动力量和创新取向，以推动教师在扮演浸染着生命气息和精神底蕴的角色中提升内在价值，和外在价值和谐统一。

一、教师主体的角色之困

一连串错综复杂的制度环境和层峦叠嶂的社会吁求，一系列揠苗助长的权威规约和求全责备的职业期待……诸如此类对教师角色体认的挤兑和错位以及对之疗治的乏力，不仅从根源上诱发了不少教师对自我的怀疑和抵触，而且从动力上引致了教师对职业的冷漠和敷衍。如果说，对教师角色认知的犬儒主义、虚无主义和标榜主义共同助长了教师自我与职业角色的分崩离析，那么，教师角色话语的纷繁与教师角色表达的冲突则进一步加剧了教师角色的沦陷、虚迷和断涡。

1. 四面楚歌的角色沦陷

在对教师角色缺乏透析之前，教师的行为表象只是自我重复，教师成为缺乏挑战、不需要太高智慧的职业，其角色必然充满灰暗和低调。其后果往往正是教师集体无意识的惶恐、狐疑、麻木和悖逆，轻视自我的生命力量，消弭自我的生长意义，否定自我的生活编码，教师在迷茫和沦丧中逐渐堕入狭隘的窠臼，其职业人生从此剥离了全部光彩。当经济崇拜与权力至上扩张为整个社会衡量成功与否的标尺之时，教师在面对本身职业时难免会产生情不自禁的失落，职称、升学、评级、待遇、深造等现实问题左右、折磨着教师的心理和情绪，教师角色呈现平面化、单一化和低俗化，为教学而教学，为分数而教学，为课时而教学。这样，在教师实际担当的单向度角色与职业内在的立体性角色以及与社会需要的多元化角色之间，彼此的冲突与割据联手开垦出一条难以逾越的鸿沟。

2. 海市蜃楼的角色虚无

长期以来，无论是作为一种职业符号还是文化标识，教师都被人们赋予了额外的荣耀与绚烂。"蜡烛""春蚕""园丁"的称号根深蒂固，"安贫乐道""呕心沥血""鞠躬尽瘁"的字眼星罗棋布，社会、专家、家长对教师的期待太高，要求太多，考察太重，教师个人、教育本身根本无法成就他们期冀的状态，道德的光环和责任的镣铐促使教师角色几近脱离了人的视阈，在疲于奔命的追逐与首鼠两端的应付中，教师角色成为可望而不可即的虚无影像。事实上，无论是出于一种理论的认识还是实践的检验，盲目尊崇必然就意味着某种危险，更何况"教育万能"的观点本身就是一种现代迷信的衍生，一旦教师角色表现得与大众期望差距较远，教育对社会中的不良现象无法带来根本性改变时，无情的指责和漫天的非难就会随之产生。

3. 举步维艰的角色漩涡

在教师新旧角色交替的时期，社会、家长、学校对于教师角色的理解和期望并没有达成一致，促进教师角色的发展；恰恰相反，他们相互牵制，构成一股消解力量，教师在种种不同方向的力量纠葛下要坚守自我、坚持理想，必然承受着更大的压力。在现实中，很多教师开始也饱含激情，谋求角色的改变，可是一旦遇上阻力就回避到他们熟悉的领地，对社会、家长的功利心态妥协，重新被分数、成绩、名次所控制。而对于一部分老教师来说，由于已经习惯和囿守于传统角色，不想轻易改变目前的处境，因而也成为传统角色的坚实维护力量，阻止教师角色的变革和拓展，延长了角色冲突的时间和空间。这二者都会导致教师在新旧角色的碰撞与交锋中，不断陷入左右为难、不知所措的角色漩涡困境中。

二、教师角色的生命之维

教育面对和构筑的是人的世界，人是教育的根本，生命是教育的灵魂，提升生命质量、捍卫生命尊严不仅是教育也是教师的神圣使命。不可忽视的是，教育在本质上是唤醒人的生命意识、启迪人的精神世界、建构人的生活方式、实现人的生命价值活动，只有教师生命的激扬，以生命为基础的教育变革才能得以实现。因此，重新保持对教师角色的生命追问，意味着我们必须帮助教师在角色发展的语脉和坐标中，敞亮和澄明教师身份存在的方式和教师主体实践的方向。

1. 生命是教师主体的存在根基

毫无疑问，教育教学的实现和发展，首当其冲是教师角色的成长和丰富，教师自我的生命张力和精神空间集中代表了教育学的全部意义。事业心与生命的尊严感，责任心与生命的幸福感，这不仅是教师职业的精神底蕴，而且也是教师角色的心灵契约。毕竟，一个教师生命的完满、丰盈与健康，不仅是从事教学的思想原点，也是教育的智慧、哲思和觉悟得以良好培育和蓬勃舒展的心理基础。倘若教师缺乏对自我生命的真切体认，不能在自己的教学实践中张扬生命的意志和激情，其教学行为也就完全可能变得了无生气。另一方面，如果我们的视线太关注知识本身，太关注工作本身，太关注分数本身，不仅会消解教师生命的敏感与丰富，而且也会摧残教育精神的灵气与生动。所以，现代教师不仅仅需要传播知识，繁荣学术，更需要在追求真理的激动与追求生命的热情中认识自我和捍卫自我。

2. 生命是教师专业的发展动力

教师的专业发展不仅是教学技艺的发展，更是超越自然生命的意义，超越自我与现实的功利，真正实现自我教育生命价值的过程，教师对自我是机械性认同、接受，还是批判性重构、创新；是作为职业的工具人存在，还是主体性存在，不同的思想和思考方式在某种程度上决定着教师的形象和教学的方向。丧失了人生梦想与追求的教师是凋零与悲哀的，而放弃了生命信仰与浪漫的教师则是苍白与萎靡的。只有当教师的工作被源自心灵的生命启迪所唤醒和鼓舞之时，才能赢得独立思想的可能性本源，教学才可能焕发勃勃生机和永恒魅力。教师生命只有成为教师专业化发展的原动力，教师专业化的发展才能走得更远。因此，教师的专业发展，要注重教师的专业自主意识及自主发展能力的形成，把增进人的生命主体意识看做是现代教师专业发展的重要规定，让教师的专业发展过程成为充满生命活力的过程，成为彰显生命价值意义的过程。

3. 生命是教师实践的行动路向

生命是教育之本。作为生命建构和价值引导的耕耘者，教师角色天然蕴涵着生命的情结与终极的价值。事实上，教师生命是生理生命、心理生命和社会生命的统一。一方面，教师积极地体验源自生命的分享，获得生命的自我认同感，努力达成生命的释放与超越；另一方面，教师为探索教育真谛而不断地追求，积极实现生命的价值和意义。教师角色的转变不只是经验的改造和技能的纯熟，首先更应该是教育思维方式的转变和思想境界的提升。正因为如此，教育迫切需要敞亮教师生命的时空，学生需要沐浴教师生命的良心与完整，教师更需要通过生命的强健而完善自我，重振心灵勇气和生命个性。进言之，教师不仅是学生精神生命的缔造者，同样也是自我生命精神的耕耘者。一方面，教师应当带给学生知识的惊奇、理性的探险和生命的尊严；另一方面，教师必须随时关注自身心灵的健康、教学的境界和生命的意义。

三、教师生命的文化之思

作为社会的精神贵族，教师本身就意味着一种献身，一种专注，诉说着一种品位，一种个性，践行着一种辽远，一种深邃，因此，对教师角色的厘定与廓清，并不是简单依赖于经济地位的提高和福利待遇的增加，或者是转变社会、公众对教师的视角及其关注程度，虽然那也是保障和提升教师角色的一个重要途径。倘若要让教育成为教师一种自觉的实践过程和卓越的实现过程，让教师成为一位教育事业的耕耘者和教育幸福的分享者，我们还必须寻找这个角色生长的策源地。

1. 唤醒教师的生命自觉

教学不仅是教师的职业，而且是教师生命的舞台，如果说奉献性、服务性是教师职业庄严的一面，那么生命性、发展性则是教师职业幸福的一面。进言之，教师生命的唤醒和觉悟，教师生命的成长和丰富，集中代表了教师角色的全部内涵。因此，在引导"人"成为"人"的教育视线里，教学活动首先需要召唤教师生命的潜力和灵性。教师不仅应该敏于发现、开掘和丰富生活中的教学资源，还应该促使自己在教学的改善、尝试和冒险中张扬内心的生命之帆。实现教师生命意义与生存价值的教师发展，其内涵从展现生命丰富多彩的意义上看，应该是丰富而有活力的，应该是极富生命力和人性的。在一个珍视生命发展的教师眼中，教育不是单纯的技术操作过程和逻辑推理展现，而是作为一种境界加以追求，并在教育及其追求中实现教师生命的意义。只有深刻认识并努力践行这一点，教师才能重新焕发精神面貌，从关注职业到关注生命，从关心教学到关心学生，从实现自己到超越自己。

2. 提升教师的教育智慧

智慧是什么？智慧是教师角色的诗意栖居，是教师行为的存在语境。在过程的维度上，它表现为教师在教育活动中具有解决教育问题、处理偶发事故、创造生命价值的卓越能力，它是出乎意料的、动态生成的，是一种教育机智；在结果的维度上，它表现为教师对美好生活及存在意义这一"畅神境界"的执著追求，它是矢志不渝、坚定不移的，是永恒追求的终极鹄的。在教育学的视界里，智慧就是有生命，有力量，有热情，然后感性的冲动和理性的逻辑才能活跃起来。而这种活跃，也就是教育开掘本身存在的证明，当然也正是教师彰显自我存在的形式。具体而言，智慧就在于推动教师小心翼翼地去叩击和开启那些未知的心灵和世界，以求帮助自己和学生脚下的道路尽可能地伸展到未来。智慧使教师在这种好奇和探索的过程中体验到教育的快乐。其间的奥妙和关键就在于，无论你怎样选择教育的方式表达教育的逻辑，你都能喜出望外地发现教育过程中涌现出来的创造的活跃和机智的萌动。

一个青年教师在进行公开课《伊犁草原漫记》教学时，课文第二段第三层写秋天猎人猎熊的果敢，但一名学生没有按要求归纳猎人果敢的特点，而是说猎人残忍，同时指出猎人的行为是违法行为。原本课文中这一段是歌颂猎人的，学生却痛斥猎人的猎熊行为，这是教师所始料不及的。可喜的是，这位教师并不因为学生当着听课教师的面提出不同的观点而气恼或逃避，而是因势利导，让学生充分讨论，发表自己意见。最后全班学生从保护野生动物的角度出发，推翻了课文的观点。

教育智慧是教育的一种品质、状态和境界。英国诗人艾略特在其名诗《岩石》中说："在信息中，我们的知识哪里去了？在知识中，我们的智慧哪里去了？"这句话让我们不禁反思自己的教学，怎样在实践中提高教师的教育智慧呢？正如案例中所看到的，当学生的观点与课本、教师有不同之处时，教师不再像以前那样直接否定学生的答案，而是采取让学生进行讨论、比较或辨别的方法，达到意见的统一，或者并不统一意见，留着悬念让学生课后进一步探讨。这样的教学方式打破了唯课本是准、唯教参是准的传统教学观念，体现了真正意义上的教学行为的转变，教师的教育智慧就渗透在课堂的细微处。

3. 打造教师的专业文化

教师角色的转变在很大程度上都是一个立体而多元的复杂过程，除了教师自身所必须付出的努力之外，他们更需要从自己所属的群体那里获得内在支撑点和直接推动力。国内学者提出"教师发展文化场"的概念，这种特定时空中的文化语境是影响教师发展的重要因素："作为一个整体，教师发展文化场的核心是观念体系，围绕这个核心，外层是一系列行为规范和相应的活动方式。"观念和文化的确不能改变物的世界，但它却能够改变人的世界：一方面，学校需要在教师中形成共同的教育信念和发展目标，建立教师学习共同体，努力促进不同学科教师之间、不同年龄教师之间的交流和沟通，在为教师提供丰富资源的同时，为教师之间进行信息交流、经验分享和专题研讨提供平台，进而形成良好的专业技术文化。另一方面，学校可以整合校内外资源，通过心理辅导、健康运动、家校合作、媒体引导等措施，为教师形成正确的职业期望、提高自我的心理承受能力提供服务和保障。无疑，只有在群体发展中成长起来的教师，其专业能力的提升才成为有效；只有在心灵和谐中丰满起来的教师，其角色期待的实现才成为可能。

★ 案例聚焦

有一位老师刚接新班，上完第一节课，刚要说"下课"时，后排座位上有位学生突然吹起了口哨。学生们看看那位学生，又看看教师，他们诧异中有些惊慌，像是做好了迎接"火山爆发"的准备。但这位老师并未发火，只是很坦然地说："同学们下课"。随后走到吹口哨的学生跟前称赞道："口哨吹得不错，好好练练，说不定会在这方面有所发展，必要时，我给你留点时间，为大家表演一下，好吗？"这位学生满脸惊疑地望着老师，不知所措。老师接着问道："能告诉我你叫什么名字吗？"他不好意思地作了回答。老师立即说："名字起得好，你是我在我们班记住名字的第一个学生，不过老师对你有点小要求，请你以后吹口哨时注意场合。"这个学生红着脸说："我错了，请相信我，以后不会再发生类似的事了。"周围的学生鼓起了掌。

当天，这位学生在日记里写道："我从来没有这么高兴过，因为今天老师表扬了我，说我口哨吹得好。要是在以往，我肯定躲不过一顿批评或指责。真的，我还没有受过老师的表扬，今后一定要好好学习，绝不无事生非，扰乱课堂秩序。"在以后的日子里，他的学习情绪很高，认真听讲，积极回答问题，逐渐成为老师纷纷称赞的优秀生。

★ 点石成金

这是在课堂上，怎么会响起嘹亮的哨声呢？我们可尽情地想象那位吹口哨同学由吹口哨时的"快乐"到被发现后的"窘迫"，如果你在课堂上遇到这样的情形，你会如何处理？或许，加拿大教育学家范梅南·马克思在《教育机智——教育智慧的意蕴》中所写的一段话能给我们带来启示："教育智慧更多地表现为一种关心的品质。"如果我们用足够细腻的心灵、足够智慧的举措来看待学生的所作所为，我们的教学之路将会诞生许多"春天的第十七个瞬间"。案例中的这位教师闪现着点点亮色，平添了教育智慧的动感和质感，她巧用放大效应，将批评变成欣赏。因此，如果教师多给学生一阵春风，一场雨露，就会让学生脆弱的心灵产生强大的动力而健康茁壮地成长。

★ 技能训练

1. 教学反思

某校七年级有位叫许霖的学生，平时沉默寡言，很少与人交流，对同学和老师都是如此。但有一天中午却出手打伤了班级成绩较好的一位同学，被打学生将此事告知班主任王老师。王老师立马找来许霖，在没调查清楚事件缘由的情况下对他进行了严厉的批评，且不准他进教室听课，许霖只能委屈地站在教室外面听课，并被班级同学嘲笑，之后同学见了他都躲得远远的。

平时不爱调皮捣蛋的许霖真的会出手伤人吗？原来事情的真相是这样的。据许霖在周记里透露，那位成绩较好的同学嘲笑他是没爸的孩子，嘲笑他在班级没有朋友，且取笑次数较多，实在是忍无可忍才出手伤人。但班主任却不分青红皂白，有意偏袒成绩较好学生，将此事马虎了结。

请你结合自身教育教学实践，谈谈如何处理学生之间的纠纷。

2. 教病诊治

有一个小学生在自己的日记中记录了这样一件事，她写道："今天语文老师在课堂上玩起了猜字游戏，本来挺高兴的一件事，可是我却很沮丧，因为老师让我们猜猜一个日字，一个木字，可以组合成什么字？因我近来刚好学到'杳无音信'这个成语，于是信心满满的站起来说道'杳'字。我以为老师会表扬我，可惜并没有，老师把目光注视到了另一个同学身上，另一个同学猜出'果'字，老师脸上流露出了满意的笑容，并让全班同学把掌声给了这位同学。顿时，我觉得自己好失落，难道我说错了吗？"

（1）你如何看待这位老师的行为？

（2）如果你是这名语文老师，你会怎么对待第一位同学？

第三章 现代教师知识论

教师的专业知识是一种复杂的系统，没有任何单个教师能够知道所有教师所蕴含的整体专业知识。

——【英】哈格里夫斯

★ 一线传真

一位教师正在讲《难忘的泼水节》中"祝福"一词的意思，学生问："老师，为什么过年有人要把'福'字倒贴？这不是一个错别字吗？"老师首先肯定了学生注意观察事物的好习惯，接着讲解了"福倒"就是利用谐音表示"福到了"的意思。然后讲了一个故事：朱元璋用"福"字做暗号准备杀人，马皇后暗地里命令家家贴"福"字，可一户人家不识字，将"福"字贴倒了。朱元璋准备将这一家人斩首，马皇后说："他们知道皇帝要去，故意将'福'字贴倒，表示福气到了。"朱元璋便不杀这家人了。后来人们为了纪念马皇后，过年就将"福"字倒贴。

教师在课堂上遇到学生突然发问，可能会直接不予理睬或对问题给予否定打击学生提问的积极性，也可能把问题转给学生，让学生乱说一气，浪费时间。而这位教师敢于抓住课堂生成的问题，对学生提出的问题给予解答，激发了学生的培养学习兴趣、探究意识和人文精神，可以看出这位教师的博学多才。同时，我们也应意识到教师的职业是一种以知识为核心的事业，但教师的知识并不是个人知识的简单的堆积和呈现，而是以学生学习为中心、以教学实效为归属的经营和管理，直接影响着课程与教学。教师的知识如何、课程与教学形成"合金"，既符合学科课程的要求又适应学生的认知特点，是考验教师专业水平的重要内容。教师的身份、知识和能力是起决定作用的教学因素，对于现代教师来说，正确把握知识的本质、性质、价值和范围尤为重要。

★ 理论导航

第一节 教师知识的性质

教师在教学过程中的对象只有两个，即学生与知识。教育培养人和用知识来培养人，这是不证自明的事实，这个事实就是教学活动的逻辑起点。然而，教学的问题就出在这个起点上。我们是否把学生当做人来培养，是否用本真形态的知识来培养人，这几乎是全部教学问题的根源。在这两个本源性的问题中，知识的本真形态具有先在性，因为教学过程中对知识的理解、加工处理以及对待知识的态度直接关系到知识与人的关系、人在教学中的命运以及教学对人的命运的影响。有什么样的知识观就有什么样的教学观。

一、知识的概念及内涵

作为一个专业术语，作为现代教师的教学必备品，教师知识的定义必然要体现现代教师的教学作为一种专门职业的独特性，也就是要明确教师知识在现代教师专业素养构成中的独特规定性与不可替代性。

1. 知识的概念溯源

世界上第一个对知识进行系统讨论的人是古希腊哲学家柏拉图，他在《泰阿泰德篇》中提出"知识是经过确证了的真的信念"，由此至今，众多哲学家、认识论学者和其他的学者对知识的理论做出了重要贡献。在众多研究中，以 19 世纪以前的理性主义和经验主义知识概念、19 世纪至 20 世纪的实用主义知识概念和 20 世纪以后多元的知识概念表现突出。各派别对知识概念的阐释列表如表 3-1-1 所示：

表 3-1-1　知识的概念

派别	概念	代表人
经验主义	知识是对外界事物忠实的反映，观察和实验是获得这些知识最可靠的途径。人类所有的知识都来源于感觉经验，都是对外部世界各种联系的反映	培根
理性主义	知识是与认知主体的理性联系在一起的，由感官获得的知识是混乱的，是人与动物共同具有的，只有由思想获得的知识才是清楚可靠的，是人类所独有的	笛卡儿
实用主义	知识不是静止的、永恒的、完美的、终极的。知识本身是有机体和环境之间相互作用的中介，是有机体为了适应环境刺激而做出探究的结果，是一种行动的"工具"，一种知识是有效的或真正的知识，那么它一定能够提高有机体探索和适应环境的能力	杜威
后现代主义	知识是由话语实践者按照一定的规则所构成的能够谈论的一组要素。人类知识包括科学知识的社会性质、意识形态性质、权力性质等，不存在没有特殊话语实践的知识。知识不是一种静止的东西，而是一种运动的，同个体实践与生存发展相联系，并带有一系列社会权力关系的东西	福柯
无	知识的理解与认识必须从其与社会历史条件的联系出发，知识是人类从事劳动获得的认识，结合社会历史条件沉淀为固定的认知	舍勒
无	所有的知识，不仅是科学知识，在实质上都是"猜测性的知识"，都是对我们所提出的某些问题的暂时回答，都需要在以后的认识活动中不断地加以修正和反驳，对知识所谓的"终极解释"是根本不存在的，所有知识也都是不可证实的	波普尔
无	知识总是包含"理"和"事"两方面，不是只注重实用主义或经验主义，而是经验与理性并重。知识的核心概念包括正觉（正常的官能者在官能活动中正常地官能到外物或外物的一部分）、官觉（能随时以正觉去校对的官能活动）、所与（客观的呈现）、摹状（把所与之所呈现符号化地安排在意图图案中，使此呈现得以保存或传达）与规律（意念上的安排，去等候或接受新的所与）、事实（接受了的或安排了的所与）	金岳霖
无	"知识"是认知者和被知者之间一种交互作用的智力结果	范良火

以上罗列出的诸多学者从不同角度解析"什么是知识",可以看出,要达成一个统一的定义非常困难。究其原因,知识这个概念是一个随着历史、社会、文化的发展而发展的概念,它必然要涉及知识与认识者的关系、知识与认识对象的关系、知识作为一种陈述本身的逻辑问题、知识与社会的关系等问题。

2. 知识的类型划分

要问"什么是知识",就意味着要进行知识分类。知识可以是各种形式和类型,关于知识的分类问题,不同的研究者从不同的研究角度对知识进行了分类,见表 3-1-2。

表 3-1-2　知识的分类

知识分类	分类人
理论的知识;实践的知识;生产的知识	亚里士多德
关于事实的知识:直觉性命题和非直接的知识。关于事物的知识:直认性知识和描述性知识	罗素
如何做的知识;了解这一价值上的知识;从别人那里获得的知识;理性的知识或科学	杜威
显性知识;缄默知识(隐性知识)	波兰尼
实质性知识:主要指学科内部相互联系的概念的知识。文法性知识:主要指在该学科中用于建构知识的方法	施瓦布
理性知识;实证知识;实效知识	谢弗勒
内隐知识;实践智力的一个标志;学术知识	斯腾伯格
事实性知识、概念性知识、方法性知识、价值性知识	季苹

由此可见,有关知识类型的辨析来源于四大类:首先是关于事实的知识和关于事物的知识,诸如以对感知和数学公理的直接判断为形式、以需要经过证明的命题和推导的经验性结论诸如数学定理为形式、直接意识到而没有用到任何的中介推导过程或其他事实的知识、要用到一些中介推导过程或其他事实的知识;其次是知道是什么和怎么样的知识,诸如如何理智地获得技能这一价值的知识,源于理性基础、逻辑顺序和体系的知识;然后是隐性知识和显性知识,诸如人类通过言语或符号的方式所表达出来的知识、一种支配着整个认识活动并为人们的认识活动提供最终的解释性框架的知识;最后是直接性知识和间接性知识,诸如个体从实践中获得的经验从别人那里获得的知识等。

二、教师知识的内涵

正如弗洛里安·兹南尼基所说:"每个人无论承担何种社会角色都必须具备正常担任该角色必不可少的知识。"可以肯定的是,教师要高效地进行教学也必须具有一定的知识,教师所具备的知识与教师教学的有效性之间呈较大的相关性。如果将教师承担这一角色必需的知识称为"教师知识",其内涵和特征则需要进一步地认识。

1. 教师知识的概念

20 世纪 70 年代中期,随着认知心理学的兴起,教师教学效能研究的焦点转向了对教师知识的研究。20 世纪 80 年代初,在美国发表的《国家处于危机中:教育改革势在必行》的报告推动下又一次掀起了教育改革的高潮，"教师知识"一词成了使用频率较高的词汇之一，教师知识成为世界各国教师教育研究领域越来越关注的热门话题。如今，随着我国新一轮基础教育课程改革的逐渐推进，社会对现代教师的知识提出了新的要求和期望。由于教师教学活动的多变性、研究者选取研究问题的角度不同以及人的认识能力有限，目前对"教师知识"的定义还未达成共识，见表 3-1-3。

表 3-1-3　教师知识的定义

定义	定义人
教师知识是指教师行为的合理准则，指在特定的情况之下，教师能简单明了地陈述其应做的事项的知识，以及在"原理"和"规则"方面使用且存在的实际知识，它是由教师过去经验、理论性知识及学校习俗文化等结合而成的	埃尔巴兹
教师知识就是在实际的教学情境中，教师为达到有效教学所具有的一系列理解、知识与技能等的总称	林崇德 申继亮
教师个人知识是指依存于一定背景、观念、信仰、价值观，在实践中总结出的经验性知识，是一种多义的、充满秉性且有个人效能的实践性知识	佐藤学
教师知识本身是一种复杂性高，无法轻易洞察的内隐性理论，它是一种建构于个人的实践知识、以往的经验、先前的概念、生活史、个人的价值观、信念或哲学基础上的认知系统	刘建敏

综合以上的各种观点，对教师知识来说，环境因素与教师本人潜意识中存在的、独有的特质性条件是至关重要的。我们认为，教师知识是教师从事教学活动所必须具备的智力资源，教师知识的丰富程度和运作情况直接决定着教师专业水准的高低。尤其从一些优秀的教师身上我们可以发现，教师在从事专业活动时的确体现出一种独特的智慧技能。我们可以这样定义：教师知识是建构于认知、理论、经验、个性等基础之上的，在教学活动中体现为一些知识形态、价值观念和智慧技能。

2. 教师知识的类型

教师知识是教师从事教育教学工作的前提条件，也是构成教师专业素质的重要基础。目前有关教师知识分类的研究相对于教师知识概念的研究多很多，我们可以从以下各种观点的比较当中得到一些启发，见表 3-1-4。

表 3-1-4　教师知识的分类

教师知识的分类	分类人
学科知识；学科教学法知识；课程知识；一般教学法知识；学习者的知识；教育情境的知识；教育的目的、目标和价值的知识	舒尔曼
有关任教学科的知识（实质知识、文法知识、知识理念等）；有关教学理念的知识；有关学生与学习的知识；有关教室组织和管理的知识；有关教学的社会、政治、文化背景等知识；有关特殊儿童的知识；有关课程的知识；有关评价的知识；有关各学科特有的教学知识；有关阅读及写作的教学知识；有关数学方面的教学知识；有关人际沟通、协调合作的知识；有关教师的法定权利与义务的知识；有关教学的道德与伦理的知识	梅纳德·雷诺兹
关于课程的知识；关于教学的知识；关于学生的知识；关于评价的知识	泰墨

续表

教师知识的分类	分类人
关于学生理解的知识；课程的知识；教学策略的知识；教学目的的知识	格劳斯曼
学科知识；行业知识；个人实践知识；个案知识；理论性知识；隐喻和映像	考尔德里德
内容知识；教学法知识；实践的知识	斯腾伯格
学生理解学科的知识；学科教学媒体的知识；学科教学过程的知识	马科斯
本体性知识；条件性知识；实践性知识；文化知识	林崇德、申继亮
专业知识；文化知识；教育科学知识	李秉德、李定仁
前科学知识；生存知识；个人实践知识	牛震乾
原理知识；案例知识；策略知识	傅道春
关于学生的知识；关于课程的知识；关于教学实践的知识和技术	谢维和

　　随着认知心理学的不断发展，尤其是通过新教师与有经验的教师之间的对比研究，人们发现影响教师教学成效的因素不仅是关于"教什么"和"如何教"的问题，教师的经验以及体现于其中的实践性知识在很大程度上左右着教师的教学行为和教学效果。美国著名教育家杜威指出，尽管科学家和教师都掌握学科知识，但两者的学科知识是不一样的，教师必须把学科知识"心理学化"，以便让学生能够理解。可见，对于教师知识的类型，不能单从一个层面来归纳分析，而应该从多个维度的不同层面来细致说明。沿着知识的定义，我们将现代教师知识类型划分为两大类：一是显性知识，二是隐性知识，见表 3-1-5。

表 3-1-5　现代教师的知识类型

分类	阐释	内容	特点
显性知识	又可称之为言传知识，是教师通过有意识的学习内化而成的、可以明确表述的外显性知识	学科知识；学科教学法知识；课程知识；一般教学法知识；教育理念知识；一般文化知识；创新原理知识	教学法知识与课程知识是主体，这些知识的获得主要通过学习外在已有的知识体系，从其来源上有着共同的知识基础，具有明显的教师职业群体类的知识特征
隐性知识	又可以称之为缄默知识、意会知识，是教师在个人经验基础上建构起来的、不能明确表述的内隐性知识	个人的实践知识；教育情境知识；教育信念知识；自我知识；人际知识；批判反思知识；整合知识	它不是产生于外在已有的知识体系，而是个人在实践过程中经过与环境的对话与交流，在不断反思的基础上逐渐生成的，是教师个人所拥有的独特性知识，具有较强的情境性与针对性。特别是整合知识，它是教师在教学活动中对显性知识的理解、把握和运用策略的知识

　　2012 年教育部颁布《教师专业标准（试行）》，从教师"专业知识"的角度提出了教师必须具有的知识类型与基本要求。我们以《中学教师专业标准（试行）》和《小学教师专业标准（试行）》为例，见表 3-1-6 和表 3-1-7。

表 3-1-6　　《中学教师专业标准（试行）》摘录

维度	领域	基本要求
专业知识	（五）教育知识	20. 掌握中学教育的基本原理和主要方法。 21. 掌握班级、共青团、少先队建设与管理的原则与方法。 22. 掌握教育心理学的基本原理和方法，了解中学生身心发展的一般规律与特点。 23. 了解中学生世界观、人生观、价值观形成的过程及其教育方法。 24. 了解中学生思维能力、创新能力和实践能力发展的过程与特点。 25. 了解中学生群体文化特点与行为方式
	（六）学科知识	26. 理解所教学科的知识体系、基本思想与方法。 27. 掌握所教学科内容的基本知识、基本原理与技能。 28. 了解所教学科与其他学科的联系。 29. 了解所教学科与社会实践及共青团、少先队活动的联系
	（七）学科教学知识	30. 掌握所教学科课程标准。 31. 掌握所教学科课程资源开发与校本课程开发的主要方法与策略。 32. 了解中学生在学习具体学科内容时的认知特点。 33. 掌握针对具体学科内容进行教学和研究性学习的方法与策略
专业知识	（八）通识性知识	34. 具有相应的自然科学和人文社会科学知识。 35. 了解中国教育基本情况。 36. 具有相应的艺术欣赏与表现知识。 37. 具有适应教育内容、教学手段和方法现代化的信息技术知识

表 3-1-7　　《小学教师专业标准（试行）》摘录

维度	领域	基本要求
专业知识	（五）小学生发展知识	19. 了解关于小学生生存、发展和保护的有关法律法规及政策规定。 20. 了解不同年龄及有特殊需要的小学生身心发展特点和规律，掌握保护和促进小学生身心健康发展的策略与方法。 21. 了解不同年龄小学生学习的特点，掌握小学生良好行为习惯养成的知识。 22. 了解幼小和小初衔接阶段小学生的心理特点，掌握帮助小学生顺利过渡的方法。 23. 了解对小学生进行青春期和性健康教育的知识和方法。 24. 了解小学生安全防护的知识，掌握针对小学生可能出现的各种侵犯与伤害行为的预防与应对方法
	（六）学科知识	25. 适应小学综合性教学的要求，了解多学科知识。 26. 掌握所教学科知识体系、基本思想与方法。 27. 了解所教学科与社会实践的联系，了解与其他学科的联系
	（七）教育教学知识	28. 掌握小学教育教学基本理论。 29. 掌握小学生品行养成的特点和规律。 30. 掌握不同年龄小学生的认知规律。 31. 掌握所教学科的课程标准和教学知识
	（八）通识性知识	32. 具有相应的自然科学和人文社会科学知识。 33. 了解中国教育基本情况。 34. 具有相应的艺术欣赏与表现知识。 35. 具有适应教育内容、教学手段和方法现代化的信息技术知识

3. 教师知识的性质

教师的知识具有很多性质，如从学科知识到一般文化知识的广博性，具有批判反思的创新性等，在诸多性质中，我们从以上的现代教师知识类型出发，用学科性、实践性、情境性、整体性四个不同侧面勾勒现代教师知识的性质。

1）学科性。显而易见，一名化学教师具有相应的化学知识是其进行教学的基础，一名政治教师也必须具备相应的政治知识，这是无可否认的。所以，学科性是现代教师知识最基本的性质。

2）实践性。如果教师不能把所学的有关知识直接或间接地应用于教育实践，去帮助学生的学习成长，那么这样的知识还不能称为现代教师知识。也就是说，知识必须是被教师运用到教育实践中，才能被称为现代教师知识。所以，实践性是现代教师知识的构成因素。

吴老师在上课之前，先让一名同学从座位的后面走到座位的前面，并让大家提出数学问题。有问时间的，问距离的还有问速度的……然后吴老师请这名同学到前面估计一下自己走的时间和路程是多少。紧接着，吴老师问：这涉及的是什么问题？学生齐声回答：速度×时间＝路程。于是，吴老师自然地引出今天的学习内容："今天，我们就在速度、时间、路程的基础上，研究更复杂的行走问题。首先请同学理解一下这四个词，用手演示或两个同学配合都可以。"屏幕上出现了四个词：相对、同时、相遇、相距。并且请同学们将这四个词表演出来，同学们都非常踊跃，有两位男同学走到前面，面对面站着，其中一名同学说："我们俩这样面对面站着，就是相对了。"吴老师肯定地说："这位同学说到了面对面，很好。"接着两个同学走到一起，并排站着，并一起向前走，"我们这样一起走，就是同时。"吴老师接着说："那就只有这一种叫做同时么？"并将两个人分开，相对站着，让两个人同时走。学生恍然大悟："这样也是同时。"

（马力：中小学特级教师教学风格研究——以四位特级教师为研究个案［D］，渤海大学，2014，（6）：5-6）

吴老师通过创设情境，将知识灌注于情境中，让学生亲自表演这四个词的含义，深入情境中去学习，这不仅加深了对行走问题的理解，而且为学生学习新的知识打下了基础。

3）情境性。教师知识具有情境性，比如说，对于同样的教学内容和不同的学生、同样的学生和不同的教学内容，甚至同样的教学内容和同样的学生而言，教师所采用的教学方法都有可能是不一样的。因此，要理解教师知识，就必须理解教师的工作环境以及教师对工作环境的回应方式。换言之，情境是形成教师知识不可或缺的一部分。

4）整体性。事实上，现代教师在教育实践中是整体地运用显性知识和隐性知识的，现代的教学过程是一种复杂的社会活动，不是机械的"刺激—反应"的强化和教学技术的简单训练。

第二节 教师知识的价值

一个教师成熟与否，要看他是否心中明了他所讲授的学科要教给学生什么，该怎样去教。关于教什么与怎么教的议题，本质上就是教师知识的议题。教师课堂教学的优劣程度，取决于教师个体对教什么与怎么教的理解，这是教师知识广度、深度和精度在具体课堂行为上的真实表现。因此，教师知识在教育教学实践中的地位和作用不言而喻。

一、教师知识的价值

教师知识不仅和一般大众、教师教育者或教育研究者的知识不同，他们的知识与其他的学校工作者的知识也是不一样的。基于此，教师知识在教育教学过程中所体现的价值也就有其自身的特点。

1. 教师知识推动教育发展

现代教育是开发知识资源、培养创新人才的重地和枢纽。知识资源是一种以教师知识为载体的具有内在能动性和无限活力的资源，它是一切资源中最重要的资源，所释放的能量是其他资源无法比拟的。同时，现代教育的发展越来越依赖于教师自身的知识增长与重建。教师知识的增长和重建具有收益递增的作用，使用得越多，创造的新知识也越多，知识本身的增值性越大。教师群体的知识增长越来越快、积累越来越多，是现代社会发展的客观要求，是推动社会全面发展和进步的根本点。同时，现代教育是一个实践性很强的领域，需要教师知识的支持。虽然教育界概括出一些要求教师普遍遵循的教学原则和规律，但不能完全有效地指导纷繁复杂的教学活动。如果教师的知识能够得到开发利用，更好地与理论相结合，就能为教师提供更加具体、有针对性的指导。反过来，教师在利用教师知识的过程当中，就能更好地担当教育价值的生成者、承载者、保持者、显现者、守护者、创造者。

2. 教师知识影响学生成长

作为人类知识的一个特定领域，教师知识以其对青少年成长的巨大影响而备受关注。从教师知识的定义中我们知道，教师教学的中心任务就是对学科知识作出符合教育学原则的理解与解释，然后以学生能够接受的方式传递给学生。在这一过程中，教师知识的一个重要价值，就在于让课程内容与教学过程对学生来说具有教育的价值。古语云："近朱者赤，近墨者黑。"作为知识传递者的教师，他的一切知识都在有形或无形地影响着学生。优秀教师在众多学生面前，应该是一条奔腾不息的大河，应该是一座四季常新的高山。深厚的知识功底、渊博的显性和隐性教师知识，是一个好教师的必备条件。知识的魅力是无穷的，青少年无边的求知欲，使青少年对教师有极高的期望，而教师知识水平的高低影响着青少年的求知欲和青少年的前程。

3. 教师知识指引教育实践

"打铁还需自身硬"，一名拥有广泛的学科教学知识的教师，对教学内容有比较深的理解，在进行实际的教学工作时，就会把它运用到实践中去。在某种意义上说，教师的知识储备是决定教学效果的关键。一个合格的教师必须具有宽厚的知识基础，才能在教学过程中做到游刃有余。由于教师的实践知识通常呈内隐状态，它是基于教师的个人经验和个性特征，镶嵌在知识冰山的底部，具有隐蔽性、非系统性、缄默性等特点。因而这类知识不能通过传授或从旁观察的方式学习，它的形成是一个逐渐积累的过程，是一个需要教师主动建构和反思的过程。因此，教师在自身价值形成的过程中，必须深刻理解教师知识的内涵，切身体会教师知识的重要性，充分认识到没有与时俱进的教师知识，就不可能在教育实践中游刃有余，不可能成为一名优秀的现代教师。

二、显性知识的价值

教师的显性知识又可称之为言传知识，是教师通过有意识的学习内化而成的、可以明确表述的外显性知识。教师的显性知识包括：教师的学科知识、学科教学法知识、课程知识、一般教学法知识、教育理念知识、一般文化知识、创新原理知识。其中教师的课程知识与教学法知识是主体，这些知识的获得主要通过学习外在已有的知识体系，从其来源上有着共同的知识基础，具有明显的教师职业群体类的知识特征。因此，教师的显性知识在教师发挥其职业职能时产生着重要的影响。

1. 学科知识

教师的学科知识是指教师所具有的特定的学科知识，如语文知识、数学知识、英语知识等，这是教师进行教学活动的实体部分。正如一个人最佳的知识结构主要是以自己所从事的职业与专业为基础一样，一个教师的职业知识首先是精通自己所教学科的具体概念、规则和原理及其相互之间的联系。

在历史新教师小张的一堂《鸦片战争》课上，我们看到两个片段：

片段一：

张老师首先给学生放了一段多媒体课件画外音，回顾一个半世纪以前的全球形势（PPT 呈现 19 世纪二三十年代的世界地图）。接着，张老师提问："我们一起来研究这幅地图，你们能不能从这幅地图中找出可以证明美国 19 世纪中期对中国使用武力的证据？给大家 3 分钟思考时间。"

在学生正在思考的时候，张老师突然意识到自己将列强扩张的信息错误地传递给了学生（实质上是英国在 19 世纪中期对中国展开了侵略），这个时候，已经有部分学生意识到这个问题了，但是学生以为教师确实是希望他们找出美国侵略的证据，也就没吭声，仔细地查看地图。于是，张老师马上给学生重复了一遍自己的提问："仔细看地图，找出可以证明英国 19 世纪中期对中国使用武力的证据。"这个时候，学生才将注意力转英国。

片段二：

张老师准备的 PPT 材料呈现反映中英社会经济状况、政治状况、思想观念、社会性质对比的表格，教师把学生分析材料的结果随机填入表格之中，主要分析出清朝从乾隆末年就开始衰落了。当时社会秩序十分混乱，土地兼并严重，社会经济凋敝，吏治十分腐败，国库亏空。接着，张老师总结："根据材料判断，当时中国社会经济、政治、军事情况已经腐朽不堪，所以英国侵略中国是历史的必然！"

当张老师说完后，有的学生认真地在书本上做着笔记。而课堂上出现了交头接耳、小声议论的情况，显然有的同学对教师的这个结论很不以为然，于是在张老师组织课堂讨论时私下给张老师提了出来。张老师这才反思到自己刚才所下的历史定论确实有失偏颇，因为当时英国侵略中国的原因是多方面的，不能单从中国社会经济、政治、军事的腐朽来下结论，还涉及当时清政府闭关锁国的外交政策、中国自给自足的市场现状等。于是，张老师在快要结束课堂教学时给学生补充讲解了这方面的历史知识。

通过张老师这个案例，我们不难发现，倘若教师自己没有觉察出来，而当时已经觉察出错误的学生也没有说出来。那么，当时没有觉察出教师错误的那些学生可能就接受了一个错误的学科结论，对历史多角度、多方位的认识能力会大打折扣，对他们以后的学习就会造成某种障碍，甚至如果后来学生发现了这个问题，也会对张老师产生不信任，这对张老师以后的教学会造成不良影响。由此可见，教师的学科知识是否扎实、系统，对学科教学、学生学习的影响很大，因此，教师要加强学科知识的学习，努力使自己拥有系统、扎实的学科知识。

2. 学科教学法知识

教师的学科教学法知识是指在特定的学科类别中，专门学科所需的专门教学方法与教学策略。学科教学法的知识是在准确把握学科知识特征的基础上，立足于学生的学习心理、学习方法等形成的关于怎么教的知识。学科知识的表现形式多种多样，传授学科知识的过程是教师站在教育的立场上选择知识、组织知识和呈现知识的过程，不同的教师在传授的方法上有共同的地方，更有不同的地方。

在高中地理课《"地球上的大气"中"锋面系统"》的教学中，梁老师是这样设计的：

◆**导入新课**

视频导入：播放中央电视台《天气预报》节目中录制下来的视频。让学生思考：天气是怎样预报出来的？由此导入"常见的天气系统"。

◆**学习新课**

1）"冷暖气团以及特点"是学生日常生活所熟悉的，但"两种性质不同气团相遇形成的交界面以及天气变化"是他们将要学习的内容。由已知到未知，让学生对所学的知识有系统化的掌握。

2）通过多媒体展示锋面示意图，引导学生思考锋面特征以及冷暖气团相遇时所引起的天气变化。

3）多媒体展示冷、暖锋天气动画，探究锋面过境前、过境时、过境后天气特征。

引导学生讨论如何区别冷锋和暖锋以及结合生活实际例子，讲述谚语 ① "天上钩钩云，地上雨淋淋"；② "一场秋雨一场寒，十场秋雨穿上棉" 反映的是冷锋还是暖锋。接下来老师讲述准静止锋，显示准静止锋的动画。

4) 梁老师设计了一个让学生试做天气预报员的教学环节，能让学生充分把所学知识运用到生活实际中，体验天气播报员的经历。

（梁良樑.《"大气环境"中"锋面系统"》教学设计与评析）

在梁老师的课堂上，她的问题设计由浅入深，前后呼应，有意识地带领学生学习与本堂课有紧密联系的有用的地理知识。课堂中，梁老师设计了两次合作学习，两次自主学习，两次探究活动，还地位于学生，充分体现出学生的主体地位。现代教育改革大力提倡教师带领学生走向知识，而非带着知识走向学生。梁老师不仅将自己的学科教学知识灵活地运用，更重要的是注重培养学生的学习方法，这将对学生的终身学习产生重要的影响，这也是现代教师的学科教学知识对教学产生的重大影响。

3. 课程知识

教师的课程知识是指对课程、教材概念的演变、发展及应用的通盘了解。各学科的教师都应该和自己的学科课程同步发展，各科教师需要了解该学科发展的历史和趋势，了解推动其发展的因素，了解该学科对于社会、人类发展的价值以及在人类生活实践中的多种表现形态，这对于增强学生的整体把握能力和分析创造能力具有重要的、远远超出学科知识所能提供的价值。

以下是一位老师在讲授《陈涉世家》中课文关键字的设计：

课文重点内容分析完之后，老师把课文中的一些重点字词或出现频率较高的字词分离出来，对文言与现代白话的源流关系进行剖析，让学生看到二者间的差异与联系，看到汉字字源的演变过程，如"戍、立"这两个字在文中句子里出现多次。例句："陈涉乃立为王，号为张楚。"戍：守边也。从人持戈。会意。从人持戈。甲骨文字形，象人负戈守卫边疆。本义：防守边疆。按："伐"者，左人右戈，人持戈也；"戍"者，下人上戈，人荷戈也。立也。从大立一之上。会意。甲骨文象一人正面立地之形。本义：笔直地站立。如"立"字虽然简单，但在文中出现频次较高，故也作解析，让学生形象生动地感觉到立字的演变过程。

（杨慧琴.从一堂课来探寻文言文阅读教学策略.语文建设，2016，(11)：18）

这位老师在教学时并不满足于让学生掌握课文的主要内容，而是在此基础之上，给学生补充了汉字造字法方面的知识，以加深学生对民族语言、文化的热爱。教师通过抓取、分析文章中的关键字词，引入文言与现代白话的源流关系，带领学生探究汉字字源的演变过程，分析汉字从甲骨文、金文、小篆到楷体的演变过程，形象且生动。而汉字的演变过程其实也就代表着文化的渊源与传承，此时再将学生的目光转移到文化的探寻上，这样就自然地实现了学习文言文，不仅要掌握常见的文言实词、虚词、句式的意义或用法，同时也要引导学生对民族文化进行传承和反思的这一目标。这样有趣的文言文教法，教师灵活地运用课程知识，融会贯通，极大地调动了学生的学习积极性，从而营造出良好的课堂氛围，让学生有兴趣学、乐于学。

4. 一般教学法知识

教师的一般教学法知识是指教师所具有的各科都用得上的课堂教学管理与组织的一般原则与策略，如教学大纲、进度表、做习题的次数、测验方式及次数、演讲式、讨论式、自建架构式等授课的方式，评估学生成果的方法等。也指一般价值上的教育学与教育心理学知识。作为一名现代教师，应当通晓并熟练掌握一般教学法知识，这样才能确立先进的教育思想，正确选择教学内容和方法，把自己所掌握的知识和技能科学地传递给学生，促进学生的全面发展。

数学老师小陈在教学数对时，采用"用数对确定位置"的教学策略：

1. 找朋友。（规则：你的好朋友坐在第几组第几排？请你试着用数对在方格图上表示出来。）（学生在白板上填写）

2. 叫起立。（规则：说数对，对应的同学站起来，并说你在第几组第几排。）

（1）先由老师说，如陈老师说数对（3，5）。对应的同学：我坐在第3组第5排……

（2）老师说第几组第几排，对应的同学站起来，并说用数对怎么表示，如老师说第5组第2排。学生回答：我的位置用数对（5，2）表示……

（3）老师出示数对（5，X），对应的同学站起来，并说X可以代表哪些数？

（4）老师请一位同学再来说出一个数对，让咱们班的同学都站起来。有学生说：（X，X）这时有学生不同意了，因为（X，X）只有组和排相同才能站，如（1，1）、（2，2）、（3，3）……而其他的人都不能站，应该是（X，Y）。

在这一教学片段中，陈老师充分发挥了自己的一般教学法知识的魔力，选择正确且适合学生的教学方法与策略，让学生对这一知识的掌握更加深刻，达到学以致用的目的。用数对来确定学生在教室里的位置，通过具有梯度的游戏，正反两方面的练习，师生、生生、生机互动，让学生将数学知识生活化，从中积累几何活动经验，给学生的思维发展提供了空间，加深了数对规律的理解，有效地培养了学生抽象思维能力和符号化意识，同时活跃了课堂气氛，使学生能主动参与到学习活动中来。

（陈举. 在教学中引导学生直观的理解数学——"用数对确定位置"教学实践与思考. 中小学数学（小学），2016，1-2）

在这一教学片段中，充分体现了陈老师对一般教学法知识的娴熟运用，他根据学生的课堂学习情况，选择用数对的方法来确定学生在教室里的位置，当堂检测学生对数及规律的掌握是否正确、牢固。这种测验方式能将数学知识灵活地运用到实际生活中，有利于发散学生的思维，加深对所学知识的理解和掌握。同时通过这一环节的设置，即具有梯度的游戏，正反两方面的练习，师生、生生、生机互动，让学生将数学知识生活化，从中积累几何活动经验，给学生的思维发展提供了空间，能够调动学生的积极性，让他们参与到活动中来，使这一堂数学课显得生气勃勃。

5. 教育理念知识

教师的教育理念知识是指教师持有的教育教学信念、观点及其行为的合理准则，如对学生的教学目的是以提升个人品格还是以升学为取向的认识等。理念指导行动，教师持有的信念、观点、想法很大程度上决定了教师的行动方式，同时，教师对教育理念知识的掌握程度会影响他们自身的学习与教学。但是，教师的教育理念与教学决策和行为并不是一种简单的因果关系，其中很多因素与教师的教育理念交织在一起，共同影响着教学决策和行为，这些教学决策和行为也深刻地影响着学生的学习和成长。

语文老师小顾在讲授《绝地之音》的课堂上，出现了这样一个片段：

在顾老师分析完文章大意之后，语文课代表提出异议，认为老师分析的不全面，"一千个读者就会有一千个哈姆雷特！我们与作者都面对同一个文本，作者感动，我们不然，差别主要在人而不是文本！"

老师首先承认自己的不足，紧接着指出"文本上欣赏客体，我们和作家是欣赏主体"；引导学生从欣赏主体即作家入手，重点放在作家的经历上。先分析出2～4段写的是环境，其实是作者在邂逅绝地之音之前的经历；然后老师提问："看看我们的作家来自哪里？"由此引出此文正是作家对自己家乡人民的一首赞歌。此时，顾老师乘胜追击"正是在这块几乎不适于人类生存繁衍的地方，人类创造出了辉煌的文化，这是地绝而人心不绝。那么作家既然如此感动，为什么我们就没被感动呢？"学生很容易就回答出来"经历、体验，我们没有"。

（顾海燕，师生共研 教学互导——《绝地之音》课堂实录及分析．语文教学通讯，2016，（11）：73-74）

案例中的这位老师面对学生提出的质疑，给予重视并且正面解答，不仅保护了学生的自尊心，还就学生所提出的问题，因势利导，从而有效地引导学生发挥其积极性。教育理念知识对教师的教学行为有着重要的支撑作用。教师应是儿童学习活动的支持者、合作者、引导者，对学生自主思考的结果应持尊重的态度予以接纳。教师应从学生出发，不断丰富自己的教育理念知识，从而提升教学质量和水平。顾老师没有按预先设置的情境"引导"学生向深层次思考，而是沿着学生的认知脉络，在没有过多过程预设和效果预设的情况下，与学生自由、民主、平等地对话，并在教学中尊重和承认学生对课堂的"掌控权"，有效保证了学生在课堂上"有机地"建构知识。

6. 一般文化知识

教师的一般文化知识即为了实现教育的文化功能，教师需要掌握的广博的知识。教师的工作，有点像蜜蜂酿蜜，需要博采众长。教师的知识不是单一的教学建构，而应重视教师能提供给学生多少"多元化"的概念特征，并将自己多学科的文化知识，充分运用到课堂教学当中，使学生对课堂内容融会贯通。正如教育家柯南特所说："教师们对于我国文化遗产的知识和鉴赏应该有一个共同的基础，未来教师的普通教育应该是广博的文理科目学术性教育。"其目的在于发展有关一般文理科目领域的学力，使教师在同这些领域的任何一门专任教师的同事谈话时具有一定的信心。不论是对小学还是中学教师来说，这种程度的学力信心都是必要的。即使小学教师直接关心的是算术或比较简单的科学知识，他也应该知道前面的道路究竟是什么。

7. 创新原理知识

创新原理知识是教师关于达到培养创新人才和实现人的全面发展为目的的教育信念、准则的知识。教师是教学的师长和组织者，教师的终身使命只有一个——培养学生。创新教育最能开发和激励学生的创造潜能，培养和强化学生的创新精神。因此，作为培养创新型人才的教师，要把握创新原理知识，要善于吸取最新教育科研成果，并将其运用于教学中，并且有独创的见解，能够发现行之有效的新教育方法。比如，"口诀教学法"在各门学科中的应用不仅有助于提高学生的学习兴趣，减轻学生的学习负担，而且也能与现行的教育改革同步，更好地实现素质教育。地理课程的教师就可以做出如下的尝试：

在学习选修课本《旅游地理》时，需要对中国十大风景名胜进行识记。为了让学生便于记忆且避免混淆，可给学生找到如下对联型口诀：桂兵避暑黄宫（旁），日月长长（照）苏杭，即桂林山水、秦始皇陵兵马俑、承德避暑山庄、安徽黄山、北京故宫；台湾日月潭、八达岭长城、长江三峡、苏州园林、杭州西湖。

我们不难发现，教师的创新原理知识与学生的创新能力是成正比的。教师凭借良好的教师创新原理知识、创新的教学策略、创新的教学方式使知识、信息、技能含量体现了最大化、最优化原则，这样才能有效地激发学生的求知欲望和学习兴趣，才能使自己的教育教学丰富多彩，才能促进学生全面发展和素质的全面提高，才能及时发现具有特殊才能的学生并有效地栽培。通过教师激发、引导学生的兴趣，让学生主动地参与整个教学过程，变被动学习为主动学习，形成教与学的良性循环，从而更好地提高学习质量，实现素质教育。

三、隐性知识的价值

教师的隐性知识又可以称之为缄默知识、意会知识，是教师在个人经验基础上建构起来的、不能明确表述的内隐性知识。从其来源上看，它不是产生于外在已有的知识体系，而是个人在实践过程中经过与环境的对话与交流，在不断反思的基础上逐渐生成的，是教师个人所拥有的独特性知识，具有较强的情境性与针对性。

1. 个人实践知识

教师的个人实践性知识，是一种经验性的知识，它缺乏严密性和普适性，是一种多义的、活生生的、充满柔性的知识，是凭经验主动地解释、矫正、深化现成的知识而形成的综合性知识。一方面，教师的个人实践知识的一个显著特征，就是其实践性，正是这种实践知识使得教师知识与一般大众知识或"显性知识"得以区别，从而体现出教师专业活动的独特规定性。另一方面，教师的个人实践知识也是一种个人化的知识，是一种体现教师个人特征和教学智慧的知识，是出自个人经验的。例如，语文特级教师钱梦龙在教鲁迅的《故乡》时，遇到了这样的情况：

有学生提出了一个问题"鱼怎么会有青蛙似的两只脚呢"，这显然是一个"横炮"式的问题，这种问题谁也没法解答，对解读文本也没有任何价值；但学生既然提出来了，怎样才能既保护学生提问的积极性，又不致讨论游离到文本以外？于是有了这样的对话：

　　生：鱼怎么会有青蛙似的两只脚呢？

　　师：是啊，鱼怎么会有两只脚呢？

　　生：有！

　　师：什么鱼啊？

　　生：娃娃鱼。

　　师：啊，见多识广！我想跳鱼也有两只脚，你们看到过没有？

　　生：没有。

　　师：这说明什么问题？书上怎么说？

　　生：这说明闰土见多识广。

　　生：闰土的心里有无穷无尽的稀奇的事。

　　这个本来毫无意义的问题，稍稍一"引"，既保护了提问的学生，又加深了对见多识广的少年闰土形象的感知，可谓"一石二鸟"。有的教师认为教学机智是某些教师生来就有的"禀赋"，靠的是天生的聪明，其实教学机智也是实践的产物。试想，如果教师长期习惯主宰学生，控制课堂，提问也只是为了诱使学生入我彀中，这样的教学实践如果长期不变，积久成习，必然导致教师随机应变的能力萎缩，那么"教学智慧"又从何而来？

　　　　　　　　　　（钱梦龙．我这样上语文课．中小学教材教学，2015，（12）：18-24）

　　判断一个教师成熟与否，其根本是看他心中是否明了他所讲授的学科要教给学生什么，该怎样去教。事实上，教师课堂表现的优劣，表面上看取决于教师对知识掌握的广度和深度，本质上却根源于教师对知识使用的角度和力度。显然，这种讲课风格是一般人学不了的。可见，教师个人实践知识是一种非常具有深度的知识形态，它是教师体验教育世界、建构教育价值的结果。扎实、全面地掌握它，就能够使教师根据学生学习的实际情况来提出学习目标、学习方法，能够如春风化雨般地带领学生融入学习情境当中，能够对整个教育活动起着驱动、导向的作用。虽然不能说个人实践知识越丰富的教师就一定可以开展良好的教学互动，但是如果教师缺少了必要的个人实践知识，则一定不会有良好的教学效果。因此，个人实践知识越丰富，标志着教师在专业方面越成熟，也意味着教师开始建构具有个人特点的专业知识结构。

2. 教育情境知识

　　教师的教育情境知识是指教师正确运用学生的家庭、学校，以及社会等环境对教学的影响的知识。有效的学校学习需要良好的教学，良好的教学需要在指导学生教育中能做出决断的专业化人员。教师的教学不同于研究人员的科研活动，具有明显的情境性，优秀教师面对不确定性的教学条件能作出复杂的解释与决定。在复杂的教育工作中，很多情况需要教师启动自身的教育情境知识机智地对待，在一种情况下适合的和必要的方法，在另一种情况下可能就是不恰当的，只有针对当时的情景有分寸地进行工作，才能表现出教师的教育情境知识。在这些情景中教师所采用的教育情境知识来自个人的教学实践，受个人经历的影响，这些经历包括个人的打算与目的以及人生经验的累积，所有教育情境知识包含着丰富的细节，以个人化的语言而存在，具有内隐性。优秀的教师都善于自主地创设合适的教育情境，以此来促进学生的学习。

3. 教育信念知识

教师的教育信念知识，具体表现为教师对教育的目的是什么，学生应该接受什么样的教育，什么是"好"的教育，"好"的教育应该如何实施和评价，如何看待教师职业等的理解。现代教师最宝贵的知识是什么？苏联杰出教育家苏霍姆林斯基对此中肯地提到："教师的信念是教师最宝贵的东西。"

北京大学附中副校长、语文特级教师程翔老师说过这样几段话：

"当我还是一个懵懂顽童的时候，有人问我：'你活着是为了什么？'我不知如何回答，难道活着还要为了什么？当我看到珍妮·古道尔 40 多年在非洲丛林研究黑猩猩的动人事迹后，我明白了；当我看到中国摄影家奚志农为了金丝猴奔波一生的事迹后，我明白了——人懂事后的确是有生活目的的，不能再原始本能地活着，而是为了一种目标而活着，也可以说是为了一种理想或信念而活着。

如果今天有人问我：'你活着是为了什么？'我会明确回答：'其中一个目标——为了我心中的语文。'当一个人有了明确的生活目标后，他的生活就立刻变得有价值了，他就会有幸福感。巴金说过：'人不是单靠吃米活着。'我们需要有丰富的精神生活。我们到书店买书，就是去买精神食粮，与到粮店买大米，去菜市场买蔬菜，有相似之处。可以说，语文已经成为我生命的支柱。"

没有流俗的词语，全是大实话。但在我们看来，这样朴实的教育信念才具有植根教育生活和大地的顽强生命力，程老师是有教育信念知识的。历史上大凡有影响的教育家都无不有自己的教育信念知识，在教育信念知识的指导下进行着更有价值和影响的教育活动。教师有无教育信念知识，有何种教育信念知识，不但直接影响教师工作的积极性和学校的教育质量，而且直接左右着学生有什么样的思想信念，进而影响学生的发展方向。

4. 自我知识

教师的自我知识实际上就是教师的自我教学认知，就是教师在教学实践中，对自己的生理、心理、社会活动以及对自己与周围事物的关系进行认知，包括自我概念、自我教学观察、自我教学效能感、自我教学体验、自我教学评价、自我调节的认识等，因此，自我知识也具有教师个人隐性知识的特征。

刚参加工作的英语新教师隗娜担任副班主任，还承担两个班的英语课教学，还有各种会议、活动需要参加，再加上备课、写教案等忙得不亦乐乎。但她深知自身的优缺点，坚持听老教师的课，边听边教，边教边听，所以进步飞快，两个班学生都喜欢上她的课，老师们和教研员都夸她的课。在工作还不到半年的时候，就已经被教研室主任聘为"英校"主讲教师。还有一位张颖老师，她刚到学校工作的时候，从教学水平和表达能力各方面看，都没有特别突出的地方，在大家眼里，她在新教师中算是中间偏上，不是特别优秀。但她有一个很大优点，就是对自己的现状认识深刻，能够自我调节。她参加过不少教学评优性质的竞赛，一开始总是不能如意，但从不灰心放弃。"功夫不负有心人"，她从区一级竞赛开始起步，不断向更高的目标奋力攀登，终于一步步获得了市、省乃至国家级的奖项。学校里不少新教师羡慕她，却不知道这些奖项背后是张颖对自身的深刻认识与不断完善。

教师也是人，能够了解自我、正确地评价自我、辩证地看待自身的优缺点、正确地理解自己所担任的角色，是非常重要的。不能深刻认识自己的现状，就不能帮助自己有效地调节工作压力、生活挫折及内心冲突所带来的困扰。成功的教师必须正视并接受来自内部和外部对自尊心有威胁的各种因素，如别人对自己教学成果的评价、名利的得失等。教师要勇于自我挑战，不断超越自我才能拥有健康的心态，以积极的人生态度与他人和谐相处。另外要乐于与不同的人交往，有效的沟通对教师自我知识的建立很有必要，特别是和学生的沟通，有助于和学生建立良好的师生关系。在教学过程中深入地了解自己，自认为"阳春白雪、曲高和寡"就会使教师处于孤独而不被别人理解的境地。所以教师要理解自我知识对教学的长远影响，进而学会沟通，学会以坦诚、友好、信赖、同情、理解、尊重来对待他人，如此才能加强自我认知的互助关系。

5. 人际知识

人际关系是群体成员在交往中所形成的一种比较稳定的心理联系，它是群体赖以形成、维系的重要心理基础，对群体效能的发挥有着重要的影响。教师人际知识是教育教学活动顺利进行的重要条件。教师是以学生的发展为最终目的的，要达到这一目的，必须充分调动学生的积极性、主动性，促进其生动活泼、主动地发展。然而，学生是否愿意接受教师的教育影响、能不能主动配合教师，直接影响着教育教学质量。很多研究都揭示了教师人际知识与学生学习成绩存在显著关系。如果师生关系良好，容易使学生产生安全感，乐于接受教师的教育和影响，同时，也容易唤醒教师的教学热情与责任感，激励教师专心致志地从事教育工作。

美国保罗韦迪博士曾就"心目中喜欢什么样的老师"为中心，收集了9万名学生所写的信，概括出学生眼中"理想教师"应该具备的素质。与此形成对比的是，学生还写了自己讨厌的教师的形象、行为：经常训人，情绪不稳定或不好，没有耐心，没有同情心，不和学生在一起，讨厌学生，服装不整齐，爱说坏话，爱体罚学生，处理事情不公平，一名学生出事责备大家，偏爱，教法不好，不易接近。学生讨厌这些对人际知识没有很好掌握的教师，因为这样的教师容易扼杀学生的个性，禁锢他们的思维，削弱他们的创新精神，阻碍正常的教学活动。可见，人际知识的积极完善储备，对教师的工作积极性和工作效果有着极大的影响。

第三节　教师知识的构建

教师知识是教师从事教育教学工作的前提条件。随着人们对教师的角色期待和职业认识发生的根本变化，转换教师的知识结构，促进教师知识结构的优化和发展已经成为教师专业发展的一个重要途径。认知心理学对不同领域专家专长的研究表明，与新手相比，专家教师的一个明显特征在于拥有大量的专业领域的知识以及知识的高度组织化与结构化。因而，教师专业化的过程也是教师对自我知识进行不断建构的过程。

一、教师知识的目标

在我国，基础教育新课程改革对教师提出了如下的几点改变：①课程中重教师讲授变为教师讲授与学生自主学习并重；②课堂教学中信息单向传输变为双向传输；③课堂静态管理变为动态管理；④在教学中重视统一性变为考虑学生的差异性；⑤注重学科知识的本质；⑥过程与结果并重，等等。这种改变，对教师的知识结构提出挑战，也引起了人们对教师知识发展的更进一步的关注。要使教师知识得到长足发展，首先就是对现代教师知识的重构。

1. 求"实"

教师扎实可靠的知识构建称之为"实"。古人云"学高为师"，知识的扎实是当好教师的先决条件。所谓"扎实"是指教师教授的学科的专业知识积累要深厚，要成为学科方面的"专家"。具备扎实渊博的知识是教师完成自己工作任务的基础，一方面，教师所教的学科和专业是他用以向学生传授知识的必备条件；另一方面，教师为了获得向学生施加全面影响的手段和才能，就应该在通晓一定专业知识的前提下，拥有比较广泛的文化科学基础知识。因此，通晓所教的学科和专业、具有比较广泛的文化科学基础知识、掌握教育科学理论以及懂得教育规律对教师而言是比较合理的知识结构。

2. 求"新"

教师不断更新自我知识体系称之为"新"。今天，人类已经进入高科技时代和信息社会，科学文化知识的总量以每隔几年翻一番的速度激增，任何一位教师即使终日读书不止且能过目不忘，对知识的掌握量也不过是很少一部分而已，何况还有新知识、新领域需要和学生共同去掌握、开拓。如果一位教师没有求"新"的知识目标，而且对于已有研究成果持冷淡和排斥的态度，那么他就会成为当代价值上的"文盲"。只有以创新型人才为自我的目标，才能使教师的知识结构从封闭型走向开放型，才能适应当代社会知识不断更新的状况和社会不断发展的要求。现代教师不仅要在观念层面上顺应这种趋势，而且要在实践中不断突破知识学习的领域，毕竟，教师教学水平提高的过程，在一定程度上也是将知识与教学情境相结合的过程。

3. 求"杂"

教师知识的丰富博雅是指教师应当注意知识摄取的多元化和互通性。学科与学科之间是相互联系、相互影响、相互渗透、彼此贯通的。教师知识的"杂"是丰富渊博，不仅在于量的多少，更重要的是"质"的组织状态。多元化的教师知识不是一个人的拼盘，而是各学科知识的平面组合。知识组成要素在达成目标的基础上具有内在的联系，学科之间不能够彼此孤立、缺乏联系，教师应注意知识体系的构建。

比如，小学语文课本中有《乌鸦喝水》这篇文章，学生对这篇文章都很了解，刘老师在教学的时候就运用这个故事给学生上数学课，他问学生："为什么乌鸦将石子投入到瓶中水就上升了呢？"学生在听完问题之后，就开始思考乌鸦喝水与今天的数学课有什么关系，为什么教师会在数学课上询问关于语文学科的知识？这样的课堂导入不仅新颖，而且还能激发学生的学习兴趣，让学生陷入深思，每一个人在课上都十分认真。

（刘华德．浅谈小学数学教师如何运用案例导入教学．学周刊，2016，（4）：117）

4. 求"活"

教师教法活、学法活的知识的构建称之为"活"。爱因斯坦曾经说："用一个大圆圈代表我所学到的知识，但是圆圈之外是那么多空白，对我来说就意味着无知。而且圆圈越大，它的圆周长就越长，它与外界空白的接触面也就越大。由此可见，我感到不懂的地方还大得很呢。"当今知识发展的一个重要趋势是知识的一体化，自然科学、社会科学和人文科学在高度分化的基础上走向高度统一。对每一个教师来说，科学、技术、宗教、艺术、哲学等，都应该在他的观念里生根。当然，现代教师知识观的复合型并不是简单排斥统一性和方向性，不同教师的知识结构仍有各自的侧重点，但应从单一型转向复合型。教育是为未来培养人才，教师的教学要符合未来社会与教育发展的要求，其知识结构就必须处于一种开放状态，随时获取新知识、新信息，给自己充电，这就使教师知识得以保持新颖、鲜活。

二、教师知识的路径

要提高教育教学质量，教师必须具备丰富的显性知识和隐性知识，形成比较完整、合理的知识结构。这种知识结构不是自然而然生成的，需要教师有意识地学习并在自己的教学实践中不断积累、反思与建构。

1. 阅读出新知

（1）开卷有益

教师知识的习得是感知、想象、情绪等各种心理功能共同作用的结果，具有个体性的特征。而教科书及教学参考书是经过各方面专家、教师通过收集有关教学问题资料，并深刻理解自身及实践，分析和界定问题而沉淀下来的知识载体。教师应该秉持"开卷有益"的信念，好读书、读好书，在学习教科书及教学参考书的过程当中发现自己的不足并将其补足。另外，每个学科都有自己独立的理论知识系统，各类专业书刊当中会出现该专业最前沿、最热点的学术成果，教师需要在这些专业书刊中汲取专业营养，及时更新自己的专业知识，走上教师专业化的道路。

（2）理论学习

教学活动需要理论的指导，教学理论揭示了教学活动的规律和方法，是诠释教师"怎么教"的科学。加强教学理论的学习，有助于更好地理解教学现象、把握教育规律，有助于提高教学的科学性和艺术性。在学习教学理论时，教师应着重注意三点：①要加强教学理论的学习。目前，中小学教师普遍学过教育学、心理学和学科教学法，具有一定的教学理论水平，但许多教师的教学理论知识不够系统、扎实，知识陈旧、落后的现象普遍存在，这严重制约了教学水平的提高。教师应该通过自学、参加教师培训等途径，加强教学理论的学习，丰富自身的教学理论知识。②要吸纳各种教学理论的合理之处。教师不能满足于一两种教学理论的掌握，而应该尽可能理解并综合运用各种教学理论。每一种教学理论往往有其科学、合理之处，也有其不足或局限性。在学习教学理论时，要注意鉴别其内容的合理性，并吸纳各种理论的合理之处。③要发展自己的教学特色，优秀教师往往有自己的教学特色。学习教学理论的根本目的在于应用，教师应将所学理论应用于教学实践，在理论和实践的结合中发展自己的教学特色，以达到更高的教学水平。

2. 研究出精知

（1）教学反思

叶澜指出："一个教师写一辈子教案，不一定会成为名师；如果一个教师能写三年反思，就有可能成为名师。"反思是教师对自身教学思想和行为进行的思考，它对教学水平的提高具有重要作用。北京师范大学林崇德教授认为："优秀教师＝教育过程＋反思……教师的教育工作，多一份反思与监控，就多一份提高，就与优秀教师更接近了一程。"通过反思，教师可以确认、坚持和推广正确的教育思想与行为，纠正错误的思想和行为，从而使教学工作更加科学、合理。在反思教学实践时，教师主要应注意三点：①反思要经常化、系统化。可以说，缺乏反思的教学实践是盲目的、被动的和消极的。教师应该积极主动地把自己备课、上课、作业布置与批改、个别辅导、班主任工作等活动作为反思的对象，经常对这些活动进行审视、分析和调控。②要借助相关媒介进行反思。在反思过程中，教师可以借助教学录音、录像、学生调查问卷、教学总结、反思日记、教案、学生作业与试卷等媒介进行反思，以提高反思的成效。③要把反思成果应用到教学中。通过反思，教师发现了教学中存在的问题，找到了解决问题的办法，要用它去解决教学中的实际问题。通过反思，教师确认了自身教学中正确的思想和行为，就要在教学中坚持和推广这些思想和行为，以进一步提高教学水平。

（2）教育科研

学会做研究与学会教学并不矛盾，成功的教师不会仅仅满足于作知识的扬声器，他会把自己置身于教学生活的风口浪尖，时时关注教育教学的方方面面，捕捉信息。教室就是他天然的实验室，学生就是他最好的合作者。研究与教学一样，成为他生命的两条腿，既是他的生活方式，又是他的生命需要。作为教育的推动者和震撼者，教师的职业价值、主体精神应具体落实到提高教育科学意识、确立教学与科研的双重任务观念上向研究型教师素质作执着追求。教师理所当然需要增强研究意识，养成学习与反思的习惯，以研究者的眼光审视、反思、分析和解决自己在教学实践中遇到的问题，把日常教学工作与教学研究融为一体，其目的是通过反思、探究教育中出现的或潜在的问题，从而找到解决问题和构建"理想教育"的策略。

3. 实践出真知

（1）交流合作

教师入职后应积极主动地和同事进行交流学习，这有助于同事之间互帮互助，及时发现自己忽视的问题，及时互相指出不足，并提出改进的措施，从而使参加交流的教师在较短的时间内了解学校的教育教学工作，减少盲目摸索而浪费的不必要的时间、精力投入。教学具有明显的情境性，教师需要根据教学实际情况采取相应的教学措施，这需要教师有丰富的教学经验。借鉴同行经验是教师丰富自身经验的重要途径，这有助于教师提高教学水平。具有不同智慧水平、知识结构、思维方式、认知风格的教师都有自己的特点和优势。和普通教师相比，一方面，优秀教师的"正确"经验更为丰富。教师应根据自己任教的学段、学科等实际情况，选择一位或几位优秀教师作为自己借鉴的对象，并以他们为榜样，努力提高自身的教学水平。在此基础上，才能学到更多的经验，才能更好地提高教学水平；另一方面，在合作性的团体里，教师之间可以相互取长补短，实现思维和智慧上的碰撞，产生新的知识和智慧，从而实现教师群体的共同成长。

（2）参加培训

钟启泉教授指出："教师的专业成长别无他路，唯有扎根自律性与创造性的教师研修，才是引领教师从'教书匠'走向'反思性实践家'成长的康庄大道。"国际教师教育学倡导教师学习的三大定律：越是扎根教师的内在需求越是有效，越是扎根教师的鲜活经验越是有效，越是扎根教师的实践反思越是有效。参加培训是教师职业生涯发展中的关键事件。"关键教育事件"是"教师在职业生涯发展、专业发展中发生的对可能导致自己特定发展方向的、影响教育教学发展的某种特别行为必须作出关键性决策的事件，这种决策对揭示教育的本质、教学的本质、人性的本质往往起着关键性作用，所以这些事件隐喻着重要的教育价值而时常令人铭刻在心、经久不忘。"往往正是这些"关键事件"对教师的未来产生重要影响，唤醒教师的热情，引导教师的新行为。培训将深奥的道理通过典型的事例、案例进行诊断、阐释和分析，教师通过自我反思和专家引领，在共同学习和研究关键问题的过程中互相学习、共同提高，整个团队最终也能够形成一个学习型组织。因此，"解决关键问题"在教师专业发展上能有效地助推"关键一把"。

★ 案例聚焦

宁波市鄞州高级中学王蓉老师在上课之前先展示印度古代建筑史上的经典之作"泰姬陵"的图片，让学生思考这个图案中一共有多少颗宝石，由此进行数学教学：将这个情境抽象出数学问题："$1+2+\cdots+100=$？"学生立即给出答案"5050"。老师追问算法，为何这样算？"$1+100=2+99=3+98=\cdots=55+56=101$。两两配对，一共50对，所以$101\times50=5050$。"紧接着，老师问："大家想过为什么这样两两配对吗？"学生很快就得出答案："首尾配对后就变成相同的数，把100个不同数的和变成为50组相同数的和。"

（王蓉. 基于HPM理论的课堂教学实践与思考——以《等差数列的前n项和》教

学为例．数学教学通讯，2016，（11）：33-34）

点石成金

在数学课堂上引入文化氛围浓重的"古迹"泰姬陵，寻找到与其知识切合的"点"，从而自然地引出本堂课的学习内容。这种以史导入的方式，使得原本枯燥、抽象的数学课堂，在一开始就让学生眼前一亮，吸引了他们的注意，这不仅一下子将学生的学习兴趣提高了，而且还让学生对接下来的学习充满了期待，这对后续课堂的学习、互动都有很大的帮助。当然，这类开放性的学科教学知识的运用，其主要目的是提高学生的学习兴趣和学习效率，但这也从另一个侧面体现了数学老师的学科知识、一般文化知识的储备和运用能力。因此，现代教师不仅要重视对系统的学科知识的学习，同时，更要不断丰富自己的一般文化知识，学会将各类知识融会贯通、灵活运用，从而使自己的教学更上一层楼。

技能训练

1. 教学反思

刘老师在教学生如何区别"买卖"两个字时，她是这样跟学生说的："多了就卖，少了就买。"简单的一句话却让学生很快地记住了这两个字。低年级的学生容易把"干燥"写成了"干躁"，把"急躁"写成"急燥"，她就教学生记住："干燥防失火，急躁必踩足。"从此以后，学生对这两个字再也不混淆了。

（1）刘老师的教学有什么特点？

（2）刘老师的教学对课堂教学有什么样的启示？

2. 教病诊治

请为案例中的王老师提供帮助。

两年前王老师接了一个新班，班上有个男孩子数学成绩很差，他满怀热情地对他实施"爱心行动"。课堂上只要他举手，王老师就把发言的机会第一个给他；巡视指导，也要在他那里多停留一会儿，即使他只做对了一道题，老师也会变样地鼓励他；每天放学，都有计划地给他补课，找他谈话……然而王老师的爱心得到的回报却是男同学对学习越来越厌恶，甚至是故意和老师作对。几次冲突后，王老师的"爱心行动"只好中止了。后来，他的成绩越来越差，不要说写作业，课上不影响别人就谢天谢地了。

王老师觉得委屈极了，"难道我牺牲自己休息时间帮助他还有错吗？为什么我的关爱没有收到预期效果，还适得其反呢？"

第四章　现代教师能力论

平庸的老师传达知识，水平一般的老师解释知识，好的老师演示知识，伟大的老师激励学生去学习知识。

——【美】威廉·亚瑟·沃德

在郑州市八十中学的室内体育教室内，同学们都在静静地等体育老师来上课，上课铃响 5 分钟后，李老师才慌张地跑进教室，来不及喘口气就连忙给同学们道歉："同学们，对不起，我迟到了，因此在正式上课之前我为自己的错误自罚 50 个俯卧撑。"听到这儿，同学们惊讶极了。原来从这学期的第一堂课开始，李老师就跟同学们有个约定：如果谁在上课时迟到，谁就要接受如下处罚：男生做 50 个俯卧撑，女生做 50 个下蹲。一些同学便说："老师，您不用做，我们能理解。"李老师说："我们一定要讲原则，任何人都要为自己的行为负责，这就是责任。"于是他便在讲台上开始做俯卧撑，还让同学们帮忙数数。同学们一边帮老师数数，一边给老师鼓劲……

(http：//dhjy. dhjy. qov. cn/article. aspx？ articleid＝337)

德国著名教育家第斯多惠指出："教学的艺术不在于传授本领，而在于激励、唤醒、鼓舞。"对体育老师来说，做俯卧撑是很轻松的，但就是这样简单的任务，却深深地感动了学生们。学生们的内心世界也会发生翻天覆地的变化，他们不仅从老师那里学到了什么是诚信，也学到了什么是责任，既体会到了教师对学生的尊重，同时也让学生们认识到尊重他人的重要性。教师所做的不仅仅是传递知识，更是对学生人格的熏陶。这种教师能力的高低直接影响教育中的方式、方法，也更成为有效地履行教师职能，在教育事业中有所建树的基本条件，是教师从事教书育人活动所必须具备的专业能力，是提高教学质量的基本因素。

第一节　教师能力的内涵

随着知识经济时代的到来，教育正经历着一场深刻的变革，课程改革与教师专业发展已成为当下的主流话语。从本质上说，教师专业发展是教师个体专业不断发展的过程，是教师不断接受新知识、增长专业能力的过程。在教师的专业发展中，知识是基础，能力是关键。如果一名教师只是拥有大量的专业知识，但在与学生的交流、指导中，无法将自己所学的知识转化为育人的能力，无疑有碍于教育本身的发展。所以，在教师的个体发展中，我们不仅要求教师必须具备丰富的专业知识，使教师的能力成为有源之水，而且还要求教师要不断提高自己的能力。这样，能力的增长才能和教师的专业知识相互促进。

一、教师能力的内涵

1. 能力的内涵

一般认为，能力是指某一事物系统所具有的对外界事物发生作用的属性和力量。现代心理学认为，能力是人完成某种活动所必备的个性心理特征。它包括体力、智力、德力、审美能力、实践操作能力等一般能力，以及从事某种专业活动的特殊能力和创造能力。

关于能力的认识主要有三类模式：一种是知识说，苏联著名教育学家乌申斯基认为能力本身不是别的东西，乃是组织得很好的知识（包括经验）；另一种是遗传说，英国心理学家弗朗西斯·高尔登认为能力是人生来具有的潜能，人的能力是由遗传得到的；第三种是个性心理特征说，认为能力是人顺利完成任务过程中直接起到调节作用的个性心理特征。

由此我们可以看出，能力首先是心理活动作用的结果，它离不开生理机能的配合，离不开人的文化因素的参与，同时又是通过活动表现出来并在活动的过程中形成和发展的。综上所述，能力是以人的一定的生理和心理素质为基础，在认识和实践活动中形成、发展并能表现出来的能动力量。但是，我们也不能简单地认为凡是与活动有关的，并在活动中表现出来的所有心理特征都是能力。只有那些完成活动所必需的、直接影响活动效率的，并能使活动顺利进行的心理特征，才是能力。

2. 教师能力的内涵

一般能力顾名思义就是指观察、记忆、思维、想象等能力，通常也称为智力，具有普遍性。特殊能力是人们要从事特殊职业或专业，比如，音乐中所需要的听觉表象能力等，具有强烈的针对性。教师是教育的执行者，是专业性很强的职业，这不仅需要教师在教育的过程中具有一般能力，而且应具备教师职业的特殊能力，即教师能力。

卢正芝等认为，教师能力是指教师在教育教学活动中表现出来的、直接或间接影响教育教学活动的质量和完成情况的个性心理特征。教师能力作为当代教师从事教书育人活动所需要的能动力量或实际本领，是一般能力和特殊能力的合理整合和特殊发展，是在实践中发展起来的、反映教师职业活动要求的能力体系。

郭英等在《教师能力结构分析》中解释所谓教师能力是指教师得以顺利和有效完成一定的教学活动所应具备的最直接、最基本的那些本领。罗树华、李洪珍则认为，教师能力包括教师的基础能力、教师的职业能力和教师的自我完善能力。由此可见，现代教师能力实际上是一个内涵深刻、外延广阔的概念。

二、教师能力的结构

教师能力，作为当代教师从事教书育人活动所需要的能动力量或实际本领，一方面，它是由多种单项能力组成的和谐统一的整体，缺少任何一项有机的组成部分都将直接影响教师能力的质量、水平和发挥；另一方面，又可根据各自所起作用及适用范围的不同，作出性质和特征的分类与辨析。

1. 能力的结构

能力是多种复杂心理的总和，学习与了解能力的结构对科学的培养和能力的测量具有重要的意义。在国外，心理学界对能力的结构分析也呈现出各家风采，以下将进行简单罗列。

（1）能力因素说（表 4-1-1）

表 4-1-1　能力因素说

人物	观点	内容
桑代克	独立因素	人的能力是由许多独立的成分或因素所构成的，不同的能力和不同的因素是没有关系的，能力的发展只是单个能力独立发展
斯皮尔曼	二因素说	能力由两种因素组成，成为一般能力或一般因素，简称 G 因素。另一种是特殊能力或者特殊因素，简称 S 因素。 人们在完成任何一种作业时，都有 G 因素和 S 因素的参加。活动中 G 因素包含越多，各种作业成绩正相关就越高；S 因素越多，作业成绩正相关就越低
加德纳	多元智力	言语智力；逻辑-数学智力；空间智力；音乐智力；身体运动智力；社交智力；自知智力；自然智力

这类学说重在从要素的角度对能力进行可能地分割，在保持能力综合作用的同时，又强调能力要素之间的独立性和关联性，为能力的发展提供了分类达成的思路。

（2）能力结构理论（表 4-1-2）

表 4-1-2　能力结构理论

人物	观点	内容
吉尔福特	三维结构理论	智力可以分为三个维度：即内容、操作和产品。 智力活动的内容包括听觉、视觉、符号、语义、行为，它们是智力活动的对象或材料。 智力操作指智力活动的过程，是由上述的对象或材料所引起的。 智力活动的产物是指运用上述智力操作所得到的结果，包括单元、分类、关系、转换、系统和应用。 由于一种维度和多种形式的存在，人的智力可以在理论上区别为 $5 \times 5 \times 6 = 150$ 种，而不同的智力可以通过不同的测验来检验

续表

人物	观点	内容
阜南	层次结构理论	能力的结构是按层次排列的，把斯皮尔曼的智力普遍因素 G 作为最高层次；第二层分为两个大因素群：言语和教育方面的因素以及机械和操作方面的因素；第三层分为几个小因素群；第四层即指各种特殊因素，即斯皮尔曼的 S。由此可见，阜南的智力层次结构理论是斯皮尔曼的二因素说的深化，在 G 和 S 之间增加了两个层次

能力结构理论不管采用平行的结构还是递进式的结构，都强调能力的内在结构性、逻辑性和层次性，重视整体结构对于人发展的作用。

（3）信息加工理论（表 4-1-3）

表 4-1-3　信息加工理论

人物	观点	内容
斯腾伯格	智力三元理论	斯腾伯格认为，绝大多数的智力理论是不完备的，它们只从某个特定的角度解释智力。一个完备的智力理论必须说明智力的三个方面，即智力的内在成分、这些智力成分与经验的关系、智力成分的外部作用。这三个方面构成了智力成分亚理论、智力经验亚理论、智力情境亚理论
戴斯	智力的 PASS 理论	人的一切智能活动包括计划、注意、同时性加工和继时性加工四种认知过程，并构成三级认知功能系统（即注意——唤醒系统，同时——继时编码加工系统和计划系统）。同时加工过程指人们认识事物时，在特定的时间内同时感知到事物的各个部分的特征。例如，图形辨认、人物辨认、完形测验、图形组合等。继时加工过程指人们认识事物时，可以在某一时刻只感知事物的一种特征，随着时间的推移陆续感知事物的各部分特征

在这类理论中，用智力替代了能力的表述，视智力为能力最重要的组成部分。这类理论重视智力的内涵与外延特征，重视其发挥作用的真实过程与作用机理。

2. 教师能力的结构

在国际上，"IBSTPI 教师能力标准"是一个较为权威的、最新的国际教师能力标准，是迄今为止最全面的教师能力清单之一。IBSTPI 教师能力标准涵盖了五个能力领域，共 22 项标准 105 个子条目，并且反映了教师能力中的核心能力——称职教师所应具备的知识、技能和情感态度（表 4-1-4）。

表 4-1-4　教师能力标准

类别	内容
专业基础	能清楚、简洁并且没有语法错误阐释与陈述信息（口头或书面）、有效且清晰地发布与交流信息；善于将其他学科中（如组织理论、信息技术）的概念、技能和理论用于提高学习绩效；参加专业发展活动，建立并保持和其他专家的联系，在教学设计实践中获得并运用新技术的技能

续表

类别	内容
计划与准备	选择和运用多种分析技术以确定教学内容基础级；分析已有的和新兴的技术特征及其潜在用途；开展需求评估以确定合适的设计方案和策略
设计与开发	根据某一特定的项目能运用适当的教学设计和开发过程；组织教学大纲以及将要设计、开发、评估的成果；规划非教学干预与介入方式
评价与实施	依据获得的数据调整教学和非教学解决方案；实施、发布和传播教学与非教学干预措施
管理	计划并管理教学设计项目

　　我国关于教师能力结构构成要素的研究，是对教师能力研究最早、关注最多的方面。对教师能力结构的认识是一个动态的变化过程。1981年中国教育学会、教育学研究会组织全国教育专家进行了专题研讨，教师能力问题才引起教育界的关注，以此为契机，教育者开始了对教师能力的研究（表4-1-5）。

表 4-1-5　教师能力的研究

人物	观点
陈安府	把教师的教学能力分为一般教学能力和教学管理能力，前者包括搜集教学资料的能力、组织教材的能力和言语表达能力；后者包括组织课堂教学的能力、因材施教的能力、教学反馈的能力以及教学诊断的能力
叶澜	新型教师应具备的专业能力，包括理解他人和与他人交往的能力、组织管理的能力、教育研究的能力、信息的组织与转化的能力；信息的传递能力；运用多种教学手段的能力；接受信息的能力等
靳莹	教育教学能力是教师能力体系中的核心成分，基本认识能力和系统学习能力是教师个人发展水平的决定因素，调控与交往能力是教师协调各方教育力量的有力保证，拓展能力是教师进行教育创新活动的必要前提
王惠来	认为在新课程实施中教师的能力必须包括：创新能力，课程开发能力，运用信息技术能力，合作能力，反思能力，教育科研能力
罗树华、李洪珍	教师能力是由多种单项能力组成的和谐统一的整体，可以根据各自所起的作用及适用范围的不同，归纳为基础能力、职业能力和自我完善能力三个部分。他们认为教师首先是一个人格完善的人，应该具备基础能力，即表达能力、道德约束力、审美能力、表达能力，以及在团队中的交往能力，等等。为了适应社会的发展，还必须不断学习，不断反思，善于创新，具备自我完善的能力。基础能力和自我完善能力都是在成长过程中需要自己不断完善的

　　而在教师能力构成要素细化研究方面，主要集中在教学能力的研究。周建达、林崇德把教师的教学能力分为三个方面：教学认识能力是基础，教学操作能力是教学能力的集中体现，教学监控能力是关键。所以我们可以看出，大部分研究都试图寻找教师共同的能力结构，但不同的教育阶段、不同的民族和学校、不同学科对教师的能力要求是不同的，用单一型的教师能力构成来表达不同发展阶段教师的能力素质显然是不合适的，教师能力结构必须体现个体差异性。

直到 2012 年《教师专业标准（试行）》的出台，才对幼儿园、小学、中学教师的专业能力维度进行了较为准确、全面的细化，并提出了相关的基本要求，这里以《中学教师专业标准（试行）》和《小学教师专业标准（试行）》为例（表 4-1-6 和表 4-1-7）。

表 4-1-6 《中学教师专业标准（试行）》专业能力部分

维度	领域	基本要求
专业能力	（九）教学设计	37. 科学设计教学目标和教学计划。 38. 合理利用教学资源和方法设计教学过程。 39. 引导和帮助中学生设计个性化的学习计划
	（十）教学实施	40. 营造良好的学习环境与氛围，激发与保护中学生的学习兴趣。 41. 通过启发式、探究式、讨论式、参与式等多种方式，有效实施教学。 42. 有效调控教学过程。 43. 引发中学生独立思考和主动探究，发展学生创新能力。 44. 将现代教育技术手段渗透应用到教学中
	（十一）班级管理与教育活动	45. 建立良好的师生关系，帮助中学生建立良好的同伴关系。 46. 注重结合学科教学进行育人活动。 47. 根据中学生世界观、人生观、价值观形成的特点，有针对性地组织开展德育活动。 48. 针对中学生青春期生理和心理发展特点，有针对性地组织开展有益身心健康发展的教育活动。 49. 指导学生理想、心理、学业等多方面发展。 50. 有效管理和开展班级活动。 51. 妥善应对突发事件
	（十二）教育教学评价	52. 利用评价工具，掌握多元评价方法，多视角、全过程评价学生发展。 53. 引导学生进行自我评价。 54. 自我评价教育教学效果，及时调整和改进教育教学工作
	（十三）沟通与合作	55. 了解中学生，平等地与中学生进行沟通交流。 56. 与同事合作交流，分享经验和资源，共同发展。 57. 与家长进行有效沟通合作，共同促进中学生发展。 58. 协助中学与社区建立合作互助的良好关系
	（十四）反思与发展	59. 主动收集分析相关信息，不断进行反思，改进教育教学工作。 60. 针对教育教学工作中的现实需要与问题，进行探索和研究。 61. 制定专业发展规划，不断提高自身专业素质

表 4-1-7　　《小学教师专业标准（试行）》专业能力部分

维度	领域	基本要求
专业能力	（九）教育教学设计	36. 合理制定小学生个体与集体的教育教学计划。 37. 合理利用教学资源，科学编写教学方案。 38. 合理设计丰富多彩的班队活动
	（十）组织与实施	39. 建立良好的师生关系，帮助小学生建立良好的同伴关系。 40. 创设适宜的教学情境，根据小学生的反应及时调整教学活动。 41. 调动小学生学习积极性，结合小学生已有的知识和经验激发学习兴趣。 42. 发挥小学生主体性，灵活运用启发式、探究式、讨论式、参与式等教学方式。 43. 将现代教育技术手段渗透运用到教学中。 44. 较好使用口头语言、肢体语言与书面语言，使用普通话教学，规范书写钢笔字、粉笔字、毛笔字。 45. 妥善应对突发事件。 46. 鉴别小学生行为和思想动向，用科学的方法防止和有效矫正不良行为
	（十一）激励与评价	47. 对小学生日常表现进行观察与判断，发现和赏识每一个小学生的点滴进步。 48. 灵活使用多元评价方式，给予小学生恰当的评价和指导。 49. 引导小学生进行积极的自我评价。 50. 利用评价结果不断改进教育教学工作
	（十二）沟通与合作	51. 使用符合小学生特点的语言进行教育教学工作。 52. 善于倾听，和蔼可亲，与小学生进行有效沟通。 53. 与同事合作交流，分享经验和资源，共同发展。 54. 与家长进行有效沟通合作，共同促进小学生发展。 55. 协助小学与社区建立合作互助的良好关系
	（十三）反思与发展	56. 主动收集分析相关信息，不断进行反思，改进教育教学工作。 57. 针对教育教学工作中的现实需要与问题，进行探索和研究。 58. 制定专业发展规划，不断提高自身专业素质

第二节　教师能力的核心

　　根据教师能力结构的分析，我们认为教师首先应是一个人格完善的人，应该具备基础能力，即表达能力、道德约束力、审美能力，以及在团队中的交往能力等；为了做好教育工作，作为一名职业教师，就需要不断地提高自己的教育和教学能力；而为了适应社会的发展，还必须不断学习，不断反思，善于创新，更应该具备较强的知识更新能力。因为教师能力具有综合性，下面我们着重围绕教育能力和教学能力两个核心方面进行阐述。

一、教育能力

教师的教育能力，是指教师不必用特定教材，而按社会的需要教育和培养下一代的能力，这是任何一个为人师者都必须具备的能力。教师的教育能力，是通过全面了解学生、正确评价学生、有效地启发和引导学生来体现的。

1. 全面了解学生

"了解"作为教师的一项职业能力，是指教师对教育对象的个性特征、心理素质、道德行为、学习能力，以及身体状况等方面全面、具体把握的能力。教师应了解学生整体，能从宏观上熟知当代青少年学生群体所呈现的共性特点，以便对学生个体进行教育时，做到高屋建瓴，更富有全局性和针对性。

1）了解学生的个性特征。今天的青少年学生，几乎是清一色的独生子女（尤其在城市）。独生子女所处的特殊家庭生活环境和复杂的社会生活背景，使他们形成了与以往中小学生显著不同的个性特点。就缺点方面来说，比较突出的是唯我独尊，心理承受能力和自理、自立能力较差。这种消极的个性心理特征，使得相当一部分学生行为自由散漫，集体观念、劳动观念不强，有攀富比阔思想，等等。

2）了解学生的道德认知。处于全球化时代的青少年学生，从整体上看，他们的道德观念、人生价值观发生了较为明显的变化，部分学生（尤其是高中生）的道德追求呈世俗化倾向。但是，我们也应看到，今天的青少年学生十分渴求真善美，容易被真善美的事物所打动、所感化，这是他们在道德情感上表现出来的共性。

3）了解学生的思维状况。当代青少年学生对视听效果强烈的娱乐活动更乐于参加，也更易于接受。与之相比，他们觉得读书、听课枯燥乏味。由此我们就不能笼统地把学生一度厌学、喜乐视为不思进取、品行不端，而应积极疏导、讲明道理，使他们尽可能远离成人娱乐场所，有节制地看电视、上网，等等。同时，要努力改进课堂教学，千方百计激发学生的学习兴趣，使他们变"苦学"为"乐学"，进入"学海无涯乐作舟"的境界。

一个对学生负责任的老师，对学生的方方面面都要有准确、透彻的了解，不但能从宏观上掌握学生群体的发展特点，而且也能从微观上了解每个学生个体的独特性。

有一次一位家长向老师反映，孩子在家里把他养在鱼缸里的十几条金鱼都晒成了鱼干。末了，这位家长气愤地说："我的孩子怎么了，一点怜悯之心都没有，那么残忍！"会是这样吗？老师对这位家长的话产生了怀疑。晨间活动时，这位孩子走到老师跟前悄悄地说："老师，小鱼和人不一样，是吗？""是呀，你怎么想到这个问题的？""人不晒太阳会缺钙，我妈妈告诉我的，小鱼晒太阳它就会死。"说完，孩子难过地低下了头。原来如此，孩子是因为想让金鱼补充钙质而想到了这个办法。

（http://blog.sina.com.cn/s/blog_c25b13dd0101amcv.html）

苏霍姆林斯基说："孩子们不仅是用智慧，而是用整个心灵来感知周围世界的。"知识的获得离不开实践，孩子的主动性实践则更难能可贵，只是孩子的实践常常不被成人所理解。正因如此，一个对学生负责任的教师就更应站在学生的角度思考问题，通过敏锐细微的洞察，对学生个体行为习惯和个性心理特征有着深刻的了解。

2. 正确评价学生

评价是以促进学生全面发展为目的，依据目标，重视过程，及时反馈，管理者、教师、学生、家长共同参与的多主体的评价。它考虑学生的过去，重视学生的现在，更着眼于学生的未来，突出评价的发展功能。评价不仅要关注学生的感知、思维、语言等方面的发展，而且还要关注学生的价值观、情感等其他方面的潜能，如自我调节的能力、与人交往的能力、适应环境的能力等，关注学生情感、态度、价值观、创新意识、实践能力及学生的学习过程和学习态度等方面的进步与变化，注重对学生素质的综合考察。所以，教师要着眼未来，客观公正，并运用多元方法对学生进行评价。

（1）着眼未来

教师评价的根本意义在于对学生的成长产生鲜明有力的正向导向作用。因此，着眼于学生成长的评价就应该是面向未来的评价，以积极的评价为主。青少年学生尽管大都缺乏"自知"，却十分渴望从教师的评价中看到真实的"自我"。所以他们对教师给予自己的评价十分敏感和关注。得到教师的积极评价，能引起他们由衷的愉悦，能强化他们不断追求进步的潜意识，从而使他们看到自己的优势，增强自我激励与教育的能力，从而为未来的发展打下良好的基础。

教师要创设激励性评价的条件，尤其是对久不得志的学生，要设法提供和创造能够充分展示他们各自优势的机会，抓住他们的成功给予评价，达到激励的目的。黑格尔因受家庭影响考入神学院，原打算毕业后从事当时颇受人尊敬的牧师职业，但他的老师为他写了这样一段评语：你记忆力强，判断力健全，文字通顺，作风正派；你神学成绩平平，但语言知识丰富，在哲学方面有天赋且十分努力。这段言简意赅的评语深深地触动了黑格尔，他反复诵读、推敲老师的评语，经过慎重思考，毅然决定扬长避短，改行从事哲学研究，终于成为一位世界著名的哲学大师。

总而言之，教师对学生采用的评价不应局限于学生当前的生存环境，而要用发展的眼光看待学生的成长，注意发现学习的点滴进步，教师所采用的评价一定是以着眼于学生长远发展为标准，以培养学生形成面向未来的生存能力为根本目的。

（2）客观公正

客观，是指教师对学生的评价符合实际情况，没有或很少有教师的情感因素影响其中；公正，是指对学生的评价恰当适宜，不溢美，不掩过。为保证教师评价的公平与公正，教师的评价应注意以下几点：第一，教师应该充分了解学生接受批评时的特殊心理以及渴望正评价的共通心理。第二，要克服因第一印象、评价定势、光环效应、近亲效应等造成的心理偏见，而影响评价的权威性和有效性。第三，坚持正向评价原则，以鼓励引导为主。教师应多鼓励表扬学生，增强学生自信心，少采用负向评价。第四，根据学生个性差异和学习进行实际评价。教师应了解学生实际情况及个性差异，并在此基础上开展合理公正的评价。第五，要注意掌握"度"，评价不足和评价过度都会丧失评价的意义。第六，评价要有利于全体学生的发展，教师的评价应当使全体学生而不是部分学生感受到上进的动力。

（3）方法多元

多元评价是指采用多种途径和使用多种方法与技术，对学生的道德品质、公民素养、学习能力、交流与合作能力、运动与健康、审美与表现等方面进行的综合性评价，是以促进评价对象发展为根本目标，重过程、重评价对象主体性的评价方式。有研究表明，小学生与中学生"接受评价"的心理并非完全一样。一般说来，小学生更多地愿意接受公开表扬，一时一事的表扬，即浅层赞美；中学生，尤其是高中生更多地愿意接受个别谈话或书面肯定，希望赏识人品、学识与气质，即深层褒扬。因此，教师采用的评价方法应该是多样的，切合学生年龄和心理特征的。任何单一型评价都不如复合型评价来得好，复合型评价能把学生进步的情况描绘得更全面和更准确。尊重学生个体差异，采取多元评价方式，也被写入了关于中、小、幼 3 个教师专业标准。在实践操作过程中，根据评价主体的不同，包括自我评价与他人评价；依据评价内容不同，可采用量化评价和质性评价；根据评价采用时间点的不同，又有过程性评价与终结性评价；依据评价手段的不同，还可以是人工评价与计算机评价等。

3. 合理引导学生

俄罗斯教育家乌申斯基认为："教育的主要活动是在心理和生理活动现象领域内进行的。"教师发挥其教育能力表现在合理引导学生方面，应该是对学生心理、生理现象的客观、准确把握及采取的合理行动。为此，教师要始终坚持对症下药的原则，根据教育实践中遇到的不同问题，充分调动一切媒介和工具，明智地进行判断和处理。

（1）察言观色，欲擒故纵

没有准确全面的观察和了解，就没有有的放矢的教育。在教育教学中，教师要注意观察，善于接受信息反馈，及时调整教育教学行为。比如，在课堂上，如果学生双眼放光，神情欢快，说明他们听懂了，而且觉得很愉快；如果眼睛低垂，心不在焉或眉头紧锁、神情迷茫，那么可能是遇到了什么难处；如果双眼直视教师，身体挺直，那这个学生肯定已掌握得差不多了；如果眼睛紧盯教师的脸，眼珠也不转一下，那他差不多是一无所获……在教育过程中，教师善于察言观色，就能最大限度地发现并解除学生存在的并不愿展现出来的问题，并及时采取应对措施，避免问题的进一步积累和扩展。

当然，除了察言观色，教师在面对教育的复杂问题时，还可考虑采用"欲擒故纵"这一方法。姚老师将这招用在处理学生早恋的问题上，就收到了意想不到的效果。

在荆州中学的班主任论坛上，高一（14）班班主任刘敏灵向有着 20 年班主任工作经验的老师姚其云取经：关于学生早恋，不知道该怎么处理，挑明了怕伤了学生自尊，如何扼杀在萌芽状态？刘老师的问题，引起在场不少老师共鸣。青春期早恋，是不可避免的问题。与一般老师选择的"棒打鸳鸯"不同，姚其云采取"欲擒故纵"的办法。姚老师说，他曾带的班级有一对有早恋倾向的学生，姚其云并没有强行将两个学生分开，而是假装不知情，故意让他们成为同桌。谁知过了一段时间，女生主动找到姚其云要求换座位。女生说那名男生满身缺点，如不爱学习、上课喜欢脱鞋等，与她之前心里的美好形象大相径庭，不愿与其继续交往。

（2）晓之以理，动之以情

合理引导学生，重在以理服人和以情动人。尤其是对待后进生、问题学生或者学生犯错等对象和情形，教师不应动辄采用处罚的手段，而只能通过耐心细致甚至长期反复的说理教育，这就要求教师要有晓之以理的说服能力。具体表现在：说理要透彻，教师说理要讲深讲透，使学生心悦诚服；说理要客观，教师说理应是发自真心的实实在在的道理，紧密联系学生的实际，甚至把自己摆进去，而不能是一堆套话；说理要有耐心，让道理如绵绵春雨不断沁入学生的心田。同时，教师引导学生还应充分发挥情感教化的功能，用真真切切的爱生之情引发学生心动。

（3）对症下药，因材施教

学生在学校不仅仅是学习，学生还要借助学习的过程，学会生存的技巧，社会交际的能力等来促进自己身心的健康发展。而这样的健康发展就更需要教师不仅可以传授学生知识，更需要教师必须具有心理辅导的能力，才能促进学生心理素质的提高，使个体保持健康的心理状态和良好的心理素质，能为其顺利地接受德育、智育、体育、美育等其他素质教育提供良好的心理条件，进而使学生达到真正意义上的健康。

二、教学能力

教师的教学能力，是指教师运用特定教材从事教学活动、完成教学任务、达成教学目标的能力。它是教师业务能力的主要内容，包括从教学设计、教学实施到教学评价，即从内化教材到外化教材整个过程的驾控能力。在学校教育中，课堂教学是"主战场"，因此，教师的教学能力是影响教育教学质量的决定性因素。聚焦课堂，沿着教师课堂教学实施流程，教师的五种课堂教学行为——备课、上课、说课、听课、评课，是教师教学能力形成的重要步骤，也是落实素质教育的有效途径。

1. 备课能力

顾名思义，就是上课前所做的各项准备工作。从课程论的角度看，即对课程目标和实施标准的领会。

（1）备课标

备课标（教学大纲）应包含两种意义：一是经常性学习，领会和把握大纲对一门学科的性质、任务、目标、内容和实施原则等基本精神的表述，应用它来指导备课和上课；二是即时性的学习，即参照课标（教学大纲）中的具体课程目标和内容来确定一定时段的教学目标和内容。一个优秀的或成熟的教师应该经常自觉地钻研并把握好学科教学大纲，领会它的基本精神和学科体系，并用以指导教学行动。

（2）备教材

各门课程都是以教材为载体来展现自己的，要有效地实现课程目标，必须通过教材这个中介物才能达到。因此备教材是全部备课的枢纽工程，其他课前准备都要围绕这个核心而展开。"熟读、精思、深钻、细研"可以说是备教材的根本途径和有效措施。教学法的精髓可以概括为：为学而教，或教会学生学，而不是为教而教；体现在备课上就不应是为教而备，而主要是为学而备。抓住课文中最基本的、最核心的、最主要的、最有用的、最关键的内容，进行深化、提炼、概括和类化。

（3）备学生

"备学生"就是为学生而备，"因材施教"是备学生的直接诠释。备课的现实依据是学情——学生及其学习的现状，包括知识基础、身心特点、认知水平、家庭背景和社会阅历。不同的学情可能给教师的教学带来意想不到的情况，因此离开学生的备课是盲目的，不合学情的备课是低效的。只有针对学生及其学习的具体情况去备课，才能做到有的放矢，取得预期效果。

2. 上课能力

上课是师生的主要教学活动。上课是学校教学工作的基本组织形式，这种组织形式要求教师按照固定的课表，在规定的时间内对固定数目的学生——一个班级，采取各种不同的教学方法，以便完成根据课程标准（教学大纲）的要求所规定的教学任务。

（1）开始阶段

这一阶段从教师走进课堂起，到本堂课教材内容展开之前，大约用5～10分钟。

1）组织教学，平衡课堂。师生问候、目光交流，迅速备好教学用品，教室安静下来，进入教学状态。

2）复习旧知，导入新课。提供使学生具备必要的学习新知的基础性条件，创设一种学习情境或对学生形成诱发性刺激，使之产生学习愿望。

3）简要提示，激发动机。即就本课题应如何学习或注意要点，作一点简明扼要的提醒和指示，或借助相关资源引起兴趣，集中注意力。

（2）中间阶段

这一阶段从教材内容的展开起，到教学任务的完结止，大约30～35分钟，这是课堂教学的主体阶段或核心阶段。

1）教材内容的呈现、展开和加工。教材呈现有不同方式，或由教师来呈现（如直观、演示和讲解），或让学生自己去研读，或将二者结合起来。教材的呈现、展开和加工过程，可使师生的活动，产生交互作用，与教材内容融为一体，共同影响、左右学生的心智发展。

2）教学环节的转换、承接与控制。教学环节既体现着教学内容的不同方面和不同层次，也反映了教材加工的不同方式、教学活动的不同形式，乃至教学内容的密度和节奏等变化。其主要体现为时间控制，要根据每一环节的轻重缓急合理分配时间。

3）学生注意的保持、分配和转移。学生注意的范围和程度，与教学内容的性质、教材呈现媒体的样式、教材呈现的数量与方式、教师提问和训练题目的难易程度、学生学习兴趣、能力和成功感等因素有关。它要求我们了解并利用注意规律，把学生的注意力时时集中在眼下展开的教材内容上。

（3）结束阶段

这一阶段从教材处理完开始，一直到下课，大约5分钟。

1）效果检查，总结教学。师生都要检查自己在一堂课里教的效果如何，学的成效怎样，以便针对不足进行课后的及时补救。同时作为一个完整的教学过程，课堂最后必须要有总结。即师生共同就本节课的教学内容及其学习过程、收获等作一个概括性的回顾，以便形成一个鲜明的整体概念。

2）布置作业，激发思考。在不同的课上，应按不同的方式布置课外作业或家庭作业。在刚开始学习某一新的章节的时候，需要对部分作业材料加以分析，并由教师在课堂上指导学生进行。

3）铺垫新课，留下余味。即为后面将要接续的新课打下伏笔，特别是那些属于同一小节或一篇课文而分作几节课来上的课更有必要给学生留一个悬念或引子，以形成他们对新一节课的学习动机或学习契机。

需要注意，并非每一次课堂教学都能将上课的各个进程完全涵盖。教师在授课过程中，不是按部就班、一成不变地走完所有的步骤，而要依据具体情况灵活操作。

3. 说课能力

说课是教师同行间研究教材，探讨和评价教学设计的双边、多边思维活动。它不仅要说"怎么做"以外，还必须研究"为什么要这样"的教学理论问题。说课是在教师与教师之间进行的，属于教研活动，其评价标准的着眼点主要在教师身上，即看说课者对教材的理解和处理水平、教学设计水平和理论水平。

（1）说课标

课程标准（教学大纲）是由教育部颁发的法定性、纲领性教学文件，是对一门课程的性质、功能、任务、内容乃至一般方法的最权威最基本的规定，因而成为教学设计与实施的最直接、最根本的依据。说课标，就是要把课标中的相应要求作为本课题教学的指导思想，从课程论的高度驾驭教材和指导教学设计。说课标，要重点说明有关本课题教学目标、教学内容及教学操作等在教学大纲中的原则性要求，从而为自己的教学设计寻找到有力的依据，可以结合到说教材中进行。

（2）说教材

能否准确而深刻地理解教材，高屋建瓴地驾驭教材，合乎实际地处理教材，科学合理地组织教材，是备好课、上好课的关键，因此也成为说课的首要环节。说教材要说清楚本节教材在本单元甚至本册教材中的地位和作用，即弄清教材编排意图或知识结构体系；说明如何依据教材内容（并结合大纲和学生）来确定一节课的教学目标或任务；说明如何精选教材内容，并合理地扩展或加深教材内容，通过一定加工将其转化为教学内容，即搞清各个知识点及其相互关系；说明如何确定教学重点和教学难点及其教学法的意义；说明教学内容的内在逻辑顺序和时间安排；说明教材处理上值得注意或探讨的问题。

（3）说教程

说教程即要说出教学过程的总体结构、逻辑顺序、转承起合和教师的教法、学生的学法以及教师与学生的互动、合作、协调等方面的内容。说教程要说出本节课所要采用的最基本或最主要的教法及其所依据的教学原理或原则；要说出本节课所选择的教学方法、手段、对它们的优化组合及其依据；要说明教师的教法与学生应采取的学法之间的联系。要重点说出如何突出重点、分散难点的方法；说出教学全程的总体结构设计，即起始—过程—结束的内容安排，使课堂结构完整；重点说明教材展开的逻辑顺序、主要环节、过渡衔接及时间安排；说明如何针对课型特点及教学法要求，在不同教学阶段师与生、教与学、讲与练是怎样协调统一的。

4. 评课能力

如果说备课是课前准备和计划，上课是对备课方案的实施过程，那么评课则是课后反思与评价。到课堂去考察一位老师课上得怎么样，不仅要凭耳听，听他讲授的内容、讲授的技巧和语言如何，更要凭眼观，观教师是怎样组织学生开展学习活动的，观学生参与教学活动的主动积极状态，观师生之间是怎样交往与协调活动的，等等。此外，还要凭心感、凭脑思、凭手记……可以说这是一项全身心投入的工作。

（1）评教师的教学思想

评课应力求通过具体的教学活动来认识教师的教学思想并给予指导。

1）是否面向全体学生。具体来说就是教师的课堂教学设计是否考虑到每一类学生的需要，是否对每一类学生都能提出恰当的要求；教学活动是否满足了不同层面学生的需要，是否考虑到让每一类学生在课堂上都能得到应有的发展和提高；对学生的评价是否满足不同发展水平、不同心理要求的学生的需要等。

2）是否尊重学生人格。教师是否在课堂上最大限度地尊重、理解、善待和宽容学生，将学生看作是有尊严、人格、丰富心理需要和内心世界的社会人及学习过程中的主体。

3）是否转变教师角色。教师是否以学生是学习的主体角度来认识自己的角色，是否将自己定位为学生学习的指导者、支持者、合作者和促进者。

（2）评教学的基本常规

教学常规是教学过程应遵循的基本要求，是教学基本规律在教学中的具体体现。

1）是否有科学的教学目标，优化的方法手段。具体来讲就是教师在课堂上提出的教学目标是否包括了知识与技能、过程与方法、情感态度与价值观三个方面的内容，是否通过一定的方法（包括教学组织形式）和教学手段（包括现代教育技术）最大限度地调动学生自主学习的愿望和积极性，达成既定的学习目标。

2）是否有和谐的课堂氛围，学生的主动参与。学生积极参与教学活动是现代课堂教学的基本要求，课堂教学是学生主动建构新的知识结构的有意义的过程。和谐的课堂氛围能激发学生学习的情感和兴趣，能使学生处于一种积极、愉悦、安全的学习状态，使学生的思维空间得以充分展开。

3）是否有前沿的科学知识，充分的思维训练。现代课堂教学的核心应着眼于学生的思维训练，以此来带动学生其他能力的发展。在课堂上应考察教师是否给学生留出足够的思维空间和时间，即教师是否给学生提出符合实际、能引起学生思考的问题，是否着力于培养和指导学生养成善于思考的习惯、方法和策略，是否采用综合方法训练和培养学生的多种思维品质。

（3）评教师的工作态度

爱岗敬业是教师的重要职业道德要求。对于教师的工作态度，评课主要可以从这样几个方面来考察：

1）教师是否认真进行了教学设计，在教学设计时是否认真研究了大纲和教材的要求，是否认真研究了学生实际，较好地把握住了教学的起点和学生的心理、知识、能力的需求；是否为课堂教学的顺利开展和实施认真准备了直观教具、实验设备、电化教学装置、学生的学具以及是否能正确熟练使用这些设备等。

2）是否能以饱满的热情对待教学过程和认真关注每个学生的体验和情感，并采取有效措施来调动学生学习的注意力，使学生能以较好的精神状态投入学习；是否能认真对待教学过程中的各个环节，使自己的每个教学行为（提问、板书、实验操作等）都能符合课堂教学的要求使学生感受到一种严谨的科学精神。

3）是否能认真观察学生在学习过程中出现的各种"正常"和"反常"现象，从而把握学生接受知识的过程和思维过程，并根据情况及时调整教学过程和要求，等等。

第三节　教师能力的发展

教育是一个系统工程，素质教育是这个系统工程的核心，提高教师专业能力是实施素质教育的关键。加强教师专业能力建设是一个动态的、持续的发展过程。培养学生是通过相对独立的一系列教育、教学活动进行的，这一系列教育活动，应当是首尾相接的教育链。在每一特定的教育活动中，都要求教师具有以一种或几种能力为主的多种专业能力，因为教师能力发展的特点，不同教龄的教师，教师能力的形成会有所侧重。

一、新手型教师

广东省佛山市实验学校音乐高级教师吴少华老师回忆起她刚入职时的教学说："刚当音乐教师时，我的基本关注点还是处于自身的角度，很多时候根本没有考虑学生的学习心理、学习规律和年龄特点。虽然那时候我已经开始注重学生的学习评价了，期末考试出的试卷学校领导说很不错，但还是缺乏对学生学习能力的分析。比如在对一年级学生进行音乐考试时，我出了一道题，是让学生写出所听歌曲的名字，而那时正因为忽略了一年级学生会写的字不多的现实情况，所以我在发现学生在答卷中写错别字后，竟然十分较真，只要写错一个字，那一题就不给分。现在想想，应当根据他们的能力水平，换一种出题方式，如提供多个歌名采用选择题或连线题的形式，这样学生的答对率就会大大提高，也就更好激发他们的音乐学习兴趣了。

（http：//dhjy. dhjy. qov. cn/article. aspx？ articleid＝337）

刚工作1～3年的教师，犹如一只正在长羽毛的雏鸟，需要大量吸取营养，为自己羽翼丰满后的飞行练习、准备充分的能量。这个时期的教师，必须着重培养以下三种能力。

1. 积极投身学习的能力

刚进入一所学校，年轻教师必须有较强的学习能力。曾有教育家预言：未来的文盲不是目不识丁的人，而是没有学会怎样学习的人。教师的学习能力就是"好学"的能力，"会学"的能力，善于积累知识、运用知识的能力。

（1）汲取经验

教师的实践性知识在教师的教育实践中发挥着极其重要的作用，对于新教师而言，师范院校学习的教育理论知识或许并不欠缺，最缺的就是实践经验或称实践性知识。因此，促进教师实践性知识的形成是促进新手型教师成长的重要途径，也是促进其向专家型教师转变的关键环节。新手教师可通过对专家教师教学过程的观摩、分析和反省，缩短自己实践性知识的形成过程。于是，学徒制学习成为新任教师重要的学习方式，学校开展的"师徒结对"成为学徒制学习的主要载体，对新任教师的专业发展起重要的作用。

（2）敬畏理论

在教师实践性知识愈发受到关注的今天，我们发现一种关于理论学习用处不大的声音在教师群体中蔓延。一些教师认为理论空洞而不切实际，就像空中楼阁，看起来很美，但摸不着，用不上。对新任教师来讲，理论学习更应该是专业化成长、业务素质提升的重要途径。理论学习可以增强教师反思意识的觉醒，提高反思的能力，只有将实践中反映出来的问题上升到理论层面加以反思，才能探究到问题的根源。所以，学习教育理论是指导教学实践的必要行为，教师在学习理论时要注重将教育理论学习与具体的教学情境结合起来，在实践中加以运用和内化，在行动中反思，在对教育理论的批判中进行学习。

（3）活用网络

在信息时代，网络是教师获取知识必不可少的渠道。网络上的教学实录、教学案例、教学设计、教学课件、教学故事、教学感悟等都承载着教师的实践经验。教师可以通过网络平台汲取他人的教育智慧，获取所需要的教育资源，进而扩充自己的教育理念及知识结构。同时，互联网大大缩短了教师与教育研究者之间的距离，通过网络，教师还能更快地获取教育理论知识，并迅速地运用于教学实践。网络构筑了教师学习的一种全新模式，互动讨论、研讨群、网络课堂等成为教师网络学习的重要渠道。在此过程中，教师应注重培养自身的信息读取能力，提高对信息重要性的认识，增强信息的责任感，能够准确地判断、选择、整理、处理、创造和传递网络信息。

2. 激发学生兴趣的能力

学生学会学习的关键在于学习兴趣，有了兴趣，学生才会关注学习。教师的责任也在于能够运用有效的方法激发和维持学生的学习兴趣。新课程虽然为提高学生的学习兴趣提供了广阔的视野，但是，学生的学习兴趣也不是自发产生的，它需要教师的引导。教师要从学生已有基础出发，根据学生的生活实际、能力实际充分挖掘课程对学生发展的价值，使学生从自我活动中、自我发展中、生活的需要中、知识的实际运用中感悟学习的意义，激发学习的兴趣。在学生有了学习兴趣后，教师还要让学生体验到学习的快乐，使他们已经具有的学习兴趣得以维持和继续。

3. 指导学生学习的能力

指导学生学习，主要是教会学生掌握学习策略。学习策略是指学生在学习过程中，运用的以完成学习任务为目的的一系列程序、方法和活动规则。教师应该从以下方面指导学生：一是根据学生的年龄特征提供给学生一套适合各种课程学习的、层次各异的策略，在这些策略中不仅有一般的原则性策略，而且还要有非常具体的、可操作的实践性策略；二是重视学习策略的生成性，要求学生对所用的学习策略进行自我的心理加工，使既有的学习策略转变为学生的学习风格；三是提高学生使用学习策略的个人效能感，使学生感到学习策略的有效，增强使用学习策略的自觉性；四是采取讲解、示范、练习与反馈相结合，教会学生使用学习策略的具体方法，提高学习策略的有效性。

高老师在讲到课文《飞夺泸定桥》时，对学生说："那我们看看他们是怎样飞的，孩子们。默读课文第三自然段，看看他们是怎么飞的，请你画出让你感受深刻的词、字、句。"但是她在巡视的过程中发现很多同学都在用尺子画。于是她说了下面一段话："语文课不用尺子，把尺子搁在一边儿，数学才用尺子。就是一支笔，也没有橡皮。如果都像马鹏、钱翼似的，咱们的语文课会上得非常精彩。"

这位老师在评课环节中这样说道："我发现我们班的小孩儿上语文课时特爱用尺子画书。我觉得这个不好，又不是上数学、物理课，要求画图得精确。语文课嘛，得有语文味儿。""老用橡皮容易让学生养成不负责任的态度，觉得错了没关系，一擦就行了。我不让他们使，就是希望他们在动笔之前多想想。"正是基于这样一种认识，对学生已有经验的熟知，才出现了案例中的那段讲解。"这个要求我（指高老师）平时也强调，但学生有时过后就忘了。后来我琢磨着，咱们老说一个词儿，叫'春种秋收'，春天种下种子，秋天才能收获。你要是夏天种，错过时候了，秋天就不能收获。我就琢磨着，给学生讲这个要求也得讲对时候。如果我要是在学生将要做这件事的时候提出要求，可能会好点儿，所以在上课的时候，凡是遇到类似的情况，我都会提醒。我想坚持下去，学生的习惯就养成了。"这段讲解的目的是帮助学生形成良好的习惯，而高老师特别注意讲解的时机，"得讲对时候"，在"学生将要做这件事的时候提出要求"。高老师在适时讲解的过程中，践行着自己的教育理念，有效地指导了学生的语文学习。

二、胜任型教师

对于任教 4～8 年的教师来说，他们最大的难题就是如何突破自己作为新手时的模式，而走向自身职业的发展阶段。这个时候的教师已经具备了一定的工作经验和知识底蕴，这时的青年教师应该把工作的重心从自我的发展转移到学生的发展上来。胜任型教师应具备以下能力。

1. 教育过程监控的能力

教育过程监控是指教师在教育活动中始终占据主导地位，操纵教育活动按照预期的方面发展。教育过程监控的能力是主导、操纵教育活动的能力。当然，教师占主导地位并不意味着教师必须时时刻刻扮演活动主角的角色，而操纵活动方向不等于教师不可以在教育活动中调整既定的方向。恰恰相反，只要是教师在发挥着主导作用，无论教师居于何种角色，或者既定方向如何被修改，都可以称这一活动得到了有效的控制。教育过程的监控包括四个方面：

（1）对学生的监控

对学生的监控主要是通过教育，尤其是思想教育来实现。教师要善于调动学生的主观因素积极参与教育活动，善于了解学生的思想状况，对学生深层的思想作出准确的判断和分析，并在此基础上确定行之有效的教育措施。因此，对学生的监控需要教师有一定的思想教育能力。

（2）对自己的监控

教师是教育活动的组织者和主导者。教师的自我监控关系到教育活动的成败和教育效果的好坏。教师的自我监控包括对自身结构主体的控制和对自身的心境、情绪和情感的监控。前者是根据社会发展的需要、科技发展的程度以及来自学生的信息反馈，在教育过程中适时、适度地调控教育计划、教育内容和教育方法。后者是指教师在学生面前始终处于良好的心理状态，以饱满的热情、愉快乐观、奋发向上的精神状态去感染学生。在遭遇到各式各样挫折的情况下，仍能善于监控自己，保持良好的心理状态出现在学生面前。

（3）对情境的监控

教育活动是一定社会情境中的社会实践活动，长到一个学期、一个学年，短至一节课、一次师生谈话，都是在一定或一系列的情境中开展教育活动的，情境直接关系到教育活动的成效。教师对情境的监控能力是教师能力素质的又一组成部分。情境由物理空间和社会气氛为主构成，前者表现为一定的环境和场景，教师要善于形成合理的物理环境增强教育效果，后者表现为师生之间、学生与学生之间的心理状态的交互碰撞，这就要求教师具备组织协调的能力，组织学生、协调师生关系。

（4）对教学的监控

教学监控能力是指为了保证教学达到预期目的而在教学的全过程中，将教学活动本身作为意识对象，不断对其进行积极主动的计划、检查、评价、反馈、控制和调节的能力。教学监控能力是教师教学能力结构的高级形式，是其他教学能力和教学行为的调节中枢。在传统课堂教学过程中，教师监控的作用主要是控制和调节，以保证教学能够顺利进行，教师的监控因素主要是对学生进步的敏感性和对教学效果的反省。教学是教师促进学生完成正确知识建构的过程，教师要在充分满足学生个性需要的基础上，对教学进行全面的监控。如今，学生的学习形式增加了利用媒体的独立学习和协作学习，因此教学过程复杂性和教师的角色变化，都对教师的监控能力提出了许多新的要求。

张老师是一名有七年教学经验的老教师了。有一次，他在上小学六年级音乐欣赏课《歌唱二小放牛郎》时，设计了一个场景模拟的教学环节，让学生以音乐短剧的形式在课堂上即兴表演。王二小、八路军及老乡的扮演者已挑选好，在挑选反面角色——日本鬼子时，却遇到了困难，没有人愿意饰演这个坏角色。这时张老师微笑着说：

"同学们，咱们先来看一段影片，请大家一边看一边思考以下问题：当你看到那几个日本鬼子后是什么心情？你认为演员们表演得怎么样？达到了什么艺术效果？"录像刚刚停止，全班同学便激动起来纷纷说："日本鬼子太坏啦！太可恨啦！""那么，影片中的日本鬼子是真的吗？"张老师继续问。学生答道："他们演得太像真的了，我，我，我要是王二小，早就被他们吓坏了！"师答："这就对了，演员的职业就是要把自己与所扮演的角色联系起来，投入到剧情中去，反面角色演好了，入情入境了，会达到意想不到的效果。"听了老师的这一番话，同学们纷纷举手想要演日本鬼子。于是，几分钟之后，在音乐教室里上演了一场生动感人的音乐短剧。很多学生都说："演戏太有趣了，我长大以后真想当演员！"

(http://www.docin.com/p-1718161456.html)

　　在这一案例中，面对学生拒演日本鬼子的教学情景。张老师既不生气，也不责备，而是先用微笑的神态缓和学生的抵触情绪，接着采用有效的教学方法引导学生观看录像并进行讨论，在讨论中让学生自己明白道理，化解了课堂的尴尬状况。相对于新手型教师，熟手型教师在长期教学实践活动中，积累了较为丰富的教学经验，对教学内容和教学对象有了比较深入的认识和理解，面对不同的教学对象和教学内容，他们知道如何教能更为有效地促进学生的学习。

2. 指导学生合作的能力

　　新课程最为核心和最为关键的环节是学习方式的变革。新课程所要求的学习方式中，特别突出了自主学习、合作学习、探究学习。所以，组织学生开展合作学习，就成为新课程要求教师具备的又一项基本的教育能力，它对教师的课程组织能力、教学设计能力都将是一个新的挑战。

　　（1）合作学习的设计能力

　　合作学习的设计和以前教师的备课有所不同，它是教师对整个教学活动的"导演"，包括分组原则、活动规则、监控指导、总结深化等方面。教师应该把握四个关键：一要把握分组标准和小组规模。一般情况下，分组应该做到组间同质、组内异质，使组与组之间保持在一个相当的水平，为每个成员提供平等的学习机会。二要制定出能够为全体学生理解和接受的活动规则，包括奖励机制。通过规则约束学生的活动，使其按照教师的意图进行。通过奖励机制的制定，增强小组成员的责任感和小组间的竞争力。三要明确教师的活动。合作学习的每一步都需要教师的精心指导，否则就会流于形式。四是选择和展开问题。

　　（2）合作学习的指导能力

　　在合作学习中，教师和学生的课堂活动都发生了很大的变化，合作中的学习和学习中的合作成为学生学习的基本活动。如果教师不给予学生合作能力上的指导，就会使合作学习流于"合而不作"或"作而不合"的形式。在合作学习的指导上，要让学生学会表达，勇于发表自己的意见；让学生学会倾听，能够抓住别人意见的核心；让学生学会反思，发现自己和别人意见的特点和不足；让学生学会概括，善于通过活动来掌握课程内容和丰富发展自己。

（3）合作学习的监控能力

在合作学习中，学生的活动相对分散和自由，这与学习的既定内容、既定时间肯定会有矛盾。所以，教师要对整个学习过程实施有效监控，使学生的学习做到"形散而神不散"，做到内容、时间、活动三者的有机统一，做到人人参与、人人享受、人人发展。特别是对于游离于学习过程之外的、有问题的学生更要给予及时指导，采取积极的补救措施帮助他们得到应有的发展，使他们有效地参与到学习过程中来。

三、成熟型教师

工作 8 年以上的教师，是成熟的教师，也是教师队伍中的骨干力量，在学校的教育教学工作中有着承上启下的作用。成熟型教师是教师职业中的优秀者，他们拥有较好的才学、教学技能和出众的教学成果，标志着教师个体专业化的较高水平。对于处于成熟期的教师，其专业能力可能会表现得较为突出，但同样需要不断提高。

1. 教学管理能力

提高成熟型教师的教学管理能力，是学校保证教学质量、培养更多合格学生的关键。教师的教学管理能力与主、客观多种因素有关，客观因素包括学生的个性特征和需要、学校对教师的评价体系、社会意识形态等。教师作为教学的主导，主观因素对教学的组织管理成功与失败起着更为直接和关键的作用，将之置于教师教学实践环境中，则课堂教学的管理和班级管理是最重要的两个方面。

教师的教学工作是在课堂上完成的，但课堂生活由于其发生在教室这样复杂而又难以预测的环境中，所以课堂教学过程也就极其考验教师的课堂教学管理能力。一个成熟型教师往往善于掌控课堂教学节奏和处理课堂突发事件。比如这样一个案例：

一位农村优秀教师曾在上课的时候，遇到了一个突发的状况：上课没几分钟，这位老师放在讲台上的手机忽然响了。学生霎时也不约而同地注视着讲台，并开始窃窃私语。随即，学生们都笑出声来："校歌，我们的校歌！"有几个活跃的学生开始哼唱起来。这位老师没有阻止学生的哼唱，也没有接听电话，且跟着学生哼的旋律一边轻打节拍，一边说："对，就是我们学校的校歌《永恒的理想》，让我们一起尽情地唱吧。"伴着手机的音乐，学生们放开了声音。

歌毕，教室里特别安静，他们都瞪着眼睛看着黄老师的一举一动，语文课里的这种熟悉而又陌生的歌声犹如一块强大的磁铁，吸引住了学生。这位老师问："你们知道这首歌的词作者吗？""知道。他是我们的陈校长。""谁谱的曲呢？""我们学校一位已经退休的戴老师。""陈校长和戴老师一起创作了许多校园歌曲，一首《小天使》还在省里比赛获了奖。""那你唱几句吧。""好。"说着这位学生张口就唱"问问老师，问问自己，谁是快乐的小天使？"一位学生补充道："他们俩为别的兄弟学校也作了校歌《心中的歌》，在《中小学音乐》杂志上发表了呢。"这位老师接着说："你了解的也真不少。同学们，你们确实很幸福，有这么优秀的校长和老师为你们谱写校歌。"他顿了顿说："你们能谈谈唱自己老师谱写的歌的体会吗？""唱校歌，我感到很亲切，因为它是我们自己学校的校歌。""我心中涌起的不仅是这种亲切，还懂得了什么叫自豪。因为校歌不是所有的学校都有的，自己作词谱曲的更少。""现在，学校每天在午间播放校歌，这既是一种音乐艺术的享受，也是一种生动的尊师爱校教育。"

在课堂上发生了这样的突发情况，这位教师能马上作出反应：让学生听完手机铃声并且与学生讨论，让他们抒发自己的想法。这样的处理，不仅激发了学生的兴趣而且使课堂上的失控气氛得到了控制。

2. 班级管理能力

优秀的成熟型教师不仅仅是教学工作的能手，更是班级管理、德育渗透的高手。我们看看下面的案例：

潘老师是一名中学的班主任，学校的老师和同学们都觉得他很有个性。一天班会课，潘老师先给同学们看了一段从受精到呱呱坠地的视频后，让大家想象假如今天是自己生命的最后一天，然后他在黑板上写下了班会课的主题——"模拟写遗书"。同学们看了之后，议论纷纷，有的说"啊?! 这就写遗书，太早了吧!"有的说"潘老师葫芦里卖的什么药啊?"同学们七嘴八舌过后，还是都写下了"遗书"。接着，潘老师选了一些同学的"遗书"念给大家听。有同学这样写道"美好的生命就要结束了，我还有很多事没有做""请珍惜生命，它是如此美好""虽然我就要死了，但是我要过好剩下的一分一秒"。有同学这样写道"我还不想死""为什么人要死?""我死了，爸爸妈妈怎么办?"。读完"遗书"后，潘老师以问答的形式启发同学们认识生命的可贵，了解自己内心的真实情感和对亲人的爱，以科学的态度对待生命、看待死亡。班会课后，每个同学的脸上都洋溢着笑容，大家都觉得有潘老师这位好老师真幸福。

（http：//www.docin.com/p-1718161456.html）

案例中的潘老师之所以被老师和同学们认为有"个性"，大概是因为他所进行的教育是其他老师所不敢想、不敢做，甚至排斥的教育。潘老师通过让学生从观看出生视频到模拟写"遗书"的方式，将出生教育与死亡教育相结合，让学生了解生命的真实过程，让他们感受到一个人的出生和养育成人的不容易，帮助学生正确理解生与死是人类生命历程中的必然环节，消除学生对于死亡的恐惧、焦虑等心理现象，帮助学生树立科学、合理、健康的死亡观，从而更加珍惜自己与他人的生命。案例中的潘老师在班主任工作中非常成功地渗透了珍惜生命的教育，而不是单纯地进行说教，这是许多班主任都没有做到、想到的。

3. 课程开发能力

课程开发能力是教师从传统的"上传下达"的课程执行，转变为教师用设计的方式，同课程实施对象讨论并进行课程再创造的意识和作为。而事实上，教师不可能超脱于课程之外制定开发课程，课程也不能脱离于教师得以存在。因此，教师的课程开发是课程与教师二者综合较量的结果。成熟型教师应熟练课程开发的基本程序，包括成立开发委员会、理解课程纲要、表述办学宗旨、分析课程需求、进行资源评估、确定课程目标、设计课程结构、编写课程方案等。还应提高课程资源开发和利用的能力，善于挖掘与整合课程开发的时间、自然、人力、物质等资源。

4. 个性创造能力

成熟型教师应该将创造自己的个性风格作为发展的重要方向，努力形成富有个性化特点的教学风格与教学模式。成熟型教师工作状态最佳，已有了丰富的教育教学经验，适宜于形成自己独特的教育理念或教学思想，适宜于形成自身完整的教学体系及教学风格，并努力成为学者型、专家型教师。这一阶段的教师应当努力提高创造个性、风格的能力，在教学各个环节中都具有稳定表现的同时，还要注重表现的独特性，呈现出较浓的个性色彩，从而散发出独特的个性魅力，逐渐形成独特的个人实践理论。

★ 案例分析

在一节自然课上，老师想要讲的是"蚯蚓"。老师先将课前准备的一包蚯蚓放在讲台上，要孩子们每人捉一条放在课桌上。由于学生们都很小，教室里乱作一团，不时还有孩子惊恐的尖叫声。教师站在一旁一直不做声。这一过程一直持续了15分钟，终于每个学生都捉了一条蚯蚓放在课桌上了。这时，教师才开始"上课"。要求孩子们仔细观察，看课桌上的蚯蚓有什么特点，然后发表自己的看法。有学生说："蚯蚓身上是一环一环的。"有学生说："蚯蚓贴地的现毛茸茸的。"每一个孩子的回答，老师都给予鼓励。有孩子说："我做了一个试验。我把蚯蚓切成两段，结果两段都还不停地动，说明蚯蚓生命力很旺盛。"老师对此更是大加赞赏。又一个孩子说："我也做了一个试验。我用一根线拴在蚯蚓的身上，然后它吞进喉咙里，过了一会再拉出来看，结果蚯蚓仍然是活的。这进一步证明蚯蚓生命力很强。"老师异常激动地说："你太了不起了！你为了科学实验大胆尝试的精神，值得老师和每一个同学学习。"于是全班同学为他热烈鼓掌。这堂课就这样热热闹闹地结束了。课后，来旁听的老师们与这位教师座谈。他们问这位老师："学生捉蚯蚓的过程持续了15分钟，你为什么一言不发？为什么不让课堂尽快安静下来呢？"这位年轻的女老师只回答了一句话："假如这些孩子连一条蚯蚓都捉不住，那我今天的课还有什么价值呢？"

★ 点石成金

这堂课上，老师让同学们捉蚯蚓、仔细观察、分享交流。看似杂乱没有意义的课堂，实质上却引起了学生的兴趣。学生在这堂课中，独立自主地发现、搜集、处理了信息，更是在表达与交流的过程中获得了知识，培养了能力。正如苏霍姆林斯基所说："教育的艺术就在于，要让受教育者把周围的东西加以人化，从这些物品中感到人性的东西，即人的智慧、才干和人对人爱。"这正是教师能力在教学中的生动体现。

★ 技能训练

1. 教学反思

谈谈你对下面这则案例的认识。

薛同学和王同学是张老师任教班级的两位学生。他们是同桌，王同学基础扎实，学习勤奋，头脑聪慧，每次考试都是班上前几名，是同学们公认的学习尖子。薛同学学习随便，课上很少发言，在班上属于一个不那么耀眼的学生。可是每次考试，这两个学生的成绩都很优秀，有学生公开向张老师谏言：薛同学的成绩不真实。此言一出，立即得到了许多学生的附和。其实，张老师也有点不太相信薛同学的考试成绩。但是当老师把目光移到薛同学身上时，看到他涨红着脸欲解释又恐不被人信任的无奈神情时，老师并没有质询他，而是对全班学生说："我们的监考是很严格的，我相信薛同学的成绩是真实的。大家如果不相信，下一场考试让他单独座，证明给大家看！"接下来的一段时间的学习里，薛同学课上眼神专注了，发言也渐渐地增多。转眼到了下一场考试，张老师把这两个学生分开，结果是薛同学依然取得了较好的成绩。当张老师大声向全班学生宣布这一消息后，薛同学的眼中闪烁着泪花。然而张老师并没有就此结束，而是找薛同学交流："你考出了优秀的成绩，证明了你自己，可为什么大家一开始不相信你呢？"薛同学诚恳地说："我过去学习态度不端正，学得也不扎实，同学们自然不相信我，可自从老师您给了我这个机会，为了证明给大家看，我学习下了很大的功夫，感谢老师您对我的信任，我一定会努力，做个优秀的学生。"

(http：//dhjy. dhjy. qov. cn/article. aspx？ articleid＝337)

2. 教病诊治

王莉（化名）是一名高中生。她在班上担任学习委员，学习成绩总是名列前茅。王莉的生活既简单又有规律，父母都非常疼爱她，为了让王莉吃上营养的午餐和拥有充足的午睡时间，爸妈还特意为她在学校附近租了一个套间。因为成绩优异，班主任谢老师推荐她在暑假参加夏令营。可是在夏令营的这段时间，不愉快的事情发生了，王莉再也不是佼佼者，因为内向的性格，再加上不再是最优秀的事实所带来的打击，她变得很沉默，做什么事都提不起兴趣。这让大家觉得她心高气傲，开始疏远她。从夏令营回来，王莉变得很不自信，她渐渐变得沉默寡言，课堂上她总是无法专心，成绩退步严重。几次月考后，王莉的成绩退到了班上的后二十名。班主任谢老师开始对王莉感到失望，因此单独找她谈话。谢老师批评道："你每天心不在焉，不把心思放在学习上，现在成绩退步得这么厉害，你每天的任务只有学习都学不好，将来还能干什么。再这样下去，你的前途将一片渺茫。"然而让谢老师觉得更生气的是，谈话之后，王莉的成绩非但没有进步，反而越来越差。最终王莉并没有如父母和老师的愿考上名牌大学，本科线都还没有上的她，最后只能进入一所大专学习。

(http：//blog. sina. com. cn/s/blog _ c25b13dd0101amcv. html)

（1）这是王莉一个人的问题吗？

（2）班主任谢老师有哪些失当的地方？如果王莉是你的学生，你会怎样帮助她？

第五章　现代教师道德论

> 在敢于担当培养一个人的任务以前，自己就必须要造就成一个人，自己就必须是一个值得推崇的模范。
>
> ——【法】卢梭

★ 一线传真

"千万里，他们从天南地北回来为你送行。你走了，你没有离开。教书、家访、化缘，埋头苦干，拼命硬干。你是不灭的蜡烛，是不倒的脊梁。那一夜，孩子们熄灭了校园所有的灯，而你在天上熠熠闪亮。"这是 2016 年 2 月 14 日《感动中国》的颁奖词，获奖人莫振高却永远无法亲自接过这个奖了。2015 年 3 月 9 日带病坚持工作的莫振高突发心脏病去世，去世当晚，全校 4600 名学生自动集体熄灯，为他默哀。他的学生们，纷纷从全国各地赶来吊唁、守灵、送别……莫振高，学生口中的"莫爸爸""校长爸爸"，是广西都安高中的原校长。都安县是全国贫困县，这个大山里的瑶乡，有着众多因贫困上不起学的孩子。于是，莫振高将"让瑶乡儿女走向世界"作为自己的座右铭。"帮助一个贫困生，就是帮助一个家庭"，莫振高这么说的，也是这么做的。任教三十多年来，他跑遍每一位贫困生的家，将了解的情况一一记录在册，并用自己微薄的工资资助了近 300 名学生，圆了他们的大学梦。然而，自己的工资毕竟只是杯水车薪。面对数量众多的贫困学生，这位从未向别人伸手的"莫爸爸"走上了"化缘"之路，到处游说企业、单位、个体老板捐资助学。为此，他得到"乞讨校长"的称号，只为通过社会的力量，帮助更多的瑶乡儿女走出大山。

一个前进的时代总有一种向上的精神，一个发展的社会总有一种积极的主流。莫振高校长把一生都奉献给了教育事业，把所有的心力都用在了孩子身上，以三尺的讲台诠释着师德，铸造着师魂，感动并影响了千千万万的人，给教育界乃至整个社会树立了道德标杆。教育是缔造生命的活动，是灵魂带动灵魂的事业，教师要在教育活动中塑造有灵魂的生命，需要提升自己的职业灵魂，形成自我发展的道德精神，才能以饱满的精神和积极的人格影响与带动学生，为学生的发展奠定良好的精神基础。教育家马卡连柯曾经说："爱是一种伟大的感情，它总在创造奇迹，创造新的人。"爱学生是教师的天职，没有爱就没有教育。广大教育工作者用"真心、真情、真知、真行"打动着每一个人，诠释着教育的真谛，他们正是用心、用情书写着师德大爱。

第一节　教师道德的内涵

　　教育的本质是培育有道德的生命。教育是一种价值性和道德性的实践，教育和教学都是道德事业，不仅有道德的目的，还必须以道德的方式行动。因此，教师是道德主体，教师的教育实践应该是道德性的实践，教师的日常教育行动必须有道德原则的约束，必须符合道德要求，必须承担道德责任。教师的劳动是一种价值支撑的劳动，是一种显著的道德活动。教师的劳动承担着道德责任，教师的道德责任制约着教师的道德素养，教师的道德素养影响着学生的道德发展，只有道德素养高的教师，才能培育出具有价值的道德生命。所以，现代教师要成为具有影响力的教师，需要着力培育自己的道德责任，提升自己的精神品格，形成高尚的职业德性。要提高自己的道德素养，需要了解中国文化中的道德内涵与现代教师的道德要求，以此为参照，不断修炼自己，才能把自己培养成道德素养高的优秀教师。

一、教师道德的文化渊源

　　中国既是一个重视"道德"的民族，也是一个重视"道"与"德"的国家，"道"和"德"原是单独存在的词语，均具有丰厚的文化内涵，形成了极其丰厚的"道"与"德"文化，这种道德文化对教师的道德诉求产生了深远的影响。

1. 教师道德的历史语境

　　"道"与"德"同时出现在一段文字中始于《道德经》。老子在《道德经》中说："道生之，德畜之，物形之，势成之。是以万物莫不尊道而贵德。道之尊，德之贵，夫莫之命而常自然。故道生之，德畜之，长之育之，成之熟之；养之覆之。生而不有，为而不恃，长而不宰，是谓玄德。"其大意是，道生长了万事万物，德养育着万物，不同的德性滋养出万事万物的不同形状，良好的环境会尊重它们形成的形状，并进一步促进它们成长。所以，万事万物莫不尊道崇德。道之所以被尊崇，德之所以被珍视，是因为道能尊重规律、顺势而为，使万物自然生长而不横加干涉，德之所以能够畜养万物是因为它不专横、控制万物的生长，能够顺其自然。因而，道生长万物，德养育万物，使万物生长发展、开花结果。生长万物而不据为己有，抚育万物而不自恃有功，导引而不强制主宰，这就是奥妙玄远的道和德。老子谈到的"道"与"德"，都具有为万物奉献、帮助万物生长、遵循发展规律、尊重万物特点等内涵，与文字本义极为接近。

　　"道德"作为一个完整的词语始于荀子《劝学》篇，荀子在谈到学习应从何入手，到什么地方结束时，他告诉众人，学习应从诵读《书》《诗》等经典入手，到《礼经》结束，他说："故书者，政事之纪也；诗者，中声之所止也；礼者，法之大分，类之纲纪也。故学至乎礼而止矣。夫是之谓道德之极。"在荀子看来，《尚书》是政事的记录；

《诗经》是心声的表露；《礼经》是法制的前提和各种条例的总纲，所以要学到《礼经》才算结束，才算达到了道德的顶峰。荀子把"礼"作为道德的顶峰，说明"礼"在中国道德中的地位，因为"礼"是人们共同遵守的准则，是维系美好社会的重要手段。在荀子的心目中，真正有道德的人，是学礼、识礼和守礼的人，因为他们懂得尊重对方，能够满足对方的需要，一言一行都能为公众所接受。

2. 教师道德的内在要求

在中国文化中，道德是君子之本，是社会之纲，而教师则是道德的模范。西汉大儒杨雄在《法言》中说："师者，人之模范也。"他认为老师应是所有人的模范，应作为世人的表率。王守仁更是提倡"学校之中，惟以成德为事"，学校要"成德"，教师必须先有德，既要能"庄严自持，内外若一"，又要能"兼相爱，交相利""其身正，不令而行，其不正，虽令而不行"，师者，正的人是学生，正学生者先正自己，身教重于言传。对教师的道德要求自古有之，到了现在，人们对师德的要求没有丝毫放松。"目前我国对教师的基本品格要求是热爱教育，忠于职守；好学上进，严谨治学；率先垂范，以身作则；为人师表，举止文明；热爱学生，因材施教等"。这些道德要求对教师的成长与发展具有明确的规定性，需要教师恪守道德的铁律，培育富有良好德性的学生。

"道之所存，师之所存也"，中华民族的道德文化和教师的"模范"要求，对当前教师的道德建构具有重要的启发意义。目前对师德内涵的界定主要有三种：其一认为师德不仅包括教师职业道德与一般的道德，还包括世界观、人生观、政治立场和法纪行为；其二认为师德是教师在工作过程中应该遵循的道德原则和规范的总和，其中包括教师的道德品质、思想信念、对事业的态度和情感，以及有关行为的规范等；其三认为师德既是教学工作基本的准则和规范，又是教师必备的情操和品质。《国家中长期教育改革和发展规划纲要（2010－2020）》中明确规定："加强教师职业理想和教师职业道德教育，增强广大教师教书育人的责任感和使命感。"师德是有层次的，在新时期必须构建具有尊严感、成就感、幸福感的师德，让师德回归教师的职业生涯实践，使之成为教师成长的重要基础。尤其是在"以人为本"的今天，教师道德建设更应该立足于引领教师在追求自我价值的实现中幸福快乐地工作和生活，体味有意义的人生。

3. 教师道德的传承发展

教师道德规范是不断发展变化的，也是跟中国传统教师道德文化一脉相承的。儒家的道德文化数千年来影响着一代又一代的人，孔子作为万世师表更是成了一代代教师的学习典范。我国在不断进步与发展的时期，对教师道德的标准规范更是迫切。我国《中小学教师职业道德规范（2008年修订）》的基本内容是继承我国的优秀师德传统，并充分反映新形势下经济、社会和教育发展对中小学教师应有的道德品质和职业行为的基本要求，从爱国守法、爱岗敬业、关爱学生、教书育人、为人师表、终身学习六个方面对教师师德提出了基本要求：

一、爱国守法。热爱祖国，热爱人民，拥护中国共产党领导，拥护社会主义。全面贯彻国家教育方针，自觉遵守教育法律法规，依法履行教师职责权利。不得有违背党和国家方针政策的言行。

二、爱岗敬业。忠诚于人民教育事业，志存高远，勤恳敬业，甘为人梯，乐于奉献。对工作高度负责，认真备课上课，认真批改作业，认真辅导学生。不得敷衍塞责。

三、关爱学生。关心爱护全体学生，尊重学生人格，平等公正对待学生。对学生严慈相济，做学生良师益友。保护学生安全，关心学生健康，维护学生权益。不讽刺、挖苦、歧视学生，不体罚或变相体罚学生。

四、教书育人。遵循教育规律，实施素质教育。循循善诱，诲人不倦，因材施教。培养学生良好品行，激发学生创新精神，促进学生全面发展。不以分数作为评价学生的唯一标准。

五、为人师表。坚守高尚情操，知荣明耻，严于律己，以身作则。衣着得体，语言规范，举止文明。关心集体，团结协作，尊重同事，尊重家长。作风正派，廉洁奉公。自觉抵制有偿家教，不利用职务之便谋取私利。

六、终身学习。崇尚科学精神，树立终身学习理念，拓宽知识视野，更新知识结构。潜心钻研业务，勇于探索创新，不断提高专业素养和教育教学水平。

目前对师德内涵的界定主要有三种：其一是认为师德不仅包括教师职业道德与一般的道德，还包括世界观、人生观、政治立场和法纪行为；其二是认为师德是教师在工作过程中应该遵循的道德原则和规范的总和，其中包括教师的道德品质、思想信念、对事业的态度和情感，以及有关行为的规范等；其三是认为师德既是教学工作基本的准则和规范，又是教师必备的情操和品质。《国家中长期教育改革和发展规划纲要（2010—2020）》中明确规定：加强教师职业理想和教师职业道德教育，增强广大教师教书育人的责任感和使命感。师德是有层次的，在新时期必须构建具有尊严感、成就感、幸福感的师德，让师德回归教师的职业生活实践，使之成为教师成长的重要基础。尤其是在"以人为本"的今天，教师道德建设更应该立足于引领教师在追求自我价值的实现中幸福快乐地工作和生活，体味有意义的人生。

二、现代教师的道德内涵

"学高以教"永远都不能离开"道高为师"，二者是并列的、相辅相成的。教师职业的神圣与崇高仅靠知识的传授是不能实现的，必须依靠高尚的师德来阐释。教师是传道、授业、解惑的领路人，更是扬正理、传道义、有德行的示范者。根据中华民族的道德文化和《中小学职业道德规范》的基本精神，现代教师的道德内涵应着力突显人文情怀、科学精神、人生取向和职业状态四个核心要素。

1. 关爱学生成长的人文情怀

在中国传统文化中，"道"的内核是为他人提供行走的路径，并帮助他们实现自己的目的，这种"道"的精神是关心帮助他人、奉献爱心的人文情怀。现代社会的功利主义鹊起，以自我为中心的现象层出不穷，更需要弘扬传统文化中"道"的精神，培育师生珍爱生命、奉献自我的德性。现代教师要提高道德素养，首先要遵循传统文化中"道"的精神，关爱每一个学生，并帮助他们走向成功，以此为基础形成教师"善待学生、关爱学生和帮助学生"的人文情怀，只有树立起了这种人文情怀，才能真正落实《中小学教师职业道德规范》中的"爱岗敬业""关爱学生""教书育人"等要求，才能用人文带动人文，用心灵呵护心灵，以自身的道德素养培育学生的人文情怀和丰盈充实的心灵，促进学生的全面发展。

2. 遵循成长规律的科学精神

现代教师除了具有帮助学生成功的人文情怀以外，还应具有遵循成长规律的科学精神，这是道德中"德"的基本要求。在中国传统文化中，"德"是尊重自然和社会的规律养育万物，不违理行事，不逆天而行，有修养、有学问的君子都必须尊崇这种"德性"。所以《中庸》说："故君子尊德性而道问学，致广大而尽精微，极高明而道中庸，温故而知新，敦厚以崇礼。"意思是说，君子既要尊崇德性，又要讲求学问；既要充实广大，又要穷尽精微；既要有远大的理想，又要有合于中庸的行为；既要熟悉旧的知识，又要不断认识新的事物；既要笃实厚道，又要娴习礼仪。因此，尊崇德性是一门广大而精微的学问，它需要我们把握和遵循万事万物的运行规律，使万事万物符合规律地生长。教师要尊崇这种德性的要求，体现自己的道德素养，就要研究学生的成长规律，并按照他们的成长规律帮助他们获得成功。教师既不能拔苗助长，也不能越俎代庖。从成功教师的经历来看，他们都具有遵循学生成长规律、有效帮助学生成长的道德品质。

3. 追寻幸福生活的人生取向

幸福是道德的重要目的，现代教师提高道德素养的目的，不是在规范教师的言行中让教师感到窒息和苦闷，而是在教师的精神塑造中发现生存与生活的意义，提高体验与感受幸福生活的能力。现代社会的快节奏和巨大的压力，降低了一些人的幸福指数，国内研究者的调查显示，被调查教师中有 44.6％的教师认为自己的压力较大，有 25.6％的教师认为自己的压力很大，有 35.4％的教师感觉工作的烦恼多于快乐，64.9％的教师感觉大多数时候心情不好，13.8％的教师经常烦躁不安，想发火，10.3％的教师睡眠质量不好。

显然，这样的工作心态和职业状态难以提高教师的幸福感受，不是现代教师的道德诉求，因为它偏离了生活与教育本身的意义，生活本身的目的是获得幸福。教师作为教育事业的重要资源，其自身的幸福对学生、家长乃至整个社会具有极其重要的价值。教育的真正目的在于促进个体获得幸福体验、提升幸福意识、发展幸福能力。苏霍姆林斯基认为："要使孩子成为有教养的人，第一就是要有欢乐、幸福及对世界的乐观感受。"人类的最大目的是寻求幸福，教育的终极追求是使人获得幸福，教师的道德发展必须符合生活的目的，体现教育的终极追求。所以，追寻幸福生活的人生取向是现代教师道德素养的重要内容。师生的幸福总是相互影响、共同发展的。道德素养较高的现代教师，总是在帮助学生走向成功的过程中，带领学生追寻和体验生活与成长的幸福。所以，没有幸福的教师就难有幸福的学生，因此，现代教师要不断调整自己的心态，感受职业生活给自己带来的快乐，不断形成追寻幸福的人生取向，才能帮助学生获得幸福。

4. 促进自我超越的职业状态

职业状态是教师道德素养的外显，没有好的职业状态，就没有令人满意的道德素养。现代社会是一个快速变化的社会，不断变化的社会往往充满了挑战与矛盾，现代人的重要标志之一就是有战胜这些挑战，克服各种困难和矛盾的积极向上的进取精神。因此，道德素养较高的教师，能够面对社会和学生的复杂变化，思考和探索解决问题的最佳方法，不断超越自我。中国人民大学附属小学数学特级教师钱守旺在《教师要勇于超越自己》一文中把数学教师分成了五类：夯实基础知识的教师、教出数学味道的教师、教出数学品味的教师、教出数学境界的教师和教出人文精神的教师。他的解读值得我们回味。

第一种教师，能够与时俱进地看待基础知识和基本技能，为基础知识、基本技能定好位、打好桩。并能根据知识的内在联系，将数学知识连成"知识链"，构建"知识网"，形成立体的"知识模块"，避免对数学知识认识的肤浅化、形式化。第二种教师，能够让学生在观察、实验、猜测、验证、推理与交流的数学活动中，有机会真正经历"数学化"的过程，获得数学思想和方法。第三种教师，能够将漫长悠久的数学史、璀璨的数学文化、著名数学家的名人趣事、古代数学名题，作为滋养学生数学学科涵养的丰富素材，适时地渗透在教学中，使学生初步感受数学发展和人类文明的价值。第四种教师，在教学中能够将"求真、求实、诚实、守信"的教育浸润其中。教学中注意培养学生严谨行事、一丝不苟的认真态度，通过对数学中美的挖掘，使学生感受到数学学科所具有的严谨的科学美、辩证的哲理美、简洁的内容美、和谐的规律美、绝妙的形式美，提高学生的欣赏品味。第五种教师，能够全面了解学生，尊重学生的差异，懂得因材施教；有激情，会期待，懂得爱；真诚、友善、宽容、公平，懂得尊重学生和怎样获得学生的尊重；给学生以理解和信任。

的确，一个追求卓越的教师，绝不只是停留在"传道、授业、解惑"，而是一个充满情和爱，给孩子智慧、力量，为孩子获得终身可持续发展的智慧型教师。具有教育智慧，是未来教师专业素养达到成熟水平的表现。在某种意义上来说，教学实际上也是教师的一种生命选择、审美选择和文化选择，在这种选择的背后，隐藏着每个人对教学、教育等的理解和看法。因此，教师必须在教学中不断学习、不断创造、不断超越，努力提高自己的学科素养和对教育的理解，要让优秀成为一种习惯，"内外兼修"的自我超越至关重要。

第二节　教师道德的诉求

教师道德是一种职业道德，它是教师和一切教育工作者在从事教育活动中必须遵守的道德规范和行为准则，以及与之相适应的道德观念、情操和品质。真挚的心灵，是孩子感情的钥匙；高贵的师德，是孩子心灵的明镜。具有高尚情操、渊博学识和人格魅力的教师，会对其学生产生一辈子的影响。

一、生命情怀

生命是世间最为宝贵的东西，当一个人能够珍视和热爱所有的生命时，这个人就具有了基本的道德准则。现代社会是一个更加珍视生命和保护生命权益的社会，现代教师帮助学生走向成功的重要标志，是让学生的生命更加精彩。因此，现代教师道德的首要特征，是具有强烈的尊重、爱惜和发展生命的意识。法国思想家阿尔贝特·史怀泽说："必须敬重所有即将出现的生命，有如敬重自己，这就是道德的基本原理。维持并珍惜生命是善，而破坏和阻止生命是恶。"因此，道德的首要原则是珍视一切生命，现代教师的道德更是如此。

1. 捍卫生命

生命价值是教育的基础性价值。所谓教育，它应该是能促进生命的整体发展，保证生命发展的可能性，并促进生命不断超越。所以，教育与生命密切相关，教育的立场是一种生命的立场，教育的价值在于发展美好的生命。在一定意义上，教育是直面人的生命、通过人的生命、为了提高人的生命质量而进行的社会活动，是以人为本的社会中最能体现生命关怀的一项事业。教育的生命特性，需要教师具有强烈的生命关怀意识。

"我不牛，要做牛。"这是桑枣中学校长叶志平的自我评价。2008年"5·12"汶川大地震中，桑枣中学无一例伤亡，这使他被媒体称为"最牛校长"。1分36秒，这是全校师生从教学楼疏散到操场的时间；无一伤亡，这是全校师生在一场惊天灾难中创下的纪录。而最重要的是那一刻，叶志平并不在学校。由于平时的多次演习，在地震发生后，2200多名师生用高效有序的应急方法，从不同的教学楼和不同的教室中，全部冲到操场，以班级为组织站好。老师和学生们都要感谢这位"最牛校长"，是他平时的严格要求，是他对学生、老师和家长的用心负责，保住了学校，更保住了学校的全体师生。他可以骄傲地告诉家长、告诉世人："我们学校，学生无一伤亡，老师无一伤亡！"

让孩子们在最安全的地方学习，这就是叶志平的理想。叶志平也曾坦言："做一个基层学校的校长不容易，但你要问我面临的最大困难是什么，我说是自己。校长有梦想、有意愿，并愿意坚持去做，一切困难就都有解决的办法。"叶校长之所以是"最牛校长"，并不仅仅是安全问题做得好，而是因为他把"生命"捧在手心、把"责任"放在心中。此外，在2008年地震发生的一瞬间，德阳市东汽中学教师谭千秋双臂张开趴在课桌上，死死地护着身下4个学生，结果4个学生都获救了，而他的后脑却被楼板砸得深凹下去，壮烈牺牲。危难见真情，这些原本平凡的老师所表现出的大无畏的英雄气概，表现出了平凡中的伟大，他们的壮举让人热泪盈眶。教师，阳光底下最光辉的职业！

2. 保护自尊

教师职业的劳动对象是活生生的、具有主动性和丰富人性的人——学生。因此，教师的一切教育作为都不应该忽视学生作为具有独立人格和能动性的主体存在。"尊重学生"是从师生关系维度对教师的教育行为进行规约,就是要把学生当成一个具有独立人格、个性,富于主动性与发展性的个体来看待和培养。在这一规约影响下,教师的现实教育场景中,要充分尊重学生的人格、自尊心,体悟、理解学生内心感受,这是教师一切教育过程必须遵循的基本原则,也是教育成功的关键。

河北衡水深州一民办幼儿园三名保育师,以体罚形式叫醒未按时起床的孩子去上课,并录制成视频发至朋友圈以供取乐。视频中,一女子大笑着将一名男童架在距离地面约 1.5 米高的窗框上,双手推动男童,直至男童以仰面平躺姿势被"挂"在窗框上,窗框成为男童身体的唯一支撑点。该女子又绕到窗户另一面揉捏男童的脸,并且还有另外几名女子一起上前揉捏并拍照,期间不断发出大笑声。约 1 分钟后,该女子将男童从窗框上扶正到离地约 1 米高的窗台上,然后不断向前拖拽男童,男童身体僵硬颤抖,但该女子始终大笑,以此为乐。整个视频时长共计 2 分 47 秒。事后,此事引发了人们强烈的谴责。据了解,深州警方已对涉事的三名幼儿园保育员做出行政拘留处罚。深州市教育体育局对该幼儿园做出停业整顿处理。

保育员虽不是正式幼师,却同样是以育人为职责,同样要有教师道德!这种以虐童为乐、践踏孩子人格尊严的无耻行径令人发指。这种行为究其原因很重要的一点是她们缺乏对孩子基本的人格尊重,是没把孩子当做一个具有独立人格的人看待。而这样的行为在现实的教育活动中时常出现,如学生迟到,教师居然采取两个学生互扇耳光的行为惩罚学生等等,这种所谓的"教育",真的使人寒心,可想而知这会对学生造成多大的伤害。

但幸运的是,绝大多数的教师面对学生的问题采取了更好地方式去解决。《伊索寓言》里有一个太阳和风比赛的故事,看太阳和风谁能使老人自动脱下外套,风急不可耐的吹了起来,风越吹越大可老人的外套也越裹越紧,而太阳只是暖洋洋地照在老人身上,过了不久老人出了汗自动脱下了外套,风很不甘心,这时太阳说了一句话:"温和和友善总是要比愤怒和暴力更强而有力。"如果说上面所提到的行为是凛冽的寒风,那下面教师的行为就是太阳暖暖的光。

在一次上课检查作业时,我发现一位学生没有完成作业,于是我晓之以理劝他改掉不能完成作业的坏毛病,鼓励他只有这样学习才能不断进步。可是第二天检查时他依然没有完成作业,在课堂上,我没有批评他,而是告诉他下课去我办公室。课间,他主动到了我的办公室,我首先对他进行了夸奖,说他真是一个听话的孩子。随后我问:"在家谁看你写作业啊?""没有人看我写作业,我在家自己写。""那你爸爸呢?""他在沛县工作不常回来。""那你妈妈呢?"他满含眼泪的说:"妈妈回云南了,不回来了。"对话中我了解到他父母离异,父亲长期在外打工,母亲远走他乡,家里长辈也不懂教育,他心里渐渐变得封闭,对学习也不感兴趣。于是我对他进行了耐心细致的沟通,给他讲述了《鲁滨孙漂流记》的故事,学习战胜孤独,在困境中学会坚强,并且鼓励他参与班级活动,通过一年的心理辅导,最后他变得开朗了,变得能和同学主动聊天,变得能和老师主动说说心里话,成绩也有了很大的提高。

（张召奎. 让爱的阳光铺洒在每一位学生身上 [J]. 教师, 2016,（31）: 30）

自尊之心，人皆有之，是人的生命的一部分。人本主义心理学家马斯洛（A. H. Maslow）认为个体的基本需要分为七个层次，尊重的需要是第四层，被称为基本需要，为人所共有，是人们生存所必需的。因此，教师若粗暴的对待学生，伤害了学生的自尊心，很可能会对学生造成一辈子的不良影响。如果每一个教师都能像上面的教师一样，以爱心、耐心面对学生，正确温柔地引导学生，生活中鼓励学生，细心呵护学生的尊严、情感，那每一位学生才会幸福成长。只有学生幸福健康的成长，教师才能收获真正教育成功的喜悦。所以，从现在起，用心去保护、去浇灌每一位学生内心"自尊"的幼芽吧。

二、现代精神

现代教师的道德必须具有现代精神。现代教师应是具有现代性的教师。所谓现代性，主要体现为以数学和物理学为基础的近现代科学理论以及由启蒙运动引发的理性精神和历史意识，特点为"勇敢地使用自己的理智"来评判一切。因此，现代精神是一种充满科学追求的精神，这是现代教师遵循成长规律，帮助学生成功的前提。除了科学精神以外，现代精神的核心要素还包括民主、平等和开放等人本主义意识。

1. 民主意识

就教师而言，现代精神首先体现在把握教育规律、科学有效施教（参见其他章节）；其次是平等地对待每一位学生，倡导人性、弘扬人性的教育过程，要充分尊重人的存在，即尊重生命的平等。所以，对教育而言，教育实现人性提升的前提就是对生命给予平等的敬畏与尊重；再次是师生平等，在我们的教育中，无论是闻道在前、术业有专攻的教师，还是心智尚未成熟、有待提高的学生，他们首先都是平等的生命存在，是享有相同的生存、发展、满足需要等权利的平等个体。教师不是高高在上的权威，学生也不是卑微的接受者，他们之间并不存在人性的卑微之分。所以，平等对待每一位学生，充分尊重每一位学生，是现代精神的重要诉求。

下午大课间，穆老师闲着没事，站在操场边悠然欣赏着孩子们的"龙腾虎跃"。"穆老师。"奶声奶气的小朔嘉跑来拉着我的手，后面跟着她的五六个玩伴。"穆老师，我们班上你最喜欢哪个啊？"天知道这个小机灵鬼怎么会冒出这么个问题。五六双眼睛"刷"地一下很期待地望着我——看来，她们对我的答案绝对地感兴趣。"全部，我都喜欢！"我有点儿不诚实地回答。"我问的是'最喜欢'！"她把"最"作了重音处理。"全部，我都'最喜欢'！"我的语音处理方法"同上"。"你是不是最喜欢小晨啊？"她把身边的班长小晨拽得紧紧的，一副要争宠的小样儿——原来她是有所指向的。不知几时，周围又多了好几个班上的孩子，一双双眼睛里闪烁着令人心动的东西——渴望老师的"最喜欢"啊。"哦！"我一下子动情了，"小晨会自己读故事书了，我最喜欢啦！小朔嘉上课特别爱动脑筋，我最喜欢啦！小涛带病都来读书，我最喜欢啦！小莉现在也爱举手了，我最喜欢啦……"抚摸着身边每一个孩子的小脑袋，逐一评点着他们身上的亮点，用"最喜欢"的眼神"沐浴"着这群可爱的小天使。"哇！老师最喜欢我！"孩子们可谓群情振奋。随后，带着被老师"最喜欢"的欢欣与甜蜜，他们在操场玩得更加"龙腾虎跃"了。

每个学生都希望在老师的心目中拥有自己的分量，一个不公正、不民主的老师，会像穆老师一样回答出各不相同的"最喜欢"吗？穆老师根据不同孩子的特点，把他们的优点一一描述出来，既有利于孩子们发掘潜能，也有利于提高学生的成长期望。

2. 开放意识

现代教师除了具有民主、平等的意识外，还应具有开放的精神，能够突破生活与教学的局限，整合多种育人资源，实现教育教学的开放发展与综合提升。正如下文教师把生活的艺术与语文相结合，产生了非常好的教学效果。

在教师的指导下，各小组确定设计与制作作品的主题。有的组构思，将玉兰、海棠、牡丹相配置插作，来表达"玉堂富贵"；有的组商量，将牡丹和竹子相配置插作，来表示"富贵平安"；还有的组决定，用一浅盆制成船形的插花造型，表达"同舟共济"这一主题。

学生自主创新设计、合作创新制作的插花作品千姿百态、栩栩如生。在接下来的语文课中，教师充分运用学生插花的体验，引导学生根据这次体验撰写作文，生活的趣味与教学完美结合。在此节选一篇同学的作文《有意义的插花》："黄色康乃馨被无数洁白的满天星点缀着。呀！黄色康乃馨像美丽的朝阳，满天星则像一串串随风摇曳的小铃铛，而罗同学插的粉色玫瑰更像是美丽朝阳下姑娘羞红的脸庞……我兴奋起来，立即写了一张卡片——作品名称：星花满园。设计理念：美丽的花园里，因为有辛勤的园丁，所以鲜花盛开。这插花献给辛勤培育我们的园丁——我们敬爱的李老师！"

（黄秋云．小班会，大德育［J］．教师，2016，(28)：10）

突破生活与教学的局限，需要教师不断的尝试与创新。同时教师的开放意识需要不断与时俱进，才能培养出具有现代精神的学生。

三、学生立场

学生立场是指以学生的收获与成长为出发点，站在学生的角度看问题、想办法，以帮助学生获取最大的成功，并提高学生学习生活的幸福指数。不少教师以"自己的经验"揣摩学生的学习过程，按照自己的理解设计教学活动，教学效果反而大打折扣。站在学生的立场，还需要体会学生自主成长的真谛。真正的学习是发生在学习者主动探索的基础上的，学生是教学过程的终端，是教育的主体。教育者越自觉站在学生立场上，就越能依托儿童这种享受成长的机能，儿童获得的教育就越自然，就越符合"道法自然"的原则。这种原则既是"道"的要求，也是"德"的规定，所以现代教师道德素养的重要特征是具有明确的学生立场。

1. 把学生当作朋友

在教育教学过程中，教师要善于和学生交朋友，以平等的朋友身份培养学生的主体意识，使之在平等的地位、民主的氛围中自愿地、乐此不疲地参与教育过程和教育活动，形成良性发展。毕竟，教育的全部意蕴都包含在师生关系中。在某种意义上说，师生关系的演绎和表达丰富而又最鲜活地体现和反映着教育的脉搏。把学生当做朋友，意味着要和学生在一起交流自己的人生观、世界观、价值观，要平等对待学生，对学生充满信任。教师应该乐于分享学生的喜怒哀乐，走进孩子的童心世界，体察孩子的生命惊喜与内心变化。这就需要老师和孩子以心换心，而不能以成人"居高临下"的姿态进行交流。下面这位老师就以平等的姿态与学生一起分享了自己的"小秘密"，既珍视了学生的鲜活生命，又促进了孩子的生命成长。

　　班上的吕琦同学尿床，同学们都不愿意接近她。她就选择只在学校吃饭，晚上回家睡觉，第二天早上又赶来上学。这对她造成了很大的影响，于是我把她叫到办公室谈了谈。"我有个小秘密要告诉你。"我故作神秘地说，"我小时候胆子可小了，天黑就不敢出门，早上天要亮才敢上路。听说你的胆子很大，天黑了都敢走夜路，天没亮就敢出门。是真的吗？"她笑了笑，算是回答吧。"看来你比老师强多了。"我接着说我还有一个秘密呢！我凑近她的耳朵悄悄地说："我小时候会撒夜尿"她似乎很吃惊，半信半疑地看了看我。我接着说："有时候尿在床上，有时候醒了就尿在床前，因为外面黑漆漆的，我不敢到外面去尿。"她又笑了。"后来慢慢长大了，胆子才变大了，也敢半夜出去尿了。"她静静地听着。我接着说我知道很多人小时候都会尿床。我有个侄儿子现在读高中了都还会尿床呢。她一直听着，也不说话。"怎么解决这个问题呢？"她低着头，一言不发。"我有个办法——"她抬起头来了。"干脆吃过晚饭后就一滴水也不喝"看她若有所思，我自言自语道："不喝水也不知道受不受得了。"我看她咬了咬嘴唇，暗自高兴，又说："我还有一个办法，睡觉前不管有没有尿都去上厕所。"……第二天，我去查看，没尿床哦！接下来的一周，我天天去看，都没尿床真让人高兴啊。更高兴的是，她开口说话了，看到我来了，会笑着说："黎老师好！""你好"我也笑了。

（黎桂林.大可王［J］.云南教育（小学教师）.2016，（Z1）：73）

　　在成年人看来，学生尿床其实是一件小事。但在学生看来，是非常伤自尊，难以启齿的一件事，尤其对于女孩子而言，更是羞窘，所以吕琦跟老师谈话期间基本一言不发。这位教师没有以成人口吻告诉学生尿床没什么奇怪的，而是降低自己的姿态，以朋友的口吻告诉了学生自己以前也尿床的"小秘密"，站在学生立场上发言，使学生自然地接受了教师的建议，克服了尿床的习惯，而且也拉近了学生与老师之间的距离。在最后吕琦笑了，我们可以想象此时的吕琦内心的轻快。教师也笑了，正因为教师站在了学生的地平线上聆听和呼吸，才能享受到此时的幸福。

2. 把学生当作老师

　　早在几年前，一本《向孩子学习》的书就早已宣告了如下的理念：成年人应当尊重未成年人的权利、向孩子学习是成年人真正成熟与睿智的标志。当作为教师的我们把眼光投向孩子身上之际，我们需要唤起一种新的态度：教育的掌声，需要拥抱孩子；教育的敬仰，需要给予学生。不妨站远一点，站高一点，甚至站后一点、站歪一点……或许，你将会惊讶地发现一个推动和鞭策我们乐意做教师、甘于做教师而不断前进、不断奉献的秘诀！有这样一个案例：

　　几年前我把接手的第一届学生带到了高三，虽说带了两年，但是经验仍然缺乏，管理班级总是粗线条，有了问题便大刀阔斧拿学生"开刀问斩"，后面师生聚会，学生们总会重提我以前的语录："你们扣班上的量化评估分，就是要我的命！""你看我不生气的时候是个蛮好的人，我生起气来就不是个人！""你们现在这不叫谈恋爱，简单点儿说就是思春！"……每次模仿这一环节总让我有些无地自容，也让我反思，当时处理事情确实太以自我为中心，经过一些事后，我处理学生的问题，不再拿自己的委屈和利益说事，而是从学生的角度出发，多思考他们的想法和利益，尊重他们的感受，与学生的对话不再针锋相对，处处不饶人，而是幽默圆滑。方式转变了，自己反而觉得他们更加可爱了，他们也愿意听我说话了，甚至愿意替我分担班级事务了。

（杨亚峰. 做一名智慧型教师［J］. 教师. 2016，（18）：128）

有人说：站着的老师要比坐着的教师好；站在台前的老师要比站在台后的老师好；来回巡视的老师要比站在固定位置的老师好；而既巡视又能与学生交流并指导学生的老师就更加好。如果说人类学家玛格丽特·米德描述的"并喻文化"（两代人互相学习的文化）和"后喻文化"（老一代人向新一代人学习的文化），正在成为越来越明显的现实，那么《学会生存》中的一段话则足以让作为教师的每一个人警醒："在驯化教育的实践中，教育工作者总是受教育者的教育者。在解放教育的实践中，教育工作者作为受教育者的教育者必须'死去'，以便作为受教育者的受教育者重新'诞生'。同时，他还必须向受教育者建议：他应当作为教育的受教育者必须'死去'，以便作为教育者的教育者而重生。这是一个往来不绝的连续过程。"

四、创新策略

近三十年的研究发现：创造性是一种连续的而不是时有时无的品质，人人乃至每个儿童都有创造性思维或创造性。创新是现代社会的基本要求，创新品质是现代教师的显著特征，没有创新品质的道德，容易让教师在不经意间陷入保守与僵化的泥潭。所以，在现代教师的道德要素中，创新成了不可或缺的因素。

1. 善于发现和探索

基于人人都有创造性的特点，在知识社会，以实践为舞台，以大众创新、共同创新、开放创新为特点的草根创新，将逐步成为创新的主流。课堂创新就是草根式创新，它的目的不在于发明全新的产品，而在于培养学生的好奇心、求知欲、敢于质疑与冒险，善于从不同角度思考问题、解决问题和表达成果的意识与能力。所以，现代教师要消除"创新高难"的心理，需要不断培养和提升自己的创新品质。现代教师创新的过程，应是不断坚守和调整的过程，郑健老师的尝试可见一斑。

"天冷了，有女票的抱女票，有男票的抱男票，而我呢？取暖基本靠抖。我可以通过体温调节对身体各部分进行调节。体温调节的方式是？"这是一道生物题，除了有幽默的文字，更是配上了时下流行的表情包图片。近日，这份来自成都市第二十中学校的模拟"一诊"随堂测试卷，在网上火了。出题人是成都市二十中的高三生物老师郑建，他表示，高三学生压力很大，这样一份试卷，可以缓解他们面对考试的紧张感，也更能引发学生的兴趣。"最开始，我想自己画，但是画功不够。"前几周，二十中几位生物老师在一起讨论教学心得时，其中一位老师拿出几张表情包的图，提出能不能拿来用作教学，这与郑建的想法不谋而合。于是，郑建用同事提供的表情包图片，再加上网上下载的其他表情包图片，尝试做了一份关于"动物激素调节"知识点的试卷，试卷里所有的漫画，都围绕着主人公"单身汪"小汪展开，配合着生物知识填空题，并有不少励志却又不失幽默的警句。

（高三老师自制表情包试卷．专家点赞：教无定法贵在得法．成都商报．2016-12-18）

"教无定法，贵在得法"，形象漫画、音乐等各种学生喜闻乐见的方式来表达，正是当前教育教学方法变革中所追求的。作为一个时代的宣言，"创新"无疑开启了一个耀眼的亮点。创新的时代需要创新的人才，创新人才的培养要靠创新教育。实施创新教育，关键在教师，若没有一支高素质、自身具备创新精神和创新能力并掌握一定创新教育策略和方法的教师队伍，创新教育的实施便无从谈起。教育本身就意味着创新，教学本身就是一个富有也需要创造性的过程。上个世纪大教育家杜威关于"教育即生长"的著名断言就已经宣告了教育的视阈所在，不论是教学方法，还是教学内容，如果没有创新，难以谓之"教学"，充其量算一个"低效教学"或"无效教学"，这实在有愧于"教育"二字。在某种意义上说，如果教师无"心"，那么教育必定无"新"。教师"心"中有"新"，教育才可能"新"上加"星"。

2. 巧于对话与沟通

教育是为人的实践，也是人为的实践，现代教师道德的打造与师生关系息息相关。毕竟，教师与学生之间的关系不仅流淌出教育实践最基本的脚印，同样也冶炼出教育实践最根源的轨迹。在某种意义上说，师生关系是否良好不仅反映了教育教学的成功与否，而且也折射出教师道德的实现程度。在基础教育课程改革倡导"对话"、高扬"民主"、崇尚"合作"的今天，良好师生关系的形成、发展和发挥，理所当然成为我们关注的焦点之一。

记得我刚接任一个班级的历史教学任务时，班里有这样一名学生（暂且称他为 A 同学吧），不爱学习，补考的名单上时常出现他的名字。每次补考，学生们都会自觉地到办公室补考，但那段时间连续有两次，A 同学都没有出现，等到他再次出现的时候，我充满热情的对同学说："哎呀，A，你总算来了，我天天盼着你过来啊，每次别人来补考的时候我都望穿秋水般，想'A怎么还不来呢'。" A 同学听到我说的话，立刻不好意思起来。我趁机接着说："咱俩握握手吧，庆祝你成功来这里补考。"握完手，他脸上更是透露出羞涩的表情。补考之后，成绩不错，我就借势鼓励了他，并希望他以后都能有这样的成绩。就在他即将离开之时，转机出现了，他又转身回来对我说："老师，考下个单元试题的时候，叫我到黑板上写吧。"我一听，顿时欣喜万分，"，没有问题吗？""没问题"，A 同学回答到。事实证明他真的成功地做到了，让所有的同学都感到大吃一惊，我也因此在全班同学面前表扬了他，同时鼓励全班同学向他学习。从此以后，A 同学的学习态度，学习主动性彻底发生了改变。

教师与学生之间的良好关系需要教师巧于沟通，如果上文的历史教师在 A 同学来补考的时候不是热情的，充满鼓励的跟他对话，而是一味地批评他，那 A 同学还会有这么大的转变吗？正是因为教师的鼓励和信任，好比给学生注射了一针强心剂，使学生乐于学习，激发了学生的学习潜能，更加速促进师生间和谐关系的构建。这样的教育才是充满意义，有"根"的教育。

第三节 教师道德的培育

道德的发展性需要所有教师不断培育和提升自己的道德境界与层次，以不断丰富和充实"帮助学生成功的人文情怀""遵循成长规律的科学精神""追寻幸福生活的人生取向"和"促进自我超越的职业状态"，进一步突显"生命意识""现代精神""学生立场""学习意识"和"创新品质"。要培育和提升自己的现代道德素养，可以在树立专业信念、培育职业善性、构筑书香人生和优化社会智能四个方面采取有效措施。"道德境界"不能停留在"推己及人"和"同情、怜悯"的水平，那是一种"俯视"他人的态度，是一种低层次的"道德境界"。高级的"道德境界"应是平等待人、尊重他人、对他人负责。只有具备这种道德境界的人，才是一个有高级趣味的人。

一、树立专业信念

教师的专业信念是教师的发展灵魂，没有专业信念的教师犹如没有灵魂的躯壳，整体忙忙碌碌却不知其价值所在，这样的教师会在专业发展中"忽东忽西"，找不到自己的主心骨，更不能坚守有价值的教育理念与做法。

1. 教师专业信念的内涵

教师专业信念是指现代教师在专业发展过程中形成的对专业的价值取向、基本理念、实施思路等的基本信条，并不断坚守和践行的决心、态度与精神品质。教师作为成年人，对事物的选择与应对上已经形成了自己的人生观、价值观、世界观，并且据此来处理与教学及学生有关的各种事件，如教师在面对班级上屡教不改的差生时，在一次次遇上教学方面的挫折时，在年复一年地疲于工作时，如何处理取决于教师的观念，而多种观念中起决定作用的是教师的专业信念。教师专业信念其范围涵盖教师的教学实践经验与生活经验，构成一个互相关联的系统，从而指引着教师的思考与行为。而关于教师专业信念的系统性，卡登海德把教师专业信念主要归纳为五个相互关联的领域：关于学习者和学习的信念；关于教学的信念；关于学科的信念；关于学习怎样教学的信念；关于自我和教师角色的信念。

2. 教师专业信念的价值

教师的专业信念贯穿于教师行为的始终，不仅能促使教师自觉成长和专业完善，而且能为学生带来积极的影响。树立教师的专业信念非常重要，首先，教师专业信念引导着教学实践，教师对其所教学所持的信念，将会引导教师作出相应的教学行为。例如在教学中教师认为自己是教学的权威者，学生是被动学习的接受者，学生的任务就是接受知识，那这个信念就会造成教师满堂灌的教学方式。其次，教师专业信念决定了教师的工作态度，具有教育专业信念的教师往往有着强烈的使命感，有着愿意为教育奉献一生的坚定信念，相反教师如果只是抱着混口饭吃的信念应对，其工作态度二者必然是相反的，其教育结果、对教育的态度也是截然不同的。由此可以看出，树立教师的专业信念不仅有利于教师自身的道德培养，更是教师获得幸福感、成就感的重要源泉。教师的专业信念是逐渐变化的，这需要教师有意识的反思和学习，为自身的发展做坚持不懈地努力。

3. 教师专业信念的取向

教师专业信念包含很广，但其中必然有坚定的教育信念，积极地教育情感，追求完善的道德意识以及对教育事业的热爱。从某种意义上说，教师的专业信念就是教师的专业道德信念。根据瑞士学者奥泽的研究，一个教师要树立自己的专业信念，首先需要明确专业任务，即明确自己"要干什么"，如果不能明确自己"要干什么"，那么"专业道德信念"就无从谈起。所以，现代教师要树立专业信念，首先要明确自己的职责与使命，以此为基础，才能构建和形成自己的专业道德信念。教师要想形成良好的专业道德信念，需要树立强烈的专业责任感，而专业责任感体现在"公正""关怀"和"真诚"三个方面，教师只有在专业活动中做到了"公正""关怀"和"真诚"，才能与学生和同事一道对彼此产生认同感；只有产生了认同感，才会坚定不移地彼此合作、承担专业责任，完成专业的道德使命。

二、培育职业善性

亚里士多德说："德性就是使人成为善良，并获得其优秀成果的品质。"现代教师要提升自己的道德境界，应在树立专业信念的基础上，培育职业善性。在中国的德性要求中，善性是一种最基本的要求，道德教育的本质是给人向善的力量，教人的目的是使其向善。要使学生具有善性，教师必须首先具有善性，才能使自己的职业变得更加美好。道德的取向及道德教育的要求，需要教师培育职业善性。所谓职业善性，是指教师在职业活动中以自己的美好德行和善良心性，帮助每一位学生走向成功。

1. 大爱无疆

作为一名教师，首先要有爱心。在某种意义上可以说，没有爱心，就没有教育。爱心不仅是教师应具备的最基本的素质，也是对教师提出更高的要求，做一名教师容易，做一名好教师难。"感人心者，莫乎先情"，作为一名教师，只有具备一颗真诚的爱心，才能得到学生的理解、信任和爱戴，同时，爱心也会对学生的行为习惯、学习态度、心理发展起到春风化雨般的作用。一个有爱心的教师，不仅会带给学生爱，让他们感受到爱的温暖；还会教给学生如何去爱他人，并成为一个有爱心的人。

苏霍姆林斯基曾说过："学校里的学习不是毫无热情地把知识从一个头脑装到另一个头脑里，而是师生之间每时每刻都在进行的心灵的接触。"作为一名教师，一定要细心观察学生的变化，此时的一个点头、一声鼓励、一次询问、一个微笑、一回拍肩，哪怕是一次温柔的批评都可以让学生享受到被人需要、被人关注的幸福。在这样的幸福中，学生会得到温暖的力量，会增强对生活、对学习的兴趣和信心。

　　学生勇于把微笑当作一种母爱，他的题目是："微笑——母爱"，他写道：今天上午第二节课一下，我正准备从教学楼西头楼梯上去，正巧遇见了语文老师，老师我笑了笑，还摸了摸我的头。当时，我非常激动心怦怦直跳，并且像是在燃烧，我的脸一下子红了，就在老师在摸我的头时，我感到一丝丝温暖正在我心里慢慢扩散，这一丝温暖，我又感到非常的熟悉，非常幸福。啊！我想起来了，是妈妈！妈妈曾经经常这样抚摸我的头，自从妈妈从家里走后，老师就像是一个可敬的母亲关爱着我。"老师，我很感激您的微笑，我真想对您说一声：谢谢您给了我慈母般的爱！"

　　（王征文．老师的微笑［J］．教师，2016，（31）：111）

　　老师简单的一个微笑能产生这么大的能量，我们怎么还能对学生吝惜我们的笑容呢？孩子的内心是最敏感的，孩子也是最单纯的，作为一名教师，首先要学会呵护学生，要爱学生，关心学生。关心，不仅只是"关注学生"，还应是"关爱学生""心系学生"。教师有爱才会有美好的教育。

2. 公正无私

　　苏联教育家赞科夫曾说过："漂亮的孩子人人都爱，爱不漂亮的孩子才是教师真正的爱。"人有所长，学有所短。由于每个孩子的生长环境、家庭教育及性格偏向等各种原因的不同，也造就了孩子在各方面发展水平的差异，再加上老师对每位学生的认识、评价和自身的喜好，导致有的老师不能公平地对待每一位孩子。阳光属于每一个孩子，无论他们是贫穷还是富有，是聪明还是智障；无论他们是相貌平平甚至丑陋，还是没有特长甚至平庸，每个学生都应该平等、自由、充分地参与教育的全过程，都应该在教育过程中享受到学习的幸福和快乐。无论是品学兼优的好学生或是令人头疼的后进生，均应一视同仁，爱得公正，爱得让学生信服。

　　一位教师在教学案例中记述了这样一件事：

　　王利同学平时上课老扰乱课堂纪律，讨厌学习，欺负弱小同学，是出名的"双差生"，家长对其失去了信心。同学对他是敢怒不敢言，老师对他也是束手无策，失去了教育的耐心。有一天，他向我请假，说有点发烧，要回去打吊针了，我主动为他联系了妈妈，接他回去。这原本是一件在我看来再普通不过的小事，但我奇怪地发现他在接下来的几天里，特别的安静，特别的有礼貌。我意识到再坚硬的壳里也有柔软的心啊。从此以后，我更加坚定了我的教学理念：爱是一切教育的起点和终点。

　　（学子斋．小学教师育人案例．2016-07-27）

　　爱是不挑学生的，每一位学生，无论好坏其实都渴望被爱。正是因为教师做了一件无差别的"小事"使学生感觉到了教师对他的一视同仁，让他感动，使他发生了变化，所以爱学生，就应该爱所有的学生。

　　一个坚持平等对待孩子的教师会"无差别"地对待每一个孩子，即使他们各有所长、各有所缺；而一个秉持公正的教师会"不偏袒"任何一个孩子，即使在他们的语言、行为出现"差别"的时候。教师的公正是指教师在自己的教育活动中对待不同利益关系所表现出来的公平和正义，表现在教师与自身、教师与同行、教师与学生、教师与家长、教师与社会等人际关系之中。中国教育从古至今所倡导的"有教无类"的教育传统，是师生关系上公正的集中表现，是教育成功的秘诀，也是教育的本质要求。

三、铸造职业忠诚

"忠诚敦厚，人之根基也。"现代教师要捍卫自己的职业荣誉，在树立职业信念之前，还应秉持对这份职业的忠诚。所有爱岗敬业的要求中，忠诚永远是排在第一位的、最基本的。"诚，乃五常之本，百行之源也"，忠诚是热爱工作的基石，是干好工作的催化剂，也是持之以恒的不竭动力。所谓职业忠诚，是教师用自己的一片赤心、一方忠诚本色去对待三尺讲台，去育化讲台下的每一位学生，去影响祖国的未来，让这平凡的工作充满迷人的色彩。

1. 责任为先

教师的工作对象是正在成长中的学生，教师以什么样的态度对待工作，既影响着学生的成长，又影响自己工作的成败。对教师而言，责任是师德的重要内容，也是师德的外在表现。没有责任，也就没有真正的教育。正如车尔尼雪夫斯基所说："要是一个人的全部人格、全部生活都奉献给一种道德追求，要是他拥有这样的力量，一切其他的人在这方面和这个人相比起来都显得渺小的时候，那我们在这个人的身上就看到崇高的善。"

要当班主任，唯有班主任才能与学生零距离接触，才能与家长面对面交流，才能真正了解学生的喜怒哀乐。家访是促进学校教育和家庭教育相互融合的纽带，是班主任一项必不可少的工作。每逢双休日我都会奔波在崎岖的山路上，出现在学生家里，与家长共同探讨育人的方法，描绘孩子的成长之路。有一次在刘 XX 家里做家访时，我被突如其来的狗咬伤左腿，我忍着痛坚持做完家访才去医院。那位家长感动地说："你是第一个走进我家的好老师，是把学生放在心里的好老师。"还记得一位叫王 XX 的学生，因肚子疼痛在医院检查，我得知情况时已是晚上，我毫不犹豫地骑上摩托车来到医院看望，询问病情。家长激动地说："真是一位爱生如子的好老师。"

（匡易才. 送给自己三句话：一心一课一书［J］. 教师. 2016，（31）：112）

教师拖着受伤的腿仍要坚持先完成家访，这种尽职尽责的精神让人敬佩。教师的责任是育人的责任，教师的职业一做往往就是一生，做到负责任并不容易，不仅需要爱，更需要持之以恒，也更需要从日常生活中一点一滴去做。

6 时 40 分，徐华出门，跟往常一样，他先路过男生宿舍自习室，看到有学生自习，他会叮嘱一番，再往办公楼走去。7 时整，他准时站在教学楼前。像这样的守候，徐华一站就是 7 年。他觉得每天看到学生上学，心里很踏实。7 年前，南宁二中凤岭校区启用，学生全部在校寄宿。徐华与学生一道同吃同住，极少回家，全身心扑在工作中，把心思花在学生身上。一栋 3 层楼 20 多间教室，一间一间检查完后，徐华第一个来到辅导室，这个时候学生会抓紧时间请教问题。上课铃响起，徐华把高三所有班级又看了一遍才去备课。同事们都打趣地说，如果打电话找不到他，到教室一定能找到他。

南宁二中校长黄幼岩说:"学校办公大楼每天最早亮灯的是徐华办公室,最后熄灯的还是他的办公室。"除了周末,徐华都住在学校,6 岁的女儿索性给他取了一个名字叫"星期五爸爸"。在徐华的教学生涯中,每个学期,他写给学生的期末评语达 15 万字,客观评价每名学生的特长和欠缺。

(徐华. 每个学生都是他的太阳——记广西南宁市第二中学数学教师. 中国教育报. 2016-11-12)

徐老师所做的就是广大教师日常所做的,对学生负责,对教学负责,默默履行着作为教师的责任,多年如一日。古人云:师者,传道授业解惑也。教师的职责就是教书育人。而具体来说,责任可以表现为以下四个方面:一是对工作负责。对工作负责的要求就是认真,认真对待工作中的每个环节,不疏忽,不懈怠,不懒惰。二是对学生负责。对学生负责意味着对学生的全面发展负责,不仅要关注学生的学习,也要关心学生的生活、健康、品德和习惯。三是要对学校负责。要用自己的言行去诠释一个教育者的基本素养,要用饱满的热情投入工作。四是要对自己负责。教师是一个特殊的职业,它要求每一位从事教育工作的教师要不断更新教育理念和知识体系,始终是学生成长道路上的指路明灯。

2. 奉献为本

价值靠什么来体现?无疑,价值离不开价格即金钱的衡量,这是有形的、看得见的、人们普遍认为的"现实价值",但是,如果人的价值只能用金钱去衡量,那么这样的人生是可怜的,人的生命性决定了人的价值无法依靠物质去衡量。教师职业是其他人不可替代的职业,是有价值的神圣职业。教师职业的真正价值是不能用金钱来衡量的,唯有爱和奉献,才能真正体现教师职业的独特性和神圣性,及其比金子还贵的人生价值。作为教师,有的在自己的那一方讲台上奉献青春和热血,还有的在更远的地方感动着世人。

乡村教育是民族振兴、社会进步的重要基石,是阻止贫困代际传递的基本通道。而承担起这一切的,是默默无闻的乡村教师,他们呕心沥血、无怨无悔,用青春、智慧、汗水和坚守,编织着农村孩子绚丽多彩的梦。"我不仅要坚守,还要帮助每个孩子考上大学""一块黑板一堵墙,夏蒸锅来冬冒凉",是乡村教师孙红霞的工作环境。从 18 岁时来到江西省南城县万坊镇,她已经在乡间的三尺讲台上站了 35 年。"还记得 2002 年,全校只有 3 名教师、40 多个学生,连炊事员的工资都负担不起。"孙红霞一咬牙,把学校的砍柴、挑水、做饭全部包揽下来,还鼓起勇气"化缘",争取到了学校危改资金。她的辛苦付出结出了果实,因为狠抓课堂改革,学生统考成绩居全镇之首;因为爱生如子,她赢得了全村人的尊重,哪家有喜事,都要请她当"座上宾"。

(张烁. 致敬!330 万乡村教师. 人民日报. 2015-9-10)

任何一种职业,都必须具有奉献精神,对教师这个职业来说,奉献精神尤为重要。正如托尔斯泰说过:"如果教师只有对事业的爱,那么,他是一个好教师。如果把对教育带来的爱和对学生的爱融为一体,他就是个完美的教师。"诚然,新时期我们强调教师的奉献精神,绝不是简单、武断甚至粗暴地建立在"牺牲自我"的基础之上,教育是培养人的活动，只有具有奉献精神，才能安于教学，勤于钻研，守得住清贫，耐得住寂寞；只有具有奉献精神，在和孩子的接触中，才能发现前所未有的灵感与永恒，用纯洁的爱去滋养他们的灵魂。进言之，也只有在"甘于奉献""乐于奉献"的前提与背景之中，"教师"本身内在的卓尔不群的清晰与独一无二的生动，才有可能在洞察职业的深度、欣享生命的光辉中得以书写、衍射和发扬。

★ **案例聚焦**

我给学生递纸条

期中考试，我被安排去别班监考。分发完试卷后，学生们即开始紧张地作答起来，唯独坐在教室最后一排的一位女生，深埋着头一直没有动笔。于是我走过去，想看看究竟。走到她身边时，我忽然发现她正在流泪，只是没有哭出声来。她的试卷上除了写上了名字，其他地方还是一片空白。这时候，教室里十分安静，只听得见笔在纸上发出的"沙沙"声。我想安慰一下她，又恐影响到其他同学考试。

于是，我返身回到讲台，拿出纸笔，嗖嗖地写下了几行字：同学，看到你难过的样子，老师心里也难受。我想你一定是遇到什么不开心的事情了。但你要知道，悲伤和难过是解决不了问题的，只有积极应对，才是解决问题的最好办法。因此，请拿起笔来，把现在该做的事情先做好吧。如果你信任我，考试结束后可随时到办公室来，我们一起解决你的难题好吗？你的新朋友：邓公明。写好后，我把纸条悄悄递给了她，并投以真诚微笑。然后，若无其事地回到讲台上，继续监考。我看见她缓缓打开纸条，仔细地读了一遍，然后朝我望了一眼，开始答起试卷来。那时，我心里感到特别的欣慰。

交卷时，她塞给我一张折叠成心形的餐巾纸。我打开一看，只见上面认真地写着：谢谢邓老师！从来没老师这样做过！至少我以前没遇见过。虽然我很难过，不过看了您的话，我忽然全身充满了力量，我相信自己还是可以撑下去的。如果实在不行了，我想我一定会第一时间向老师您寻求帮助的！真诚地谢谢您！陈雪梅。读完纸条，我心里升起一种从未有过的成就感。我想，如果我刚才不提醒她，任她继续悲伤下去，她的期中考试可能就要因此而泡汤，甚至她也可能由此放弃学业而辍学回家，或许一出人生的悲剧也就从此上演了。

考试结束后，我第一时间与她的班主任取得联系，并把她在考场上的反常情况告诉了他。班主任对我表示感谢，并答应立即去了解陈雪梅的情况。这才得知，原来雪梅同学在考试前收到一个噩耗——她读初中时最好的朋友得重症去世了。这让她陷入悲痛中难以自拔，因而在考试中一直哭泣不已，无心作答。这件事让我悟出了不少道理。其实，作为老师，尤其作为班主任，我们的关爱一定要表现为具体的行动，而不能仅停留在冷漠的说教上。也许现实生活中并没有什么大事会让我们展现出自己的"伟大"之处，但一定会有许多的细节，能展示我们对学生默默而无私的关爱，让学生体会到老师的用心良苦，感受到心头真正的阳光。

（邓公明．我给学生递纸条［J］．中小学德育，2016，（06）：75）

★☆ 点石成金

对于教师来说，最伟大的成就不是自己的地位升到多高，不是自己的能力增到多强，更不是培养出许多高分人才，最伟大的时刻应该是看着学生在自己的努力下幸福快乐地成长，所以才会说教师就像母亲。教师的爱就好比母亲的爱，如春风拂面，像和风细雨，一点一滴滋润着学生的心灵。教学产生的不仅仅是知识的互动，更有情感的互动，在细节处给予学生关爱，看似很小，但是却能在学生心灵里激起巨大的水花。教师最为幸福的时刻难道不是感受到学生对自己的爱的时候吗？

★☆ 技能训练

1. 教学反思

阅读下面一个案例，你对此有什么看法？给你的启示是什么？请写一则反思谈谈你的感受。

掀起浪花朵朵

小文是一位身有残疾的男孩，做什么事情总是比别人"慢半拍"。跑步时，他总是最后一个到达终点，同学们都笑他是"大企鹅"；做作业也是最慢的，别人十分钟可以做完，他起码要三十分钟，同学们都讥笑他是"蜗牛爬行"；美术课上把苹果画成黑色的，引起全班同学哄堂大笑。同学们都说他笨，小文也觉得自己特没用，常常一个人掉眼泪。有一次，他在一篇作文中写道："为什么我总是比别人差？为什么我的生活里没有阳光？"小文的心理产生了严重的阴影，感到越来越自卑。如何拾起小文的自信，让他的生命充满阳光成了我急需解决的问题。

通过一段时间的观察，我发现了小文的一个秘密：会变魔术。他能用白纸变百元大钞，能准确地认出随意抽出的纸牌，能在空盒里变出糖果……我像发现新大陆似的高兴得跳了起来。对，就从神奇的魔术中找回小文的自信。于是，在教学《树立自信》一课时，我特意安排了一个教学小插曲，让小文表演魔术给大家看。在我的鼓励下，小文慢慢登上讲台，拿出道具开始魔术表演。他熟练地表演了白纸变钱、空盒出糖、确认纸牌、花变小草等好几个魔术。同学们由衷地鼓掌和称赞："再来一个！再来一个！"小文第一次享受到了成功的快乐，脸上现出久违的笑容。接下来，我把装有"自信"的锦囊妙计送给他，那里面有我精心摘抄的"自信"格言："自信是成功的第一秘诀。有信心的人可以化渺小为伟大，化平庸为神奇。能够使我飘浮于人生的泥沼中而不致陷入的是我的信心。自信是一根柱子，能撑起精神的广漠的天空，自信是一片阳光，能驱散迷失者眼前的阴影。"小文从这些锦囊妙计中得到力量和鼓舞，自信的阳光射进他的心海。

（王展发，匡易才. 掀起浪花朵朵［J］. 教师，2016，(19)：109）

2. 教病诊治

晚自习，班上有个学生正聚精会神玩手机，我发现后就把手机拿走进了办公室。下课后，该生过来了，当时我想，她能主动过来认错，态度应该挺好的，刚好也可以借这个机会好好跟她谈谈，因为在此之前，已经缴过她两次手机了。然而，她一进来就态度生硬地抛出一堆话："老师，你是不是打电话告诉我爸妈了？你都跟他们说了什么？我的手机你什么时候还我？"一听这话，我忍着一肚子的火，心想你玩手机倒成了老师的不是了。于是我有些生气地回应说："某某同学，请你注意你的态度，上次你不是保证不再玩手机了吗？要你把手机放在我这，要和家里联系时再到我这拿，你说父母在外经常联系，不方便，说能管好自己。现在呢，你倒冲老师发火。另外，前段时间好几位任课老师说你作业敷衍，你也承认，说以后认真就是了；现在呢，又把时间花在玩手机上，你说你还要不要学习了？"也许是最后一句话我说得过分，她不仅没有软下来，好好反思，反而理直气壮跟我说："对，老师，我真是不想学了。"说完就走人了。过会我去教室看她在不在，发现没有她的人影了。

（谢岳云．爱的传达和爱本身同样重要［J］．教师．2016，（12）：10）

（1）谈谈你对这则案例的认识。

（2）如果你是这位老师，你会怎么做？

第六章　现代教师心理论

不能控制自己情绪的教师，不能成为好教师。

——【苏】马卡连柯

一线传真

小陈，硕士毕业，一线城市某小学语文班主任，教孩子很负责，一直都是做事很认真的那种性格。可是入职三年来，她感觉自己从未快乐过，成就感为零。她觉得可能是自己要求太高，从小轻松考第一，理解不了笨小孩，更看不惯脑子聪明却不学习的。她写下了这样的一段话："现在的家长普遍是孩子快乐就好，作业不完成的我就挺生气的，如寒假作业，八篇摘抄，三分之一以上不交或不写。我觉得很挫败，家长无所谓的样子，丢了或不知道作业是什么等理由。很多80后的家长，挺自我的。家长会因为合唱团没报上名来跟我吵架，但是这我说了不算，音乐老师决定。小孩破坏了公物，家长也是一副你说怎么办吧，反正我们不知道怎么办的态度，当然这是个别的。比如期末大扫除之类，也就来三四个家长，小孩属于什么活都不会干的，任务量很大，我就跟着一起做。我面嫩，看着不到20的长相，性格有时很包子，觉得得饶人处且饶人吧。不会因为家长的错为难孩子，但总觉得是自己被家长为难。第一不喜欢，第二做着不开心，这是我自己的问题吗？心态没调整好？该不该换工作？"

教师工作具有长期性、复杂性、重复性和艰巨性的特点，中小学教师在学校中的大部分时间始终都要面对一群未成年人。这种长期单调的重复性工作以及沉重的工作压力，难免使教师产生厌倦、压抑、不满、失落等不良情绪，致使工作热情丧失、教育效率低下等。类似上述案例中的心理问题，当前已经成为了教师群体普遍面临的问题。在教师心理问题频发的年代，该现状也越来越受到研究者和从业者的高度关注。事实上，教师工作的特殊性决定了教师心理素质的重要性，要让学生具有良好的心理素质，教师首先要有良好的心理素质；要提高学生的心理健康水平，教师首先要有良好的心理健康水平。

理论导航

第一节　教师心理的素质

一、教师心理素质的内涵

教师心理素质是一个结构和过程相统一的系统，该系统的内部包含行为、知识、能力、观念、人格等成分。教师的心理素质作为一个系统，若其结构完整，在与环境、他人互动的过程中各个成分能协调有效地运行，那么教师的心理就是健康的。

《现代汉语词典》讲"心理"的概念，是指客观事物在脑中的反映，如感觉、知觉、表象、注意、记忆、想象、思维、情绪、意志等的总称，分为心理过程和心理状态两部分。人的心理是心理发展的最高阶段，是在劳动和语言的影响下产生和发展起来的，与动物心理有本质区别。教师心理素质是指教师在教育教学活动中，决定其教育教学效果、对学生身心发展有显著影响的，在心理过程和个性心理特征方面所表现出来的本质特征。

当代社会竞争激烈，教师职业特质要求教师必须具备良好的心理素质。根据《心理学大词典》对"素质"的解释："素质是个人在遗传与生理发展的基础上，在教育和社会影响下与个人实践过程中形成的那些稳定的、基础性的、能对人的活动成效产生广泛影响，具有一定社会评价意义的身心特点的综合表现。"以此来定义"教师素质"就是："在教师个体先天具有的生理、心理特点基础上，通过后天环境、教育而获得的，当代社会教师所需要的包括教师的身体素质、心理素质和社会文化素质等各种品质的总和。"林崇德在《教师素质的构成及其培养途径》一文中对教师素质作出了较为完整的解释："教师在教育教学活动中表现出来的，决定其教育教学效果，对学生身心发展有直接而显著影响的心理品质的综合。"

而教师心理素质是一个发展中的概念。据研究，唐迅等人把教师心理素质这一概念定义为："教师在教育实践中生成和积淀的文化素养、教育才能和人格品质的合金。其中文化素养和教育才能是教师心理的社会文化形式，而人格品质则是教师素质的心理形式。"他们将现代教师心理素质的本质确定为具有专业性和职业性的社会文化心理素质。孟宪乐等人认为教师心理素质是其思维水准、情感意志、兴趣爱好以及个性品质等诸多因素的总和，教师心理素质结构分为心理健康、心理品质、心理能力三个子结构。张承芬等人在对教师心理素质的隐含研究中将其定义为："那些与学生身心发展密切关联的，同时又具有一定可教育和培养特性的与能力相区别的心理品质。其中创造性、责任感、教育效能感是教师重要的心理品质。"

也就是说，教师心理素质有广义和狭义之分。广义上，教师心理素质指的是在教育活动中直接影响教师教育行为和教育效果的个性心理因素。狭义上，教师的心理素质是在教育过程中教师面对教育问题的自我调控、自我协调和自我完善的能力，是表现在教师身上的经常的、稳定的、本质的心理特征，如情感、意志、兴趣、气质、性格等。目前比较具有代表性的是林崇德的观点，他把教师心理素质建构为由职业理想、知识水平、教育观念、教育监控能力和教学行为与策略等要素互动同构的结构，为人们建构教师心理素质的理想模型提供了一个可资借鉴的理论。

有研究者为一个成功的教师应具备的心理素质做出了以下参考：

1）角色适应力——教书育人的基础。教师的角色适应力不仅指教师要适应角色转换，而且在教育思想观念、工作方式、人际关系、生活环境等多重角色转换上也要适应。

2）心灵感悟力——尊师爱生的基础。教师应当对学生心灵有特别的感悟力，既能听"话"，又能听"声"，这样才能破译他人的言外之意，或称言下之意，包括对声调、手势、面部表情等方面的识别能力。善于透过学生的外显行为，迅速、准确地理解学生的真实感受和行为动机，并及时给予帮助和鼓励。

3）情绪控制力——为人师表的基础。教师的情绪控制力可使教师以积极的情绪状态投入到教育活动中。教师情绪控制力也是一个极为重要的教育手段，它会给学生心灵带来慰藉。

4）心理承受力——诲人不倦的基础。教师要协调学校、社会、家庭和学生四个方面的关系。生活在一个有较多挫折刺激源的情境中，承受力强的教师，对教育环境、学生状况、领导素质、社会公正、自身发展等方面的问题，随时都能做好挫折承受，即使在挫折状态下，也会采取正确的方式应付挫折，迅速摆脱挫折对心理的消极影响，并从挫折中学会坚强和奋进。

5）教育表现力——教师机智的基础。教育表现力是个人这种本能倾向在教师职业的专业化过程中的发展。教育表现力强，不仅意味着个体敢于展示自我，更意味着教师在职业工作中善于发展自我。这就是说，教育表现力既凝聚着个体对教育教学技能的掌握，表现为良好的教师机智；同时也凝聚着个体自我意识的成熟，它是教师自尊、自信、自强、自立的集中体现。

二、教师心理素质的内容

心理学认为，个体心理活动的表现形式称为"心理现象"，一般把心理现象分为心理过程和心理特性两方面。心理过程是心理现象的动态表现形式，心理特性是心理过程表现出来的个人独有的稳定的心理品质。心理现象的两方面相互制约，缺一不可。

1. 教师的情感意志

这主要包括自我意识、乐观程度、自制能力和坦率真诚四个方面。

（1）自我意识

自我意识指人对自身以及自己同客观世界的关系的意识。教师应有积极的自我观念，能以客观、积极的态度正视自己，充分发挥自己的积极因素，努力改进教育教学工作，也要看到自己的不足，并积极地设法加以改进，同时能够愉悦地接纳自己。

（2）乐观程度

乐观是一种积极的情感智力，又是一种积极的生活态度。每一位教师都应该努力成为一个乐观主义者，这是由于教师在自身的职业活动中，情感无时无刻不介入其中。如果教师对自己、对社会、对学生悲观失望，很容易影响学生，使学生对自己失去信心。相反，一位乐观、开朗、豁达的老师会随时感染学生，传递快乐，学生也会充满激情和斗志。所以，教师应以乐观态度引导学生正确地对待学习、生活中的各种失意和困难，学会客观分析，以积极的方式对待挫折，学会笑对人生。

（3）自制能力

自制能力是指教师善于控制自己的情感强度，能抵抗情感波涛的冲击，自觉控制自己的情感，不做情感的奴隶，用理智的力量来控制自己的情绪并用适当的方法转移和调整自己的情绪。心理学研究表明，教师的情感强度以保持在中等水平以上才能对自己的教育教学起到良好的效果，过高或过低的情感强度都会影响教育教学的效果。情感强度过高，教师可能会紧张、焦虑，表现为慌慌张张，顾此失彼；情感强度过低，也可能使得教师兴奋程度不够，表现为无精打采，有气无力。因此，不轻易动怒，不大喜大悲，通过自制使情绪控制适度，对教师自身的修养有益处，对学生的身心健康、和谐发展也是有百利无一害的。

（4）坦率真诚

美国教育家邓特就说："对一个教师来说，在我看来这一点是必不可少的，就是在知识和道德两方面都表里如一，诚实坦率。"教师只有真诚对待周围的人，才能获得学生的尊敬，才能得到家长的理解，才能得到学校的支持，才能得到社会的认可。信任是一种崇高的情感，它可以真正地感化学生，因此情感品质的信任特征是情感教育的动力。师生之间相互信任，才能有效沟通和交流，才能便于教师工作的开展。我们教育学生要"诚信至上"的前提就是教师一定要"诚信有加"，以身作则，言传身教。

2. 教师的兴趣爱好

兴趣是人积极探究某种事物或爱好某种活动的倾向，是人们对客观事物的选择性态度，它是在人的需要的基础上，在生活实践中形成和发展起来的。根据兴趣的内容，可分为物质兴趣、精神兴趣和社会兴趣。教师对教育事业的浓厚兴趣是积极地、创造性地完成教育、教学任务的重要心理品质之一，也是教师在职业道路上迈向成功的重要因素。现代社会，教师的职业兴趣应具有"求精""求广""求新"的特点。

（1）求精——确立中心兴趣。在教学工作中，教师对学生发展的兴趣，对所教学科和教学方法探究的兴趣是教师的中心职业兴趣。这种兴趣，不仅能驱使教师去接近和了解学生、研究学生的发展和学习规律，自觉寻求更有效的教育、教学方法，而且能促使教师积极地钻研业务，认真地、满腔热情地从事教育工作。教师在教学过程中表现出来的职业兴趣，常常会引起学生相应的学习兴趣。如陈景润对数学的浓厚兴趣就源于他的一位中学数学老师对数学的兴趣。

（2）求广——培养广泛兴趣。教师的兴趣不应仅限于所教学科。教育经验表明，许多优秀教师都有着广泛的求知兴趣。尤其在当今的信息社会，教理科的教师也应懂点文史知识，缺乏文史知识的理科教师往往语言不生动、不丰富、甚至词不达意，难以激起学生的学习兴趣；文科教师也应该学点自然科学知识，因为，要培养学生爱科学、学科学、用科学的兴趣，教师自己首先应该对自然科学有一定兴趣。广阔的求知兴趣既是教师兴趣的特征之一，又是拓展知识的深度和广度的保证。

（3）求新——培养新的兴趣。教师不但应积极从事自己感兴趣的活动，还应主动关心学生感兴趣的活动。在和学生共同活动、共同体验中，建立自然并富有情感的关系，寻求教育学生的新方法，调整工作的新思路，师生的兴趣也可以得到相互补充，协调一致。

有一位班主任老师借用 2017 年正在热播的电视剧《三生三世十里桃花》中的情节和台词，对学生提出了学习要求："①按时出勤，不要人间仙界来回穿梭，更不要四海八荒到处溜达。②上课要带着元神来，不能只来个仙体。③老师会把十几年的修为毫无保留的渡给你，帮你渡劫。④自己要努力，争取顺利飞升上神，最起码也要上仙，千万不要应劫、挂科。⑤学好这门课，受益三生三世，收获十里桃林。"这种形式的语言与学生的生活相应，很快赢得了学生的共鸣。

3. 教师的管理风格

教师的管理风格和领导方式显示了教师履行教师角色的责任心、成就动机、工作态度以及对教师职业的信念等。民主对课堂教学气氛、学生的社会学习、态度和价值观、个性发展以及师生关系也有不同程度的影响，甚至对一个班集体的风气有决定性影响。李比特和怀特在 1939 年所做的经典性实验，概括了教师的四种领导方式和可以导致的各种结果（表 6-1-1）：

表 6-1-1　教师领导方式的类型、特征及学生的反应

领导方式类型	领导方式的特征	学生对这类领导方式的典型反应
强硬专断型	1. 对学生时时严加监视； 2. 要求即刻接受一切命令——严厉的纪律； 3. 他认为表扬会宠坏儿童，所以很少给予表扬； 4. 认为没有教师监督，学生就不能自觉学习	1. 屈服，但一开始就厌恶和不喜欢这种领导； 2. 推卸责任是常见的事情； 3. 学生易激怒，不愿合作，而且可能在背后伤人； 4. 教师一离开课堂，学生就明显松垮
仁慈专断型	1. 不认为自己是一个专断独行的人； 2. 表扬学生，关心学生； 3. 他的专断的症结在于他的自信，他的口头禅是"我喜欢这样做"或"你能让我这样做吗"； 4. 以我为班级一切工作的标准	1. 大部分学生喜欢他，但看穿他这套办法的学生可能恨他； 2. 在各方面都依赖教师——学生身上没有太大创造性； 3. 屈从，并缺乏个人的发展； 4. 班级的工作量可能是多的，而质也可能是好的
放任自流型	1. 在和学生打交道时，几乎没有什么信心，或认为学生爱怎样就怎样； 2. 很难作出决定； 3. 没有明确的目标； 4. 既不鼓励学生，也不反对学生；既不参加学生的活动，也不提供帮助或方法	1. 不仅道德差，学习也差； 2. 学生中有许多"推卸责任""寻找替罪羊""容易激怒"的行为； 3. 没有合作； 4. 谁也不知道应该怎么做
民主型	1. 和集体共同制订计划和作出决定； 2. 在不损害集体的情况下，很乐意给个别学生以帮助、指导和援助； 3. 尽可能鼓励集体的活动； 4. 给予客观的表扬与批评	1. 学生喜欢学习，喜欢同别人尤其喜欢同教师一起工作； 2. 学生工作的质和量都很高； 3. 学生互相鼓励，而且独自承担某些责任； 4. 不论教师在不在课堂，需要引起动机的问题很多

实践表明，民主型的教师和专制型的教师对学生、对班集体带来的影响决然不同。不妨看这样一则案例：

网名为"小清新"的网友日前在武鸣某论坛上反映了他遇到的烦心事。他说，在整理儿子的书籍时，无意发现四年级下学期写的日记本，就随意翻起来，结果一翻后，吓出了一身冷汗。原来，孩子的日记里记录下了他的班主任梁老师平时粗暴对待他们的点点滴滴。日记中写到："那一次，只因为反复读了几次段落而没有理解题目的意思，她就破口大骂：'你们就是猪和牛的结合体！你们父母就是牛！猪！猪！你们都是猪！够蠢哦，简直都不懂怎么形容你们了！'"关于梁老师骂人，日记里还写到："她的言行也很令人难受，我们可是小学生呀，干什么都指着我们，高高在上的样子：'把你的狗眼给我看上来！不要用你愚蠢的目光来衡量我！'"关于打嘴巴的情节，日记写到："有一次第 x 组值日那会儿，白板没擦（忘记了嘛），接着她就大声叫道：'第 x 组站起来！''咣当！'第 x 组手足无措地站起来。'打嘴巴五十次！''啪啪啪！'清脆的响声。'某某某！没听见！用力打！'她一甩手，那个同学立刻重重地打下去，连打的是自己都忘了。"

"小清新"在网帖里提到，读完儿子的日记，他忍不住落泪。他说，儿子以前乖巧、活泼开朗，现在变得沉默寡言，一问到语文学习方面就不由自主身子抖了起来，露出害怕的目光。儿子就读的城厢镇一小是武鸣县城数一数二的名校，是别人挤破头皮都想进的学校。而之前儿子多次要求转到其他学校去读书。他认为，儿子言行之所以发生改变的，正是因为班主任梁老师。

(http：//news. qq. com/a/20150111/018556. htm. 中国网 . 2015-01-10)

显然，缺乏对话、缺乏沟通，师生之间的矛盾就难以避免。从根源上说，倘若师生之间缺乏民主的意识，只会产生唯命是从、无棱无角的学生，甚至会导致学生产生逆反心理。对此，全国著名特级教师李镇西的话值得教师深思："教育是心灵的艺术。"如果我们承认教育的对象是活生生的人，那么教育过程便绝不仅仅是一种技巧的施展，而应该充满人情味；教育的每一个环节都应该充满着对人的理解、尊重和感染，应该体现出民主与平等的现代意识。虽然就学科知识、专业能力、认识水平来说，教师远在学生之上，但就人格而言，师生之间是天然平等的；教师和学生不但在人格上、感情上是平等的朋友，而且在求知道路上也是共同探索前进的平等的志同道合者。

第二节　教师心理的反思

对于教师而言，心理素质是影响知识、技能内化为自身精神财富的重要因素，是教师有效工作和幸福生活的基础。研究教师心理就是研究教育和教学过程以及社会、家庭生活中，教师的心理活动现象及其产生和变化规律。教师心理的发展变化、心理素养的优劣、心理健康与否都直接关系到教学效果、学生培养、教育质量等影响教育改革的重要因素。因此，研究教师的心理、懂得教师的心理具有重要意义。

早在 2008 年，世界卫生组织就提出，人类已经从"传染病时代"进入 21 世纪的

"精神病时代"。据统计，教师身体"亚健康"超出常人三倍，心理"亚健康"的现象更加严峻。联合国劳工局列出的四种高压力职业中，教师职业排在第一。一项研究调查表明，中小学教师心理健康水平偏低，心理障碍发生率高达51.23%。心理问题表现在多方面，如自卑心理严重、嫉妒情绪突出、焦虑水平偏高，其中较典型的是69%被测试教师比同期毕业的从事其他职业的同学有较强烈的自卑感。

1. 教师心理问题的表现

美国教育协会主席古伊尔曾指出："职业枯竭的感受正打击着无数具有爱心、理想、乐于奉献的教师，使他们逐渐放弃自己的专业工作，这个重大的疾病正在折磨着教学职业，如果不能及时有效地纠正，那么就会达到流行的程度。"从这个意义上说，如何引导中小学教师积极看待职业压力、主动面对职业压力，对于缓解教师职业压力和职业倦怠、增强教师个体成就感和幸福感，具有深远的现实意义。

（1）生理—心理问题

教师心理问题导致一些教师出现明显的生理—心理症状，这些症状主要表现为情绪低落、精神不振、过分担心、没有安全感、内心冲突和过于敏感等，严重的甚至出现强迫、抑郁等症状，以及伴随心理行为问题出现的躯体化症状，如失眠、头痛、食欲不振、咽喉肿痛、腰部酸痛、呼吸不畅和心动过速等。

（2）职业适应性缺乏

随着市场经济的发展，教师原来所坚守的人文精神受到了强烈冲击，教师待遇与教师付出往往不成正比，教师职业的自豪感和神圣感在许多教师身上荡然无存，前所未有的价值失落感随之而来。加之现代社会的发展对教师的教育教学能力提出了更高的要求，面对难以应付的沉重负担，教师的自信心开始丧失。

（3）职业倦怠

教师是职业倦怠现象出现的高发群体，情绪耗竭、去个性化和成就感低是重要特征。由于教师工作的特点是规律、重复及繁琐，在长期处于高压工作情境下，工作中持续的疲劳及与他人相处中的各种矛盾、冲突引起的挫折感加剧，最终导致在情绪、认知、行为等方面表现出精疲力竭、麻木不仁的高度疲劳和紧张状态，它属于一种非正常的行为和心理。

在我们教师群体中，不乏这样的案例：

张悦是北京某小学一年级的班主任老师，她的QQ签名是："1个和40个。"1和40可以大致描述出张悦的生活轮廓。白天，对于班里的40个孩子来说，张悦是那1个地地道道的"头儿"，她要统领他们在学校的全部生活，还要保证他们的安全。下午放学，当把每个孩子送到家长手上时，家长们总是用期待的眼光看着她，对于这些孩子背后的40个家庭来说，她背负着40份"希望"。到了晚上，张悦从面对40个人变成了面对1个人。她还是一个四年级小学生的妈妈。跟所有的妈妈一样，她要为孩子的晚饭操心，还要专门拿出时间花在孩子的学习上。

虽然刚刚步入而立之年，但张悦常常觉得有些力不从心，她知道要想更好地面对那40个孩子和家庭，她还要读更多的书、还要付出更多的心血；她也知道要想更好地面对自己的那 1 个孩子；她应该拿出更多的时间来陪伴，至少晚饭不能经常吃速冻食品。

（调查称 6 成中小学青年教师压力大 社交圈封闭．中国青年报．2015-04-28）

（4）人际交往障碍

心理学研究表明，一个人的正常人际交往和良好人际关系是其心理正常发展、个性健康的重要前提之一。人际交往包含两个方面的意思：一指人与人之间的信息沟通和物质交换；二指人与人之间通过交往行为积累的情感联系，亦即通常所说的人际关系。教师职业的特点决定必须与人打交道，其人际交往根据交往对象不同，主要分为教师与学生、教师与学生家长、教师与同事之间以及教师与学校领导之间的人际互动。

良好的人际关系对于教师意义重大。但调查发现，在校园内除工作关系外，中小学教师经常与他人交往的只有 16.99%，在校外经常和他人交往的只有 11.49%。教师的人际交往障碍随着各种压力的增加逐渐显现出来。主要表现为：第一，由于对交往重要性缺乏认识，以工作繁忙等各种原因为由，很少与人交往和沟通；第二，缺乏必要的交往技能和手段，使得交往容易受阻；第三，某些不良的个性特征阻碍正常的人际交往，如自我中心、怀疑心重、对人苛刻等。

（5）人格障碍与人格缺陷

教师人格缺陷主要表现为自卑、抑郁、多疑、焦虑等。人格缺陷发展到经常的、严重的程度就造成人格障碍。教师最常见的人格障碍主要有强迫型人格障碍和偏执型人格障碍。强迫型人格障碍主要表现为做事要求完美，按部就班，过分严肃、谨慎，墨守成规等，突出表现在对学生的管理和教育上。偏执型人格障碍主要表现为极度固执、敏感多疑、心胸狭隘，好嫉妒；自我评价过高，感觉自己过分重要，倾向推诿客观，拒绝接受批评，这种性格的教师很难与他人相处。

（6）情绪变化

情绪主要指感情过程，即个体需要与情境相互作用的过程，如快乐时手舞足蹈、气愤时暴跳如雷等。当客观事物或情境符合个体的需要和愿望时，就能引起积极、肯定的情绪；当客观事物或情境不符合个体的需要和愿望时，就会产生消极、否定的情绪。情绪对教师极其重要，因为教师的情绪不仅影响自己的健康和幸福，还会影响学生和周围的教师。

吴富远是成都市苏坡幼儿园一名男幼师。5 年前开始，他感觉完全走进了另一个世界。这个世界是什么样的？用他的话形容就是"奔溃"。一入园，吴富远就被分配到小托班，班上的孩子都才 2 岁多，加上又是新入园，每天哭闹声就没有停过。没有幼师经验的他，能做的就是简单安慰孩子，但是这些安慰并不奏效，挫败感一阵阵袭来。当看到班上的班主任和保育老师有条不紊地各司其职，带着孩子唱唱跳跳、涂涂画画。而这些自己都不会时，就更加觉得自己不适合这份工作了。来幼儿园才一周，他便萌生离开的想法。

和吴富远这样感受相同的年轻教师大有人在，由于自己的教学不够理想而产生强烈的挫败感，从而心情低落、难过沮丧，感到前途渺茫。试想在这样的情绪状态下，教师怎能有效工作？有关研究表明，教师在教学过程中情绪积极，学生学习的积极性就高；如果教师情绪低沉，学生学习积极性就低。可以说，情绪积极饱满的教师能通过优美的语言、优雅的体态等给学生以激励，教学效果也能事半功倍。

2. 教师心理问题的成因

社会心理学家研究表明，凡是对他人高度负责的角色，都要经受相当多的内心冲突和不安。影响教师心理健康从而使教师心理素质难以得到提升的因素很多，其中，工作负荷（关键词：备课、作业、总结等）、教学评价（关键词：考试、分数、名次等）、学生行为（关键词：教育、奖惩、辅导等）、学校管理（关键词：检查、评比、竞争等）、自我实现（关键词：职称、学历、改革等）、人际关系（关键词：领导、同事、学生等）等内容依然是教师心理问题的重要根源。

（1）繁重的日常教学

几乎所有被调查的教师都认为，工作负担过重一直是教师面临的"老大难"。教师们几乎把时间、精力和心血的绝大部分倾注在了日常教学上，年复一年地挥洒汗水、日复一日地奉献青春成了一种家常便饭。且不论常规的教学环节，单就日渐增长的学生人数就颇让教师不得不在教室、办公室和寝室之间冲锋陷阵。为此，他们还得不断完善知识结构，充实文化底蕴，更新教学理念，这绝不啻为一项巨大的压力。

（2）痛楚的升学考试

作为一个具有普遍影响的教师压力源，考试压力仍然被教师视为"高压线"。在现行的教育体制下，学校对升学率的追求仍然"一往情深"，教师的奖金、职称、工资晋级、职务提拔都与它挂钩。能带领学生在考场上取得骄人战绩的教师可以"考而优则仕"；在考场上栽了跟头、"误人子弟"的教师将会失去信任，从此名誉扫地。广大教师唯升学率马首是瞻，在接踵而至的应考、备考的重复循环中，消磨激情，心力交瘁，甚至为之透支生命。

（3）僵硬的制度建设

从学校层面而言，教师职业压力的瓶颈主要根源于学校管理制度。不少学校的管理往往注重和习惯于自上而下的命令和要求，恰恰忽略了教师的本体性需要，尤其是在新的环境和形势下，一些缺乏人性化、弹性化的制度、措施已经远远滞后于社会发展和个体需求，各种奖惩性、鉴定性的考评体系、条条框框的限制和束缚几乎消解了教师生命的动力，为应付各种应接不暇的检查和评比，不少教师更是需要为之疲于奔命而叫苦不迭。

（4）紧张的人际关系

职业的特殊性决定了教师注定要置身于冲突的风口浪尖：面对领导，教师处于被领导、被管理的地位，谨言慎行、敏感多疑成为其主要表现；面对学生，教师容易成为教室里的焦点和中心，师生之间的冲突往往会成为一场旷日持久的拉锯战；面对同事，教师之间的"比、学、赶、超"每天都在潜滋暗长；面对家长，教师需要消耗大量的时间和精力与他们沟通；而面对社会、公众舆论，亲朋好友理解仍然是教师稀缺的职业动力。

（5）疲软的经济收入

教师劳动直接创造社会的精神财富，也间接创造物质财富。但教师劳动收入与付出并不平衡，与其他行业相比，教师工资待遇仍然不尽如人意。虽然教师的工资、福利在近年来有了进一步提升，但事实上又在市场时代的经济格局中被彻底"消费"，教师难免会感到失落。而且地区之间的经济收入极不平衡，更不用说拖欠工资现象的"灾难性"打击，许多教师都认为高劳动付出与低经济收入的反差较大，经济问题自然成为不少教师的生存困境。

（6）沉重的道德枷锁

清贫的家，简朴的衣着，渊博的知识，正统高尚的行为操守，崇高伟大的社会使命，这长期以来成为社会对教师形象的完美刻画。然而这些诗情画意的赞誉，虽然崇高，但几近脱离了教师的现实生活，加之社会舆论习惯把教师当做教育失败的替罪羊，导致他们非但不容易从这项光荣而体面的职业中享受收获与喜悦，相反还可能会遭受更多的委屈，做出更大的牺牲。这也成了他们难以言说的道德"十字架"。

（7）高昂的自我期望

学历提高、业务提升和职称评定同样成为教师心中欲说还休的难言之隐。国内外的许多研究表明，强加于自己的高期望值往往是教师的主要压力源之一。"学高为师，身正为范"的职业操守把教师潜移默化成一个完美的"高大全"形象，一旦出现差错，教师自我的谴责往往强烈而持久，长此以往，必然导致其情绪压抑、焦虑不安。这种高昂期望背后的深深失落，就会产生自我否定、怀疑和消沉的思想包袱，久而久之也容易出现心理问题。

（8）孤独的职业行为

长期以来，学校总是缺乏教师们的合作文化，孤军奋战的传统行为不仅使教师难以承担居高不下的教学任务，也难以解决纷繁复杂的教育问题，更难以应对日新月异的学习内容。工作上的负荷与心灵中的孤独，以及教师所积累的压抑情绪会使他们表现出保守、封闭、机械甚至攻击性的行为。教师之间这种相互参与的反思与研究，缺乏对话交流的实践与学习，很容易导致教师在工作、学习和生活中举步维艰。

（9）尴尬的角色转型

社会呼唤教师从传授型、技术型、知识型和适应型教师向引导型、学术型、能力型和超越型教师转变，但是教师新旧角色的转换并不是类似接力棒的传送，而是需要一种破釜沉舟的力量和勇气。在现实中，很多教师开始也饱含激情，谋求角色的改变，可是一旦遇上阻力就向社会、家长的功利心态妥协，重新被分数、成绩和名次所控制。所谓的"角色转型"在当前的学校环境中仍然难以形成良性语境。

（10）羸弱的应变能力

社会转型和教育变革带给教师的是前所未有的生存挑战和观念冲击，这都给当前的教师群体带来了巨大的冲击和压力，倘若没有良好的应变能力，教师很容易迷失自我陷入职业厌倦之中。同时，价值观念趋于多元，学生思维超乎想象，都让不少教师在驾驭教学、因材施教上束手无策，许多教师无不发出"改革太快，教师越来越不好当"的感慨。保姆式、复制式、克隆式的教学与其说是脑力劳动倒不如说是体力劳动，赢弱的应变能力势必引发教师的生存苦恼和职业压力。

3. 教师心理问题的危害

在教师心理问题不断出现的时代，教师的心理问题已经成为"教育中的危机"。教师的这种痛苦不会只停留在教师身上，而是以各种各样的方式反映在教育教学之中，反映在学生身上。就如德沃金所说："且不论教师职业倦怠对教师个体及学校组织产生什么样的后果，这些教师的学生才是最终的牺牲者。"可见，教师心理问题的危害是极大的。

（1）自我效能感低下导致教学低效

自我效能感是指个体对自己是否有能力完成某一行动所进行的推测与判断，它不仅影响教师的工作目标与行为，还决定了教师付出多大的努力以及在遇到困难时能坚持多久，甚至影响教师的思维模式和情感反应模式。而教师的自我效能感即教师对自己的教育教学水平及影响学生行为和学习成绩的能力方面的一种主观判断和感受，对教师的教学行为和教学效果呈现明显的正相关。对于有心理问题的教师而言，往往缺乏自我的客观评判，在教育教学工作中常常表现为自我效能感低下。由于这样的教师身心过度疲劳，患得患失，在课堂中对学生的观察能力、思辨能力、临时决策能力等都会在无形中降低，随之而来的就是教学决策技能的降低。由于对教学内容和方法没有信心，导致教学不灵活，甚至出现失常现象，工作变得机械，效率不高，教学质量下降。而教师自我效能感的缺失，又会反过来让学生对教师产生怀疑，进一步加剧教师对教学水平的怀疑。反之，自我效能感较高的教师，则能作出更好的教学决策，进而对学生产生积极的影响。请看以下案例：

"老师，咱们别参加五中运动会了。""为什么？""听说五中的学生不仅是'学习疯子'，还是'体育疯子'，我们根本比不过他们。""对，我们初中时年级的几个体育尖子都上五中，他们个个都是'飞毛腿'。"听着学生们的泄气话，看着他们耷拉脑袋的可怜样，我从心里同情他们。我们是合并校，由一所普通中学合并到重点中学——五中的。合并后，不管是老师还是学生，我们都既高兴，又有一种心理落差。高兴的是我们也变成了重点中学的师生，但又总觉得底气不足。

我觉得要抓住运动会的良好契机，帮助我们找回自信。于是我说："不一定吧，还没比呢怎么知道就不行？在学习上我们和他们比可能有些差距，但体育比赛，我们都站在同一起跑线上，只要认真刻苦锻炼，未必比他们差。"我们在班上层层选拔，推出佼佼者参加比赛，在三十多个班中获得了团体总成绩第六的好成绩。颁奖时，我和同学们高兴地拥抱在一起，眼中噙着激动的泪花。看到孩子们那灿烂的笑容，听到他们发自心底的笑声，我的心在隐隐作痛。不仅是他们，就是我们老师也太缺少这种成功的体验了。

有效教学的理念中，关注学生需求是重要核心，而关注的心理基础则是尊重。对教师而言，要用平和的心态，平等地对待学生；要有足够的自信，坦然地面对教学。让每一个教学环节能够在学生身上发挥积极的作用，从根本上根除诸如片面提高成绩而占用学生的休息时间、满堂灌、拖堂、体罚和羞辱学生等课堂教学的顽疾，只有这样才能使有效教学的理念在教学过程中得以贯彻落实。

（2）工作厌倦产生大量不称职行为

教师长期的心理压抑进而产生职业倦怠，持续下去就会导致教师大量的不称职行为。不称职行为，是指与教师的职业道德相背离、与教师的角色及社会期望不相符合的行为。根据英国学者乔丹对"称职教师"的研究，称职的教师应该是认为学生有所作为、善于合作和渴望学习；在课堂里为学生创造条件，激发学生；喜欢和尊重学生；乐观、幽默、公正、不偏爱；在制定明确的规章制度后，坚持原则，但是尽力避免师生间出现敌对局面，照顾学生面子；不会在公开课堂上或者私下在同事面前损害学生的名誉；对学生表示信任，乐意与学生交朋友，欢迎学生为班级做出贡献。与称职教师相比起来，由于工作厌倦而表现出的不称职行为则包括：对待学生态度恶劣、歧视后进生、用专制的方式管理班级、教学消极、不服从学校安排、违反学校教学纪律规定等。

（3）情绪不稳定产生不理智行为

良好的情绪是心理健康的重要标志之一。教师稳定的情绪不仅是顺利开展教育教学工作的保证，也是促进师生双方心理健康发展的需要。而教师不稳定的情绪一旦带入工作的环境中，则会出现很大的危害。在中小学学校里，不少教师由于心理承受能力差，遇到难解的问题，缺乏自我疏导，找不到发泄的办法，往往就把学生当成宣泄的对象，一旦发现有学生不听自己的话，平时积聚在内心的压力和火气就会一股脑儿迸发出来，很容易做出不理智行为。同时教师的这种不稳定的情绪在教育中容易产生心理偏差，在实际工作中显得焦虑和烦躁，遇到事情往往小题大做，反应过激，处理方法简单粗暴，以此获取内心满足和平衡。

日前有网友爆料南京一幼儿园有位奇葩老师，学生调皮被逮到，老师的处理方法居然是让学生互殴，还说是这样能发泄掉小男孩旺盛的精力……这是一家南京实验幼儿园下属的方圆绿茵园。

（维护幼儿学生权益必得纾解教师情绪压力．华西都市报（成都）．2016-04-21）

教师工作辛苦、劳累，来自生活、工作方面的压力大，但教师要学会控制自己的情绪，保持心理平衡。教师的一言一行、一举一动对学生都会形成潜移默化的影响。把学生当做自己的出气筒，不但自己的问题不能解决，心理障碍不能消除，而且还会使学生身心健康受到严重损害。如果教师产生抑郁，则后果更为严重，甚至会危及个人生命，进而酿造悲剧。

（4）导致人际关系紧张

所谓人际关系是指人与人之间通过交往与相互作用而形成的心理上的关系。它是个人或群体寻求满足交往需要的心理状态，它反映了人与人之间心理上的距离。教师的心理健康与否直接影响着教师的人际关系，而人际关系又反过来对教师的心理健康产生很大影响。和谐的人际关系，使人心情舒畅，工作关系团结协调，家庭和睦友好，有助于人的身心健康。人际关系失调，引起消极的心理适应，往往使人心情消沉苦闷，工作关系紧张，这必将影响人的身心健康，甚至导致和产生各种心理疾病。

人际关系既包括与领导、同事的关系，也包括与家长、学生的关系。有心理问题的教师，往往喜欢把工作的问题带回家，当家人或朋友感到不耐烦时，又会指责对方缺乏同情心，进而导致夫妻斗嘴、朋友争吵等，人际矛盾与冲突越来越多。教师之间也客观存在"你上我下""择优上岗""优胜劣汰"等竞争状态，同事之间的矛盾关系是形成教师心理压力的一个不可忽视的重要因素，而教师的心理问题又会加剧这样的矛盾，导致教师对竞争的认识产生偏差。久而久之，教师与他人之间形成一道屏障，将家人、同事和朋友拒之千里外，其结果是心理问题越来越严重。因此，教师要善于主动创造良好的人际关系，坦诚、豁达，真诚帮助别人，主动寻找与他人心灵沟通的纽带，缩短与他人、与社会的距离。当与他人有矛盾时，学会以设身处地的方式去体验别人，可以有效地帮助我们正确理解别人，避免出现判断错误和不恰当的行为。只有在宽松、和谐的工作环境中，才能更好地发挥自身的才能。

第三节　教师心理的维护

教师心理健康水平是教师心理素质的一个重要反映和评价指标，心理健康的目标即全面提高教师的心理素质。教师心理健康水平、教师心理素质的提升正如教育孩子的懂事、呵护树木的成长、等待果实的成熟一样，不是一蹴而就的，需要长期坚持不懈的努力。理解教师的心灵感受，重视教师的心理健康，研究教师的心理保健，方能帮助更多的教师从心理困惑中走出来，让他们快乐地工作、幸福地生活。

一、教师心理健康的意义

1. 心理健康的概念

健康是一个综合概念。在古代，人们认为健康就是身体无缺陷和无疾病。1946 年第三届国际心理卫生大会指出，心理健康是指："身体、智力、情绪十分调和；适应环境，人际关系中能彼此谦让；有幸福感；在工作和职业中，能充分发挥自己的能力，过有效率的生活。"随着社会的发展和人们知识水平的不断提升，由 1989 年世界卫生组织定义的"健康"得到人们的普遍认可，健康不仅仅是身体没有缺陷和疾病，而是身体上、精神上和社会适应上的完好状态。由此，我们可以发现，现代健康理念包括生理健康、心理健康和社会适应三方面。健康的心理表现为智力正常、意志健康、行为协调、人际关系和谐和反应适度。积极而有效的心理活动，平静而正常的心理状态，才能客观地调整自己的状态，建立心理防卫机制，减轻心理压力，并努力改变生活中的不良嗜好行为和病态社会心理，以适应不断发展的新的社会环境与生活。

《简明不列颠百科全书》将心理健康解释为："个体心理在本身及环境条件许可范围内所能达到的最佳状态，但不是十全十美的绝对状态。"我国许多学者也从不同角度对心理健康进行了阐释，比如研究者王书荃认为心理健康是指人的一种较稳定持久的心理机能状态，简单定义就是"和谐"，即自我身心的和谐、自身与社会的和谐等。俞国良在其著作《现代教师心理健康教育》里谈到，心理健康是指一种生活适应良好的状态。心理健康包括两层含义：一是无心理疾病，这是心理健康的最基本条件。二是具有积极发展的心理状态，即能够维持自己的心理健康，主动减少问题行为和解除心理困扰。虽然目前对心理健康还没有一个统一的定义，但是至少能达成共识的是，心理健康不是一个静止的状态而是一个动态发展的和谐的过程，心理健康者最突出的特点就是"接纳"：接纳自我、接纳他人、接纳自然、接纳社会，通过"接纳"达到全面和谐，从而全面提升个体心理素质。

2. 教师心理健康的意义

《中国教育改革和发展纲要》指出："振兴民族的希望在教育，振兴教育的希望在教师。"国家教育部在《中小学心理健康教育指导纲要》中指出："要重视教师心理健康教育工作。要关心教师的工作、学习和生活，从实际出发，采取切实可行的措施，减轻教师的精神紧张和心理压力，使他们学会心理调适，增强应对能力，有效地提高心理健康水平。"教师心理特征的研究及现代教师的心理健康状况对一个国家的未来意义重大，关注教师心理健康成长已经迫在眉睫。

（1）教师心理健康关系学生前途

学生：我不想读书了！

班主任：那怎么行？

学生：学习没用……

班主任：谁说没用？不学习你怎么考大学？

学生：考大学干什么？出来也不一定能找到工作。

班主任：不考大学就能找到工作啦？告诉你，考大学是你们的唯一出路。

学生：那可不一定。没考上大学成功的人可多了，比尔·盖茨就没上完大学。

班主任：你能和比尔·盖茨比吗？比尔·盖茨世界能有几个？别异想天开了！

学生：反正我不想读书。

班主任：你可不能拿自己的前途开玩笑！不听老师、家长的话，你将来肯定会后悔的。

（91考试网．www.91exam.org.2015-06-22）

一个学生，只是一个班的几十分之一，但是，对于一个家庭来说，一个孩子就是百分之百。教师必须具有良好的心理素质，才能保证学生的健康成长，达到预期的教学目标。心理不健康的教师群体，就很难教出心理健康的学生。因而教师一旦注意到自己的心理处于不良状态，应立即进行调整，使其向好的方向发展，避免对教育工作产生消极影响。

（2）教师心理健康关系学校发展

教师是学校发展的核心力量，没有健康的教师队伍，绝不可能有生机勃勃的学校。一所好学校，不仅要有一套严格到位的管理制度，更要有一批才华横溢、心智健全的教师。教师的心理调节能力和心理健康状况直接影响学校的教学效率、生源、建设和发展。因此，教师队伍的心理出了问题，学校发展也会受到严重制约。

（3）教师心理健康关系教师成长

教师心理健康程度关系教师自身的成长。教师心理不健康，自己就不会感到幸福，相对于自己的职业角色，其期待值也会大大降低。这样的情况下，教师会出现萎靡不振、怨天尤人、自信心不足、职业倦怠等一系列问题，其自身的专业成长会受到影响，很容易由于心理出现问题得不到及时救助而走向可怕的深渊。

（4）教师心理健康关系教育改革

目前，教育改革如火如荼，已经成为社会发展的必然趋势，一方面教育宗旨从应试教育向素质教育转变，另一方面课程变革正迈向新课程改革的大道。教师的角色由传统单一的讲授者向组织者、引导者、领路人等角色转变，教师的专业技能从要求"教教材"到要求"用教材教"等多功能转变，教师的教学方法从注入式向启发式转变，教师的心理素质从能正确对待和接受到要求学会自我调节、自我心理教育的方法……这一切都意味着素质教育改革和教师教育改革对现代教师心理健康提出了新要求。

二、教师心理健康的标准

教师心理健康和教师心理素质密切联系，教师心理健康素质是教师心理素质的一个重要部分和评价标准，心理健康的目标就是要全面提高教师的心理素质。教师职业对教师心理健康水平有较高的要求。教师的心理健康除了有与其他职业共有的心理健康标准外，还有自己的职业特殊性。因此，衡量教师的心理是否健康，评判教师的心理素质是否完善，这就需要有一套科学的、行之有效的教师心理健康的标准。

1. 心理健康标准

心理健康标准是心理健康概念的具体化。心理健康标准随着时代的进步正在不断变化，以下是国内外关于心理健康标准的不同界定（表 6-3-1）：

表 6-3-1　心理健康标准

标准的研制者	标准的内容
世界卫生组织	①具有健康心理的人，人格是完整的；自我感觉是良好的；情绪是稳定的，且积极情绪多于消极情绪；有较好的自控能力，能保持心理平衡；能自尊、自爱、自信，有自知之明；②一个人在自己所处的环境中，有充分的安全感，且能保持正常的人际关系，能受到他人的欢迎和信任；③心理健康的人，对未来有明确的生活目标，并能切合实际地不断进取，有理想和事业上的追求
马斯洛	①充分的安全感；②充分了解自己，并对自己的能力作适当的估价；③生活的目标能切合实际；④能与现实环境保持接触；⑤能保持人格的完整与和谐；⑥具有从经验中学习的能力；⑦能保持良好的人际关系；⑧适当的情绪表达及控制；⑨在不违背集体的要求下，能作有限度的个性发挥；⑩在不违背社会规范的前提下，对个人的需要能作恰如其分的满足
林崇德	①了解自我；②信任自我；③悦纳自我；④控制自我；⑤调节自我；⑥完善自我；⑦发展自我；⑧调适自我；⑨设计自我；⑩满足自我

续表

标准的研制者	标准的内容
俞国良	①智力正常；②人际关系和谐；③心理行为符合年龄特征；④了解自我、悦纳自我；⑤面对和接受现实；⑥能协调与控制情绪，心境良好；⑦人格完整独立；⑧热爱生活，乐于工作

这些公认的心理健康标准都与以下内容密切相关：对自我充分客观的认识与控制，与他人、与环境的和谐，对生活、工作不失热情，永远保持健康积极的状态从而发挥潜能，达到人格的完整。

2. 教师心理健康标准

教师是特殊的职业群体，因此教师的心理素质和健康状态必然具备特定的职业特点。那么，我们怎样衡量教师心理是否健康？教师心理素质是否完善呢？结合前述"教师心理素质的构成"，简单说，就是教师是否具有正确的角色认知观、体验观、期待观，品格是否完善，自我意识是否较强。在《教师专业标准》中提出："善于自我调节情绪，保持平和心态。"这是对教师心理健康标准的基本要求。

概括一下，衡量现代教师心理健康可参照下列标准：

1）认同教师角色，热爱教育事业，投入教育工作。

2）正确地认识自我、体验自我和调控自我。如在教育教学过程中，能进行自我监督，随时调整自己的观念，做出更适合当时的教学行为；能随时控制自己的情绪，对待学生及家长一视同仁等。

3）良好的人际交往能力。教师的人际交往对象往往是同事、同行、学生、家长等，与他们关系融洽。

4）能树立终身学习理念，不断超越创新。如乐于钻研，勇于实践，不断学习提升，能根据学生个性特点，创新教学理念，创新教学设计，创新教学方法等。

三、教师心理健康的途径

教育是神圣的职业，但教师并不是不食人间烟火的圣人。教师有压力，有痛楚，也有彷徨。面对教师群体日益严重的心理问题，不论是社会、学校还是教师自己，都要学会从自我教育、环境营造、评价跟进、发展规划等方面实现心理健康的自我维护。

1. 学会心理健康自我教育

"生命的幅度取决于对自己有多少觉醒"，教师心理健康自我教育是实现心理健康长久发展的根本。

（1）正确认识自我

在古希腊拉菲尔神庙上刻着一句话：认识你自己。认识自己，就是对自己做一个恰如其分的评价。千百年来，这一直是古人向世人提出的最伟大的建议。然而，并非所有的人都能做到这点，人总有无穷无尽的欲望和要求，教师也不例外。我们不提倡泯灭想法，却呼吁想法适度，正确认识自我，根据情况做出判断是最理想的选择。永远保持清醒的头脑，随时分清主次轻重，及时认清自身的优势和劣势，善于取长补短，那么，就永远不会迷失方向。教师在学会心理健康自我教育时，认识自我是第一步。

（2）正确认识他人

认识他人就是考验教师与他人和谐相处的人际交往能力。心理学家早就指出，人类的心理适应就是对人际关系的适应，具有良好的人际关系的人心理健康水平就高，对挫折的承受力和社会适应能力就强，在社会生活中也就更容易成功。对教师的交往对象而言，正确认识他人就是让自己和谐地融入到与学生、家长、领导、同事、家人等的交往中，保证健康的心理，更好地教书育人。

具体而言，把握好几种态度至关重要：一是以和待人，尊重朋友；二是以心交心，尊重学生；三是以情动人，尊重家人；四是以理服人，尊重同事；五是以诚对人，尊重家长。这样就能有效避免不必要的冲突和矛盾，增进沟通和了解，让教师能处于一种愉快的人际氛围中，健康地生活、快乐地工作。

（3）换个角度看世界

大仲马说过："烦恼和欢喜，成功和失败，仅系于一念之间。"我们每个人在生活中都会经常遇到一些不如意之事，若能换个角度看问题，认识到事物的多面性，不如意就容易化解，心态自然也就平和了。如果总是从生活和工作中感受到苦恼和无望，那永远不会感到幸福；相反，如果总能换个角度看世界，也总能感受到随处可见的幸福，更能感染到身边的学生、同事、朋友和家人，何乐而不为呢？

（4）学会自我调节

自我调节主要有三种途径：一是情绪调适，二是压力应对，三是休闲放松。

1）情绪调适。当情绪处于消极状态时，适当利用转移的方法，就是去做一些自己喜欢做的事情，如散步、欣赏艺术作品、运动等；当遇到不开心的事情，可以采用宣泄的方法，大哭一场、大吼一阵或者向知心朋友倾诉，使情绪得到释放；当想发怒时，可以先在口腔里绕舌头十圈，并考虑：发怒有无道理？有何结果？可以不发怒吗？当然，情绪调适还有两个好方法就是多笑和幽默。据研究，多笑能使吸氧量增加、按摩心脏、松弛肌肉、降低基础代谢等，对身体有益。而幽默则是不良情绪的消除剂，懂得适当幽默的老师一定能受到学生的欢迎，还可以在很多场合化解矛盾，也是心胸宽广的表现。

2）压力应对。目前来自社会定位、学校定绩、家长期望等方面的压力使得教师所承担的心理压力比其他职业人员要大，教师应学会自我心理减压。当压力来临时，首先告诉自己：压力就在眼前，这是不可改变的事实，我只能接受，不能欺骗自己。其次，理智地分析压力的情境：压力是什么，压力有多大，压力的根源在哪里。再次，调整自己的应战状态：人在面临压力时的第一想法就是逃跑，通过理智的控制，人能够做到不在第一时间逃跑。这时要做的就是由回避模式转为主动模式，把情绪定向应付转为问题应付。最后，采取有效措施应对压力：教师这时要做的不是思考压力为什么来临，而是思考如何解决问题，并且积极主动地尝试各种方法应对压力事件，直到彻底解决压力事件。此外，当感到自己的力量不够的时候，还需要主动寻求社会支持，主动寻求身边人的支持，如家人、朋友、同事、领导，他人的帮助可以增加教师战胜压力的自信，提高教师的心理安全感，给教师以力量。

3）休闲放松。俗话说"劳逸结合"，休闲作为人生活中不可或缺的一部分，对个体的生活乃至整个社会都有很大的作用。著名哲学家亚里士多德认为休闲是一种深思的状态，是一种不需要考虑生存问题下心无羁绊的状态，亦即古希腊哲学家所推崇的沉思、从容、宁静和忘我。人有了休闲不是拥有了驾驭世界的力量，而是由于心态的平和使自己感到生命的快乐。因此，休闲对于教师而言不应该仅仅是娱乐和休息，而应该成为追求个人价值的一个途径。这里介绍几种适合教师的休闲方式（表 6-3-2）：

表 6-3-2 教师的休闲方式

分类标准	休闲类型	具体方式
目的不同	逃避性的活动	为了逃避日常工作而从事的休闲活动，如阅读课外书籍、看电影电视等
	一般教养性及鉴赏活动	充实人生的活动，如观看演出、学习技能等
	创造性的活动	自己去创造生产的活动，如作曲、绘画、陶艺、缝纫等
	服务性的活动	以服务为目的的休闲活动，如义务工作、社区服务等
性质不同	知识性休闲	如读书、参加展览等文化活动
	健康性休闲	如球类运动、登山、跑步、游泳、舞蹈、瑜伽等
	乐趣性休闲	此类根据自己的兴趣爱好进行休闲活动，感到快乐就好
	服务性休闲	参加社会服务和义务机构工作，从中获得喜悦
时间不同	片刻休闲	家居或工作处所的休闲，如在学校课间伸伸懒腰、踢踢腿、散散步等，以短暂零碎时间的运用为主
	日常休闲	在生活圈内的休闲，如公园赏花、购物布置家居等，以半天或一天为时间段
	周末休闲	远离工作的烦扰，到郊外参观名胜古迹，进行短途旅游等，利用好周末的休闲时光
	长假休闲	可以到省、市外旅游放松，观光游览、旅游度假等，连续的假期安排得井井有条

总之，休闲是教师最好的心理按摩。不管选择何种休闲方式，对于教师来说，主要是要有意识地培养自己的休闲观念，在紧张的工作和高强度的压力下学会"忙里偷闲""忙中取乐"，这样才能真正做到事半功倍，保持长久的健康。

2. 营造良好的心理健康环境

前述建议教师首先学会心理健康的自我教育，是从教师内部调整提出的方案，那么营造良好的心理健康环境则是从教师外部生存的空间进行改变，这是教师心理健康成长的条件和保证。要提高教师的心理健康水平，无论从宏观的社会体制层面上还是在教师教育、社区、学校等层面上都应建立教师心理健康的社会支持系统，综合各种措施减轻教师的心理压力，对教师的工作提供支持和保障。

（1）入职支持

为保证教师队伍质量，早日针对教师心理问题进行预防，师范院校和教师资格认证部门对教师职前筛选就至关重要。对将要从事教师这一职业的师范生进行测评，测评其人格特征、自我意识、情绪自控能力、人际交往能力、社会适应能力以及与教学有关的知识、角色意识、职业期望、教育观念，等等，确保这些准教师，能具备做一名合格教师的基本素质，并且符合职业的特殊需要。教师的职前培训，要构建作为教师所必需的信念系统和角色意识，这一点尤其重要，因为教师的信念系统和角色意识直接与教师的心理健康状况相关。教师的信念系统和角色意识决定了教师对学生的态度、对教学工作的态度。建议我国教育行政部门形成一整套关于教师筛选、培训和资格认定方面的标准，以促进教师群体的专业化。

（2）社会支持

该层面的工作主要是通过各种政策的制定，来提高教师的社会地位、促进教师群体专业化的进程，形成尊师重教的社会风气。如政府应加大执法力度，维护教师的合法权益，增加教育投入，改善教师的工资收入、住房、医疗等物质待遇；深化教育改革，减轻教师的升学压力和心理负荷；政府部门还可以有组织、有计划地通过各种传媒，宣传教师在社会主义现代化建设中的巨大作用，推动尊师重教社会风气的形成，使教师这一职业最终成为真正意义上受人尊敬的职业。

（3）社区支持

教师是一个相对封闭、缺少社会支持的群体，因此，在学校内部乃至整个社区、学区内形成教师社会支持系统，能有效地维护和促进教师的心理健康。如国外的"工作组"和"教师中心"便可为我们所借鉴。"工作组"类似于国内中小学的科研小组、语文组、数学组等形式，是同事之间提供社会支持的主要形式，来自同事的信息支持（如提供某些必要的知识）、实践支持（如帮助完成工作任务）以及情感支持能增强教师对工作情境的控制感，从而降低压力水平，提高个人成就感，取得良好的工作表现。"教师中心"指一种由几个学校或整个学区组织形成的服务于该学区教师的机构，其主要目的是为教师提供一个可以与同行讨论种种教学问题、获得新的教学技巧和心理支持的场所。在那里，教师与教师之间可进行丰富的信息交流和思想交流。此外，还可以专门建立给教师提供心理咨询和心理援助的机构，这种机构对缓解教师职业压力所导致的各种身心症状具有重要的现实意义。

（4）学校支持

学校的帮助与支持，是教师社会支持系统中很重要的成分。学校应该为教师提供更多的社会支持，更多的培训、晋升机会，更多的自主权等以满足教师的成就动机。学校管理者如果能对教师持一种理解的态度，会帮助教师更有效地处理工作负担。学校管理者尤其是校长的支持与关心能有效地减轻教师的心理压力，减少心理健康问题的发生。当然，要从根本上减少教师的心理压力源，必须调整学校系统运行过程中最本质的成分，即把教师的需要和学生的需要放到同等重要的位置上，形成两者的双主体地位，让教师真正成为学校建设的主人翁。

3. 建立心理健康评价体系

新课程改革倡导建立教学评价体系，重视正确、全面、客观地评价教师的教育教学能力和水平，激发了教师的教学热情，收到了初步成效。在心理健康问题上，也可以尝试建立心理健康评价体系，这是对教师心理健康发展进行全面、综合评价的方法，主要适用于学校内部。在学校内部建立心理健康评价体系，可以有效防止对教师心理问题的不公正评价，更重要的是对减轻教师心理压力，缓解教师心理紧张，帮助教师走出心理困境有积极作用。

评价主要包括发展性评价和终结性评价两类。而心理健康评价主要倾向于运用发展性评价方法，即重点关注教师心理的发展过程，而不是只关心最终的结果。

1) 从评价程序上讲，发展性评价要求学校能形成一套程序：一是从教师入职开始，对教师的心理状况进行调查分析；二是在教师平时的工作中，使教师能对自己的教学过程、教学行为进行反思，对自己的教学过程、行为进行评价，尤其是在教学过程中对学生的教学方法是否恰当，是否对学生造成了心理伤害等进行反思，适当在组内开展交流，以求对教学实践有更深入的理解，并在此基础上最终提高教学实践和心理沟通水平；三是提倡教师定期写"心情日记"，并进行有针对性的咨询和辅导。

2) 从评价原则上讲，应遵循对教师心理健康评价的即时性、针对性、激励性和适度性原则。

3) 从评价的方法上讲，可以采用心理健康纸笔测验方法，进行问卷调查；也可以为每位教师建立"心理健康档案袋"，对教师的心理发展变化进行记录和分析；还可以及时把握教师的工作表现和业绩，进行适度的奖励等。

4. 进行教师职业生涯规划

职业生涯是指一个人从职业学习开始到职业劳动，最后结束这一生的职业工作所经历的全部过程。对个人而言，教师进行职业生涯设计的具体意义体现在以下方面：①全面、客观、深入地认识和分析自己，准确定位。通过职业和自我全面评估，可以弄清自己为人处世的价值观、基本原则，也可以剖析出自己的人格特征、兴趣、性格等多方面的情况，了解自己的长处与不足。②设立明确的职业目标。教师可以根据自己各个时期的体能、精力、经验等有针对性地制定切实可行的阶段性目标，减少职业的盲目性。③促使教师采取各种措施去争取职业目标的实现。由于目标的实现内容比较丰富，包括个人在工作中的表现和业绩，掌握一些额外的技能或知识，还包括生活和家庭的目标等，因此目标可以促使教师合理的分配精力和时间，并永远保持一种奋斗的动力。④有助于教师对生活需求及工作需求作适当的调整。

当然，由于教师职业的特殊性，工作环境相对单调、人际关系相对单一、工作内容容易重复、自身特质也有所不同，一些教师出现了职业生涯发展的停滞状态，从而引发如疏离感、低效能感、挫折感、失败感等一系列职业生涯认同危机。正因为如此，我们对教师职业生涯规划的研究不能停止，相反，我们应通过各方面的努力帮助教师实现职业生涯的持久发展。

（1）建立学校生涯管理体系

生涯管理体系包括目标设置、评价、激励、培训和规章制度。目标设置主要是为教师设定富有挑战性的任务，使教师在完成任务的过程中及时找到自己在学校中的位置，保持个人目标与学校目标的一致。激励主要是学校可以采取多种激励方法，通过荣誉激励法、物质激励法等为师生树立榜样，激发教师的工作积极性和成就感。培训也可以考虑专门聘请心理咨询专家，对全体教师如何与学生、与家长等沟通进行培训，增强其心理学知识和技能。

（2）规划教师个人生涯设计

著名职业生涯规划专家程社明博士曾说："在职业生涯发展的道路上没有任何空白点，每一种环境、每一项工作都是锻炼，每一个困难、每一次失败都是机会。"教师的职业生涯规划分为以下几个步骤：自我与环境综合评估——目标设定——策略实施——评估反馈进行调整。在进行自我与环境评估时，教师最好先问自己下面5个问题：①我是谁？②我想干什么？③我能干什么？④环境支持或允许我干什么？⑤我的职业与生活规划是什么？每个问题都认真回答，一一列出自己的想法，尤其是回到最后一个问题是在分析前4个问题的基础上，把自己最应该去做的事情列出来，这样，自己的职业生涯应该以此为方向，并在此方向上以三年为单位，提出近期、中期与远期的目标；再在近期目标中提出今年的目标，还可以将今年的目标分解为季度目标、每月目标。按照这些目标采取行动并注意不断修正，职业规划才能实现。

★ **案例聚焦**

前几年，我给初中的学生上体育课，改成教小学体育以后，对于学生在课堂上学习技术动作之难始终不能理解。我认为是根据小学生的年龄特点，教规定的内容，他们怎么学起来这么费劲呢？学生的态度很认真啊，并不是因为精力不集中才学不会的。在练习队列的时候，常常走不直，纵队前进拐弯时，也不能按整个队伍在转弯处形成一个直角的要求完成。我反复地讲，在地上画，做示范，用了很多方法，始终达不到令人满意的效果。

又一次体育课上，还是一年级的队列练习，又出现了以前的毛病，我要和一个排头的学生说话，学生太矮，我弯下腰，低下头和他讲动作要求，我说，你看……我忽然停下不说了，本来我是想说你看整个队伍的样子是怎么的不符合要求，可是当我弯腰低头和学生一样高时，才发现学生在队伍里根本看不到整个队伍的样子，因为我个子高，从上往下看，才清楚地看到整个队伍的样子，学生们理解不了我能看到的这些啊。以前我想当然地认为学生也能看到呢，或者我根本没想，忽略了。正好操场的边上有一处高台，我让一部分学生轮流站在高台上看一看整个队伍的练习，他们的心里可能明白了其中的道理，再练习效果就好多了。

★ **点石成金**

"横看成岭侧成峰，远近高低各不同"。换位思考，是设身处地为他人着想，即想人所想，理解至上的一种处理人际关系的思考方式。这既是一种理解，也是一种关爱。人与人之间要互相理解，信任，并且要学会换位思考，这是人与人之间交往的基础。

更何况学生还只是成长中的生命，就更需要站在他们的立场去考虑问题，将我们自己的内心世界，如情感体验、思维方式等与孩子的生命联系起来才有积极的意义。事实上，宽容的美德也源自于换位思考。可以说，换位思考的能力是教师能否成功进行管理班级、教育学生的一个重要因素。

★ 技能训练

1. 教学反思

谈谈你对这则案例的看法。

2016 年 8 月，一位优秀教师的辞职曾经在教师群体中引起轩然大波。短短的 3 个月，又一位优秀的一线教师离开学校岗位，她曾是华南某个高中、原某省骨干教师、市级名师，19 岁就登上讲台，她离开的时候留下了这些话："辞职的另一个原因可以用一句话来形容，那就是'钱少、事多、离家远'""老师不是超人，却被活生生地逼成了超人""教师用三十年的青春换了一纸证书，却连自己的家都养不起，这是何等的荣耀？"

她说："作为一个奋斗在第一线的中学教师，我用自己已经受损的健康和正在逝去的青春祈祷。做教师，意味着清贫一世、奉献一生、辛苦劳累一辈子！不但自己终身不能享乐没有荣华，自己的父母也不能得到悉心的料理护养，自己的孩子也不能受到体贴入微的照顾，甚至学习成绩都不如别人！当老师、当老师真不容易啊！你不能生病，你家里不能有事，你不能有情绪，你自己的孩子从上了学，身为教师的家长也只能给别人的家长开家长会……至于年幼的孩子托付给父母照看，年迈的父母拜托给兄弟姐妹照料，更是天经地义。"

2. 教病诊治

一次，合唱比赛结束后，班主任兴奋地将学生艺术节合唱的照片传到了家长群中，想与家长分享孩子们的出色表现。可是，马上就有家长愤然："为什么我家小孩没参加合唱比赛？"

原来，是学校考虑到比赛的公正性，要求每班的参赛人数都要一致，但是这样一来，多数班级都会有几个孩子不能参赛。于是，班主任将学校的活动细则和班级选拔规则解释了一番。没想到家长更加气愤："我觉得我家宝宝唱得挺好啊，凭什么就选不上？"如果遇到这样的问题，作为老师，你将准备怎么回答呢？

"其实，有经验的班主任都很怕这种没有硬指标的选拔。所有的孩子都是父母心中的王子、公主，选谁不选谁都难以服众。"这位老师是这样说的。

（1）谈谈你对这则案例的认识。

（2）有哪些方法能够帮助这位老师解决或者缓解矛盾？

第七章　现代教师学习论

在寻求真理的长河中，唯有学习，不断地学习，勤奋地学习，有创造性地学习，才能越重山跨峻岭。

——华罗庚

★☆★ **一线传真**

著名教师韦仁翠在《志在杏坛 意笃情深》中写道：作为教师，我深知知识更新的重要性。要想成功地教育学生、影响学生，首先必须具有广博的知识。趁着年轻，精力旺盛，我一边承担着繁重的教育教学任务，一边坚持自学。寒来暑往，挑灯夜读，没有假期和双休日，一晃八个春秋，硬是把贵州教育学院的中文专科和贵州师范大学的中文本科毕业证书拿到了手。我并不以此为满足，仍然不放过任何学习提高的机会，积极参加各级教育行政部门组织的培训。2006年参加了中小学教师继续教育农村骨干教师课程改革省级培训；2009年参加了贵州省中小学省级骨干教师培训；2012年又参加了"国培计划"贵州省中小学骨干教师培训。有时我是培训班里年龄最大的，但这丝毫不能消减我的学习热情，反而使我加倍努力，惜时如金，每次都有新的收获。每年我还订阅多本教育期刊，不断地汲取营养。虽然学习是件孤寂的事，可汗水没有白流。读书让我开阔了眼界，积累了丰富的知识，增强了分辨能力。平时，凡是自己不懂的东西，无论是德高望重的老教师，还是初出茅庐的年轻教师，我都以能者为师，虚心请教，不耻下问。

（韦仁翠. 志在杏坛 意笃情深. 人民教育，2013，（9）：56-59）

人永远不会变成一个完人，他的生存是一个无止境的学习过程与完善过程。人和其他生物的不同点主要就是他的未完成性。事实上，他必须从他的环境中不断学习自然和本能所没有赋予他的生存技术。为了求生存和求发展，他不得不继续学习。教师的成长是一个不断学习、不断实践、不断创新的过程；是一个不断利用外部资源和条件进行优势积累的过程；更是一个不断实施自我监控、自我调节和自我超越的过程。可见，"学习"在教师专业发展中的作用至关重要。只有乐于学习、善于学习的教师，其专业生命才可能更长，专业生命宽度才能更广。正如第斯多惠所说："凡是不能自我发展，自我培养和自我教育的人，同样也不能发展、培养和教育别人"。因此，在当今社会，每个人都需要终身学习，而作为培养未来社会栋梁的教师，要教会学生学习，自己首先应该是一个会学习、能学习的榜样。

理论 导航

第一节　教师学习的内涵

在终身学习的社会背景下，学校正在被要求发挥教育变革的重要作用，教师被要求成为这个变革过程的中心。然而，学校实现这些期望的能力主要取决于它们自身推行变革的能力，尤其取决于教师是否能够提出积极、有效的策略以适应未来学校的需要。面对终身学习社会对学校和教师的严峻挑战，世界各国都愈发重视教师的学习，以提高教师的专业成熟度，适应学习型社会对教师的要求。围绕教师学习的话题，关于教师学习的价值、学习的特征、学习的途径等都值得我们关注。但事实上，教师学习长期以来受"师范教育""教师培训""教师继续教育"所遮蔽，很少人有意识且明确地把"教师学习"作为一个概念属性提出并加以思考和研究。因此，在现在和未来要认真践行"教师学习"，我们必须首先深刻理解"教师学习"的内涵。

一、教师学习的意义

社会变迁催生教育变革，教育变革要求教师变化，教师变化成为推动教育变革甚至社会进步的关键。因此，教师变化的动力之源——"教师学习"就显得尤为重要。在 21 世纪，"教师学习"的兴起是时代转变和社会进步的必然。

1. 终身学习的追求

1970 年法国成人教育家保罗·郎格朗出版《终身教育导论》一书，他在书中序言写道："必须把教育看做是贯穿于人的一生与人的发展的各个阶段的持续不断的过程"。由此，全世界打开了终身教育的大门。1972 年埃德加·富尔给联合国教科文组织提交《学会生存——教育世界的今天和明天》，他在书中指出："每一个人必须终身连续不断地学习。终身教育是学习化社会的基石。"至此，全球进入了终身教育的热潮。联合国教科文组织在 1976 年通过《关于成人教育发展的报告》中明确提出了终身学习的概念，1989 年该组织在《学会关心：21 世纪的教育》报告中把终身学习看成是"面向 21 世纪的学习观"，这更直接推动了终身学习在 20 世纪 90 年代的风行。1996 年联合国教科文组织在第 45 届国际大会上专门讨论教师在变革世界中的作用。由雅克·德洛尔任主席的国际 21 世纪教育委员会向联合国教科文组织提交了一份《教育：财富蕴藏其中》的报告书。该报告提出了终身学习社会教育的四个关键问题：①学会做人；②学会认知；③学会做事；④学会共同生活。报告强调应对这四个方面加以同等重视，这样教育就会被视为一个完整的、一生的经历。由此，终身教育理念的提出推动了学习化社会的发展，学习化社会期待和要求全体社会成员终身学习。

2. 教育改革的需求

百年大计，教育为本；教育大计，教师为先。从 20 世纪开始，世界各国为了发展综合国力，提高教育质量，纷纷进行了一系列改革，对教师的"教"和学生的"学"有了更深刻的理解和认识，由此，也对教师素质提出了更高要求。教师不仅是知识的传递者，而且是道德的引导者，是思想的启迪者，是心灵世界的开拓者，是情感、意志、信念的塑造师；教师不仅需要知道传授什么知识，而且需要知道怎样传授知识，知道针对不同学生采取不同的教学策略。但是，众多教师在面对多变的社会、风起云涌的教育变革和复杂的学生时，由于自身素质的限制而感觉到力不从心、无从应对，心中充满了彷徨和无助。因此，应对教育改革就迫切需要提升教师素质，期待教师成为积极的学习者，适宜变革的新要求。教师工作的目的是培养和造就人，当教师明确自己的职业目的并将之上升到职业理想追求时，就必然产生拓宽专业知识背景，提高育人专业能力的内在要求。这种要求的觉醒可以促使教师进行与自己职业生涯等长的继续学习，即不断进行在职的专业更新。与此同时，教育改革与发展的高速度、持续性也要求教师知识与能力提升的终身化、高效率。学习无疑成为适应社会发展形势，适应教育改革需要，适应自身专业发展需求的必然选择，并从教师工作对象的角度和教师专业发展的角度，让教师学习从意义的层面得以建构。

3. 专业发展的要求

教师是人类永恒的职业，但社会对教师的要求并非亘古不变。面对 21 世纪的社会变革与教育发展，教师学习成为当代教师实现自身发展、适应职业要求与时代所需的必然选择。早在 1966 年，国际劳工组织和联合国教科文组织首次以《关于教师地位的建议》的官方文件形式提出："教师是一种专门化的职业，它是为公众服务的一种形式，这要求教师必须具备专业的知识以及专门的技能，这些知识和技能都要通过严格的、持续不断的学习才能获得。"可见，教师在职业生涯中自始至终都需要定期更新、补充知识、技巧和能力。常言道："问渠哪得清如许，为有源头活水来"。教师必须通过各种形式的学习来充实和丰富自己，才可能有源源不断的知识传授给学生。于漪老师说："一辈子做教师，一辈子学做教师"。教师也唯有不断地学习和体验，才会在职业生涯的发展中体会到成功和幸福。因此可以说，教师再学习是教师职业的要求，是发展教师、成就教师、幸福教师、完善教师的必由之路。

二、教师学习的内涵

20 世纪 80、90 年代，在国内教育领域仍热衷于讨论教师专业发展概念时，西方的教师教育研究悄然发生了转向。他们在批判教师专业发展概念的同时提出教师学习概念，教师学习逐渐成为教师教育研究中的主导性概念。而教师学习概念的兴起，不只是"教师专业发展"概念的简单更替，更体现为研究者对教师专业发展认识的发展，把握这一概念的理念内涵，对于我们分析教师问题，帮助教师成长，促进教师日常学习和研修具有重要的意义。

1. 学习的内涵

心理学界对学习历来有不同的解说。行为主义认为："学习是指刺激－反应之间联结的加强"；认知主义认为："学习是指认知结构的改变"；人本主义认为："学习是指自我概念的变化"。这些定义各有侧重，但它们都从不同的角度揭示了学习的性质，为我们研究学习提供了多元化的视角。1982年，英国学者萨尔乔在其著作中提到曾经在英国进行的一项具有较大影响的调查，这次调查的主题是"什么是学习"。研究发现，人们基于自身的教育背景，甚至在不同的时间里，从不同的角度来描述他们对学习的理解。最后总结出一个结论：学习是一种行为，更是一种自我的变化，更确切地说是一种发展，所以只有当学习者最终看到了一个不同的世界时，真正的学习才算是发生了。由此可见，很多人认为"学习"不仅强调学习的行为过程，更关注学习的结果，认为引起了学习者发展变化的行为才称其为学习。

2. 教师学习的内涵

如前所述，过去，"教师学习"常被"教师培训""继续教育""教师教育"等概念所取代，没有被当作一个独立的概念进行思考和研究。现在，"教师学习"备受关注和重视，这由近年来大量涌现的关于教师学习的研究成果可见一斑。其实术语的变化、关注度的增加，并不是偶然发生，某个时期对某个概念的关注，反映的是不同时期的不同思想内涵，反映的是对教师发展研究的理论进展。我国在2001年5月颁布的《国务院关于基础教育改革与发展的决定》中首次使用"教师教育"概念，以取代传统的"师范教育"说法。"教师教育"体现了教师培养的系统性、专业性、开放性和终身性，但是，从"教师教育"中的"教育"概念的使用来看，仍然摆脱不了教师被动受训的观念和地位。"你可以把马牵到河边，但你不可能让马喝水。"这个古老的谚语可以用来比喻"教育"和"学习"这两个相互联系又相互区别的活动。

其实，西方在更早的时候就关注到了这一问题。在20世纪80年代，西方国家对教师专业发展问题研究开始有了新的转向，如美国密执安州立大学1985年建立的"全国教师教育研究中心"在1991年就改变成了"全国教师学习研究中心（National Center for Research on Teacher Learning，NCRTL）"。这意味着他们对教师专业发展的研究开始从向教师"提供"教育和培训转变为激励教师产生学习的"需要"；开始从有计划、有组织、有限度地提供教师进修的机会，到不限时间、场所、形式、对象，通过所有教师的自主学习而获得自身专业的发展；开始从满足社会对教师数量上的需求，到关注教师专业素质和个人成长可持续提高。因此，"教师学习"应该是贯穿教师职业生涯整个历程，是教师主动、积极、持续的，通过各种方式，不断提高自身专业知识、专业能力、专业素养的行为活动。

3. 教师学习的价值

"教师"越来越被看做是一种"学习型专业"，将教师的专业发展视为教师看几堂示范课、听几堂讲座的培训活动的时代已经过去，成为教师就意味着终身学习。琳达·达林-哈蒙德曾经指出，要把职业教师想象为不是一个已经学会了如何教学的人，而是一个不断地向教学实践学习的人。因此，教师学习是自身职业发展的必然要求，对教师本人具有重要的意义。然而，教师学习的价值并不局限于此，教师学习更根本的意义和价值在于促进学生有效学习。教师职业的根本目的在于帮助学生发展，最大可能地促进学生学习，从而使所有学生能够发挥他们的学习潜能，这是教师学习的根本动力和价值所在。联合国教科文组织指出，教师学习应该有助于提高学生的学习成就水平，判断教师专业学习成功与否，不仅取决于教师对新的教学策略的掌握程度，更取决于上述学习对于教师教学实践及其对于提高学生学习成就的影响程度。

三、教师学习的理论基础

理论是思考的根本，是实践的精髓。因此，要透彻认识教师学习的内涵，指导教师学习的实践，就必须对其理论来源和理论基础进行梳理和分析。下面就将近年来的相关研究进行梳理与概括，介绍引起"教师学习"变革的四大理论。

1. 终身学习理论

终身学习概念的出现比终身教育晚一些，它是随着人们对终身教育概念的不断学习和深入理解而出现的。"终身教育"概念最早由法国成人教育专家保罗·朗格郎于1965年在联合国教科文组织国际成人教育促进委员会上提出，此后终身教育思想开始在世界各国传播。至此，终身学习被教育思想家和理论家广为宣传，在全球掀起了终身学习的思潮。伴随着学习化社会的发展，终身学习更是成为一些国家指导教育改革和发展的一项基本政策和原则。1994年11月，欧洲终身学习促进会在意大利罗马举行的"首届世界终身学习会议"将终身学习定义为"是通过一个不断的支持过程来发挥人类的潜能，它激励并使人们有权力去获得他们终身所需要的全部知识、价值技能与理解，并在任何任务、情况和环境中有信心、有创造和愉快地运用它们。"欧洲经济与合作发展组织（Organization for Economic Co-operation and Development，OECD）在其报告《面向所有人的终身学习》中认为，终身学习是"从摇篮到坟墓"的学习，强调"自我导向学习"，并把"学会学习"作为"持续一生学习的必要基础"。由此可见，终身学习的概念是综合了终身教育和学习化社会的基本思想而存在的，终身学习是贯穿人一生的学习历程，包括正规和非正规的各式学习活动，是一个多方面学习的过程，是一个以个人自主学习为主导的过程，具有全面性和连续性、统一性和开放性、自主性和灵活性、目标性和需求性等特点。

2. 成人学习理论

自1975年美国著名学者诺尔斯创建成人教育学以来，成人学习理论获得了长足的发展，各种关于成人如何学习的新理论、新学说层出不穷，其中最有话语优势的是成人教育学、自我导向学习理论、转化学习理论和经验学习理论。

享有"成人教育学之父"美誉的诺尔斯是该领域唯马首是瞻的领军人物。诺尔斯从学习者自身、学习者的经验、学习的准备、学习者的时间观以及学习的组织五个方面概括了成人学习的主要特征：①成人具有独立自主的自我概念；②成人拥有丰富多样且人格化了的经验；③成人的学习意向与其承担的社会角色及其发展任务紧密相关，而且人越成熟，其学习意向、学习需求越是紧密联系他的"社会角色"和"发展任务"；④成人的学习活动主要以解决实际问题为中心，而不是以传统的学科学习为中心；⑤成人学习主要受内在动机（使自己与"发展着的社会""变化着的任务"保持平衡）驱动。以此为依据，诺尔斯首次划分出成人教育和普通学校教育之间的区别。诺尔斯的成人教育学理论奠定了成人学习研究的基础，为后来的诸多成人学习研究提供了一个总的框架和营养基。20世纪70年代以来，自我导向学习在成人学习研究领域迅速崛起，被认为是最受重视、最具发展潜力的一种新型的成人学习方式。

自我导向学习理论主要是以人本主义哲学思想为基础，突出自主性，学习过程强调积极主动，有明确的目标和切实可行的计划，属于指导型学习模式。关于什么是自我导向学习，不同学者都曾给予过不同的界定，目前比较公认的则是诺尔斯、加格利尔米诺和塔富等人的观点，而塔富是最早提出自我导向学习这一概念，并分别在1967年和1971年发表的论文《脱离教师的学习》和《成人学习策划：成人学习理论与实践的一项新方法》中，首次对自我导向学习进行了详细系统的描述的人。美国成人教育家诺尔斯在塔富研究的基础上，对自我导向学习进行了进一步研究，并提出了一个经典的学习方法：学习契约，即为了确保学习的顺利进行和学习应有的效果，学习者与指导者签订契约开展学习。而这种学习常常以自我计划、自主学习和自我教学为特征，但同时也与各种协助者相关，诸如教师、导师、同伴等。

转化学习理论早在20世纪60年代就开始萌芽，并且在建构主义、认知心理学理论及批判理论等影响下，于20世纪80年代兴起并获得发展。转化学习理论发展至今，有很多学者都对其进行深入地研究，并使该理论不断发展与传播，其代表人物有梅兹罗、弗莱雷、达罗茨、德克斯和希利等。其中，梅兹罗开了转化学习理论研究的先河，并且取得了非常有价值的理论研究成果。与成人教育学和自我导向学习理论专注于成人学习者的特征分析所不同的是，转化学习理论更侧重于学习的认知过程研究，主要关注转化——成人学习者看待自身的方式和所生活的世界的巨大的根本性变化。因此，经验的心理建构、内隐意义以及批判性反思等是转化学习理论经常涉足的内容。根据梅兹罗的观点，包含三个核心环节的有意义的转化学习将产生一个基于新的、已经转化的观念的个体生命：①批判性反思；②交谈；③行动。同时，他认为转化学习理论的过程包括以下十个阶段，分别是经验到两难困境、自我检验、针对假设进行批判性评估、将自己的不满与类似经验的他人或议题发生关联、探索可能的选择、建立新角色的能力与自信、计划行动方针、获取技能及知识、努力尝试新角色并回馈评估、根据新观点的条件重新融入社会。

经验学习理论，顾名思义，以通过亲身体验或实际操作而进行的学习为研究对象的理论，最早起源于20世纪30年代的美国，是在杜威等人倡导的进步主义教育思想的影响下形成的。相对于前述三者而言，经验学习理论影响力略小，但在教师教育领域，经验学习成为一个重要的特征加以关注，林德曼的名言"经验是成人学习者的活的教科书"更是广为人知。成人教育的目的不再是课程、知识的学习，充满个性的经验无论是对于成人学习者个体还是成人学习者群体而言，都是一种极富价值的学习资源，它们在成人学习活动中将起到十分重要的作用，成人的学习是一种和成人经验结合的学习，学习的目的在于发现经验的意义，激活思想的追求，挖掘塑造我们行动的先入之见的根源。

3. 建构主义学习理论

20世纪90年代以来，随着心理学家对人类学习过程及其规律研究的不断发展和深入，认知学习理论的一个重要分支——建构主义学习理论在世界逐渐流行，并越来越受到重视。建构主义学习理论是对持续半个世纪之久的行为主义的挑战，是源于皮亚杰和布鲁纳等的认知观点——解释如何使客观的知识结构通过个体与之交互作用而内化为认知结构和维果斯基的"文化-历史"发展理论，是作为认知革命登上舞台并发展壮大。建构主义流派纷呈，每个流派的具体主张也存在很多差异，但是基本观点仍有一致性。

建构主义学习理论试图从"新认识论"的视角对"客观主义认识论"进行深刻的反思，认为世界是客观存在的，但是对于世界的理解和赋予意义却是由每个人自己决定的。我们是以自己的经验为基础来建构现实，或者说是解释现实，每个人的经验世界是用我们自己的头脑创建的，由于我们的经验以及对经验的信念不同，于是我们对外部世界的理解便也迥异。所以，学习不是由教育者把知识简单地传递给受教育者，而是每个学习者从自身角度出发的一种意义的建构。由于每个人按各自的理解方式建构对客体的认识，因此它是个体化、情境化的产物。在此过程中，教育者只起辅助作用。总之，人类的学习不能离开生活而存在，个体学习需要先前知识的支持。如果个体没有先前形成的知识结构的基础，是不可能吸收新知识的。我们知道得越多，能够学习的就越多。因此，施教者必须尽量创设同学习者当前状态的联系，必须为学习者提供基于先前知识的路径。学习的目的是建构个体自己的意义，而非重复他人的意义获得"正确"答案。

4. 学习型组织理论

自1990年彼得·圣吉的巨著《第五项修炼——学习型组织的艺术和实务》在我国出版以来，组织学习与学习型组织成为企业管理最前沿和最热门的理论。同时，其影响力蔓延到各个行业，在教育领域也掀起了建立"学习型学校""学习型教师专业成长共同体"的热潮。彼得·圣吉认为，未来唯一持久的优势是有能力比你的竞争对手学习得更快，未来最成功的企业将是"学习型组织"的企业。学习型组织就是人们得以不断扩展创造未来的能量，培养全新、前瞻而开阔的思考方式，全力实现共同愿望，并持续学习如何共同学习的组织。美国学者沃特金斯和马席克指出，所谓学习型组织，就是通过不断学习来改革组织本身的组织。因此，学习型组织亦可以定义为，把学习共享系统组织起来的组织。

彼得·圣吉在《第五项修炼》中指出：要建立学习型组织，就必须掌握五项技能——自我超越、改善心智模式、建立共同愿景、团体学习、系统思考，它们被称为五项修炼。其中系统思考是核心，也是练习其他四项修炼的黏合剂，而团队学习则是基础。由此构成的组织学习才具有影响力和归属感，换言之，即把组织植根于每一个成员的意愿上，而共同愿景亦使组织成员的个人愿景有了归宿，最终则通过心智的改变以促使个人的自我超越并提高整个团队的群体智慧。当然，学习型组织并非只有彼得·圣吉提出的"五项修炼"，例如佛瑞斯特的"三化"，即"扁平化、咨询化、开放化"，将未来的学习型组织的结构清晰地表达出来，这却无法为"五项修炼"模式所包容。但是，彼得·圣吉引发了研究者对"学习共同体"的重视和探究，丰富和扩展了学习的模式。

第二节　教师学习的特点

教师既是成人，又是不同于普通成人的具有较强学习能力的知识占有者，因此，教师的学习除符合成人学习的一般特点外，更具有独特的鲜明特征。迈克·富兰曾生动地描述："当教师在学校里坐在一起研究学生学习情况的时候，当他们把学生的学业状况和如何教学联系起来的时候，当他们从同事和其他外部优秀经验中获得认识、进一步改进自己教学实践的时候，他们实际上就是处在一个绝对必要的知识创新过程中。"这种知识创新的过程就是教师的学习过程，是教师联系具体教学情境，主动反思、不断实践、勇于创新的过程，是教师发挥自身的智力优势和群体智力优势，协作互助、共同提高、共同进步的过程。

一、基于情境的高级学习

教育教学情境是复杂的，教师每天都要面对不同的问题，解决不同的难题。单纯的教育理论学习就显得捉襟见肘，一个教师即使花了很多时间去识记一些理论条款，但在真实的教学场景中碰到未遇过的情形时，所学所记的理论用处很小。因此，如果简单地信奉理论的唯我独尊和教育教学中的单一思维，即使最好的理论也会搞砸教育实践活动。这时，基于情境的学习对于教师来说就显得尤为重要。

1. 高级学习

1991年，建构主义学家斯皮罗提出学习应当分为初级学习和高级学习两种。初级学习是一些定义完善的、以语言符号编码的学习，它对学习的要求可以停留在复述和再现的水平，因而通过大量的练习和反馈可以达到熟练的目的。但是对于那些浩瀚如大海般的、复杂的、结构不良的、需要能够将新知识灵活地迁移到新的情境中去的学习而言，原来单一的语言解释和机械的训练往往显得苍白无力，这时就需要一种能把握概念的复杂性，能运用所获取的概念去分析、思考问题以及在新的情境中灵活运用这些概念的"高级学习"。而传统的教育及培训恰恰是把二者混为一谈，往往把脱离经验的、简单化的、结构良好的知识学习视为唯一的途径。

2. 教师的"高级学习"

与很多专业化职业人员相比（如医生、律师），教师每天面对的状况要复杂得多，他们面对的对象是一个个正在成长、发展的鲜活个体，充满了复杂性、不确定性、特殊性，教师很难运用识记的教育理论解决碰到的所有教育问题。国外研究人员发现，在一个有20～40名学生的班级中教师每小时做出与工作有关的重大决定为30个，师生互动每日达1500次，而医生所遇到的可以与教师所遇到的复杂情况相比拟的只有一次，即在发生自然灾害时或之后的医院急诊室中。因此，初级学习对教师的作用是不大的，所学理论进入真实教学场景后会被冲刷掉。教师需要的是高级学习，是根据不同的意图，在不同的时间、用不同方法创设情境，从不同的角度来访问材料，寻求适应当前情境的解决途径，是对复杂教学情境中各要素及其动态关系的深入了解，是"知什么"和"怎样知"的融合。只有这样才能让知识和个人经验与现实社会产生联系，才能产生迁移和实践运用。下面是一位老师对情景教学的理解：

教学《狐狸和乌鸦》一文时，采用情景教学的方式，让学生通过融入这篇课文的情景，从深处体会文中两个主人公的想法和心理活动。首先，学生熟悉课文，通过幻灯片的形式引导学生一步一步地学习这篇文章，然后根据学生们喜欢卡通的特点，播放了这篇文章的动画版，让学生们进一步了解这篇文章。学生熟读文章之后，在音乐烘托的气氛下，学生们开始根据课文的情景表演课本剧。表演结束的时候，我认真点评了他们的课本剧。紧接着学生们又开始了新一轮的表演，这一次，演狐狸的学生演出了狐狸的狡猾的表情，演乌鸦的学生则表现出了乌鸦的骄傲、得意。快结束的时候，学生发表了一下对乌鸦和狐狸的看法，很多学生都表达得非常准确。老师的想法其实并不重要，重要的是学生的想法，我们只有让学生得到启发，让他们自己去融入到课文中才能够达到很好的教学效果。

（蔡春菊．情景教学——为课改推波助澜．教书育人，2016，（5）：31）

基于情境的高级学习，必须对教育情境的复杂性和教师学习的实践性有充分认识。教师是在教育情境中通过与若干相关要素进行专业对话，在此过程中实现对教育实践问题认识的意义建构。其中，教育情境具有极其复杂的临时性特征，因人、因事、因时的不同而具有不可复制性。教师不断面对与适应教育情境，直面其诸多复杂相关要素的过程中，通过一个又一个具体案例的形式记录下相关综合作用的过程与结果，成为教师应对复杂局面的典型经历。这些经历以个性化案例的形式储存于教师教育生涯中，经过教师个体的解读与反思，并与教师已有的专业经验相结合，从而形成教师新的认识储存于教师的实践知识库。因此，教师基于情境的高级学习，最佳的途径则是以案例为载体，通过基于情境化案例的理解、分析和反思，进而帮助教师对教育复杂问题的动态因素进行深思，实现教师自我的学习语言编码，用默会的形式成为教师实践的智慧。因此，教师的高级学习应该是在生动、鲜活的案例背景下的情境学习，正是生动而鲜活的案例架起了专家理论话语系统和教师实践话语系统之间的桥梁。

二、基于问题的行动学习

基于问题的行动学习是国外新兴的一种教学模式。在当前素质教育改革的浪潮中，以问题为基础来开展中小学生的学习和教学已成为一条基本的改革思路。同时，在教师发展中，结合教学实践，基于具体教育教学问题而开展的教师学习也显得成效显著，受到越来越多研究者和教师的推崇和关注。

1. 行动学习

行动学习由英国教授雷格·瑞文斯于 20 世纪 40 年代中期创立，20 世纪 70 年代通过欧洲的子公司传到美国，后来逐渐得到社会的广泛认同，现已成为多个行业人员开发最为流行的方法之一。行动学习风行后，很多学者对其进行了研究，不同的学者提出了不同的定义，但究其根本，并没有什么实质性区别，简言之，都是强调真实的人在真实的时间解决真实问题的过程中的学习，是以学习者经验为基础，以解决问题为目标，以反思和行动为主轴，通过一个计划、实施、总结、反思的体验学习循环开展的学习形式。

2. 教师的"行动学习"

如前所述，成人的学习活动主要以解决实际问题为中心，而不是以传统的学科学习为中心，这一点在教师上体现尤为明显。有调查显示，教师的学习目的 93％ 是希望能解决具体教学中碰到的实际困难，他们带着教学中的问题或任务参加学习，有着较为明确的学习目标，学习取向表现为立即应用。因此，教师的学习是基于问题的学习，是希望教学行为改善的学习，是需要在实践中验证的学习。当然，这里的"问题"不是普通的问题，而是具有特别的意义和地位。对问题的理解不同，将直接导致学习后果产生较大差异。它一定是镶嵌于具体的教育教学情境中，含有许多未知的、模糊的成分，并且没有现场的解决办法，需要教师个人或者团队通过一系列的工作和努力来找寻解决问题的知识和技能，并且能够在实践中，通过行动去验证和检验。因此，教师的学习是问题结合行动的学习，也就是所说的基于问题的行动学习。下面的案例是某小学教师为提升学生思维能力，运用数形结合的行动学习研究："

用连乘法解决问题是人教版义务教育实验课程三年级下册 8 单元内容，教材采用学生排队做操的图案作为引导新知识的开始。由于图中没有给出更多的数学信息，呈现的三个方阵不完整，所以当教师问学生们从图中可以发现哪些数学信息以及能提出什么数学问题时，学生的回答千奇百怪，并且对方阵的数量产生了歧义。为什么会出现这些现象呢？设想只用两三分钟的主题切入却花费了将近十分钟时间，并且学生们出现争论，在这里纠缠不清。

之后，学生们终于弄清楚主题图的含义，提出合理的数学问题后，用三种方法解决了该问题。

方法一：$10 \times 8 \times 3 = 240$（人）

方法二：$10 \times 3 \times 8 = 240$（人）

方法三：$10 \times (3 \times 8) = 240$（人）

在理解三种方法的意思时，部分学生出现困难：方法二和方法三，先求的是什么？后求的是什么？看着抽象的数量，学生眉头紧锁，睁着茫然的眼睛看着黑板。

于是，笔者与同教研组的教师们进行了研究，怎样才能让学生真正理解数量之间的关系呢？主题图出示的生活图片为什么不能解决学生的问题？在改进过后，第二次又走进课堂。首先，将教材中不完整的主题图修改，呈现了三个完整的方阵，并将文字信息渗透于图中。这时发现，孩子们收集信息的速度和准确率非常高，很快切入教师预设的主题。

（伍丽霞．运用数形结合 提升学生思维能力．中国教师，2016，（13）：56-59）

这一案例是关于"用数形结合的思想来促进学生思维能力的提升"的，讨论了教师如何才能更好地引导孩子接受新知识，充分调动孩子的主观能动性。案例中，教师遇到问题后，通过与同一教研组教师们的讨论研究，进行改进后再次进入课堂，并取得了很好的效果。这一过程的实质，是教师把自我的成长和学习融进了课堂里面，是教师行动学习和解决问题的过程。

三、基于经验的反思学习

与学生相比，教师作为成人学习者，具有丰富的学习经验和工作经验，他们都是带着个人丰富的生活经验和工作经验进入学习的，这些经验既是成人自己学习的基础，也是他们和其他成人学习者相互交流与学习的资源，因此基于经验的反思学习是教师最重要的学习方式之一。

1. 反思学习

要理解"反思学习"，首先要理解何谓"反思"。《外国哲学大辞典》认为，反思就是指反映、返回、沉思、间接性等；西方哲学中通常指精神（思想）的自我活动和内省方式；英国洛克认为反思（反省）用以指知识的两个来源之一。反思是心灵以自身的活动作为对象，进行反观自照，是人离开感觉形成的内部经验的心理活动。由此可见，反思是一个能动的、审慎的认知加工过程，包含了大量涉及个体内在信念和知识的相互关联的观念。推及"反思学习"，就是运用反思的学习，是一种学习者通过自身能动的认知加工过程，不断内省自己的思想和行为的学习活动。

2. 教师的"反思学习"

苏霍姆林斯基说过："只有善于分析自己工作的教师，才能成为得力的、有经验的教师。"美国心理学家波斯纳提出教师成长公式：经验＋反思＝成长。我国知名学者叶澜教授也曾说过："一个教师写一辈子教案不一定成为名师，如果一个教师写三年教学反思就有可能成为名师。"布鲁克菲德则评论："没有反思，我们生活无异于生活在过去的牢笼里……就会总是认为事情的对与错、是与非应当按专家说的算。"进言之，如果没有反思，我们就永远只能从别人那里明白做任何事的意义，于是任何时候的教学都是在实现别人的思想。由此可见，反思学习是教师专业快速成长的助推器。

有研究者提出，反思学习具有自主性、批判性、探究性、经验性、科学性等基本特点，教师的反思学习因其自身素质和职业的独特性，除具有以上五个特点外，还具有自身鲜明的特征：①反思学习贯穿教师的教学活动，无处不在，具有实践性的特点。教学离不开反思，在教师面对复杂的教学问题、棘手的教学难题时，教师不可能马上给出解决办法，时刻需要教师通过主动、持续、周密地分析和思考，通过对自己行为的内省，找出新策略。因此，教师的反思学习无处不在，是贯穿教师实践工作始终，伴随实践，改进实践的一种活动。②反思学习除了是一种个体学习，更是一种群体、合作、协作的学习，具有主体间性的特点。教师的反思学习除了通过对个体的、经验的思想和行为的内省形式开展，更需要依赖群体力量的帮助，在与多位教师的智慧碰撞中，通过积极主动的主体间的反思活动，获得共同发展。群体性的反思学习可以使反思避免个体经验的局限，它离不开个体，但是它不是个体反思的简单相加，而是主体间作用下的集思广益，收效更好。下面是一位幼儿老师的教学工作反思。

案例

在"开心大城堡"的活动中，孩子们以"制作弹药""垒高围墙""结对攻防"等形式进行自主游戏。游戏中，我随机选取了一名孩子作为观察指导对象，并根据活动特点将其称为"跑女1号"。整个游戏过程中，我发现她基本处于游离的状态，对游戏的兴趣不高，偶尔进入游戏角色，表情严肃地抬起一筐"弹药"后，便匆匆离开了"岗位"。于是，我以同伴的身份和她进行了交流。

"为什么不想玩了啊？"

"我不喜欢和他们打来打去，而且我们老是打不过男孩子。"

"那你想干什么呢？"

"指挥官吧？"

"那就跟现在的指挥官去商量看看吧！"

一番商量后，"跑女1号"当上了指挥官，但没有多久她又不想玩了。显然，孩子对游戏中的角色缺乏兴趣，更谈不上体验游戏中快乐的因素了。

反思

从对"跑女1号"的观察指导中，我产生了以下问题：孩子究竟想玩什么？我又该如何指导"不想玩"的孩子呢？带着这两个问题，我与参加自主性游戏观摩活动的老师们一起研讨。经过与大家的激烈讨论，最终我确定了以"图示记录法"为主"图片描述法"为辅的双重观察记录。在讨论中，老师还提到"孩子是否一直处于游离状态？有没有她本身感兴趣的点？"这两个关键问题。

由于我当时无法给出有效的引导，幼儿之间的良性互动并没有进行下去，新生成的两种游戏也随之结束了。"跑女1号"又回到了"我不想玩"的状态。针对这种情况，我进行了反思，想到了可以用"语言"及"肢体动作"相结合的方式进行引导。比如，可以启发"9号"，对她说："游戏里有什么特别有意思的环节？"如果孩子表示没有，我还可以继续动作启发她。我相信，这些引导策略能够让孩子保持对游戏的兴趣，并进一步推动游戏的进程。

（周琦.老师，我不想玩.早期教育，2016，（4）：24）

教师个人成长是一个复杂的过程。在这个成长过程中，教师是否具有反思意识和能力至关重要。案例中，这位幼儿老师通过对"开心大城堡"活动的反思，发现了自己在引导幼儿进行游戏方面存在的问题，并想到了用"语言"和"肢体动作"相结合的方式来解决这一问题。写教学工作反思是反思学习的重要途径之一，同时，反思学习还有很多其他途径，如进行反思对话、实施微格教学、创建档案袋，等等，但无论何种学习方式，反思学习一定不是偶然为之的片段式参与，应是持续不断的长期训练，只有坚持，只有持之以恒，这样的学习才会取得成效。

四、基于团队的合作学习

前苏联心理学家维果茨基认为："人类的学习是在人与人之间的交往过程中进行的，是一种社会活动。"学习的本质就是人与人之间的交往，是他人思想和自我见解之间的对话。在曾经的很长一段时间里，人们片面地强调知识是对现实世界准确而客观的反映以及学习是学习者个体内部心理加工的过程，所以得出学习完全是个人行为的狭隘结论，这有悖于人及其知识的社会性质。因此，教师的学习应该是基于具有共生关系的教师团队的合作学习，深度合作与知识共享是其主要特征。

1. 合作学习

合作学习于 20 世纪 70 年代初兴起于美国，由于它在改善课堂内的社会心理气氛、提高学生的学业成绩、促进学生形成良好非认知品质等方面的显著效果，很快引起了世界各国的关注，并成为当代主流教学理论与策略之一。那么，何谓"合作学习"，澳大利亚教育词典提出，"合作学习"也称协作学习，指在小组内完成的学习，通过个人努力各自实现较大目标中的一个目标，或每个学习者都朝着共同的目标努力。它强调在无竞争环境中切磋。不同的研究者提出了不同的概念定义，但是无论研究者如何定义，合作学习总是体现了共同目标、团队活动、协作互助三个关键要素。

2. 教师的"合作学习"

教师的学习，除了个体自主的学习，更应是一种智者之间合作的团队学习，是教师个体与群体间互动协作、互帮互助，实现教师共同发展的学习。具体来说，合作学习就是教师和对其专业发展有益的人群（比如教师、教研员、专家等人员），在信任、和谐、合作、互助的氛围下，通过观摩、交流、对话、研讨、联合互助等活动而获得经验并以团体和个体共同获得发展最大化的专业发展方式与过程。教师合作学习有六大基本特征：共同目标、积极互依、个体责任、互动互促、共同建构、协同反思。其中五大特点都能一目了然，但是何谓"共同建构"，其实这指的是一种认知过程，在合作学习中，在参与者的互动中，通过交流、沟通、对话、辩论、反思、产生新观点这些方式，形成的自我建构—冲突（或支持）—反思—共同建构—自我重新建构的螺旋式上升的认知过程。下面是促进教师专业发展的教师合作学习模式——"名师智慧空间站"案例：

随着我国基础教育改革向纵深处发展，各地积极探索中小学名师培养的区域教师学习共同体模式，倡导自主性和合作性的教师的专业发展取向。在此背景下，杭州市下城区以名师智慧空间站为题，积极构建区域新型教师学习资源整合、开放互动、创新与实践相结合的研修培养平台，有效促进了教师的专业发展。

下城区名师智慧空间站，以学科特级教师引领团队发展，招募区内有参与项目研修意向、有团队合作精神、有教育教学实践经验的青年教师组建成研修团队，共招募了114位研修学员教师。名师智慧空间站的负责人通过带领学员外出"游学"，遍访江浙名师名校，切磋砥砺；采取"放鲶鱼""掺沙子"的办法，与外省名师工作室结对，把一些优秀的团队、优秀的个人引入团队中，不断地与著名学者、专家进行合作交流与学习，加快了团队成员的专业成长。

在共同钻研与实践过程中，每位学员发现的不只是个人与名师教育水平之间的差距，更是个人与共同体之间教育智慧的差异。为此，下城区教育局通过对各名师智慧空间站的团队建设、智慧分享、协同攻关等方面的考核，引导其关注实践共同体建设。研修学员在这样的共同体中，通过共同磨课，相互探讨，教育智慧能得到无限延伸。

（鲍争志．区域教师学习共同体模式探索——基于杭州市下城区名师智慧空间站的实践考察．教师教育论坛，2016，29（6）：56-59）

在教师专业成长的路上，个人钻研是一条途径，举办同行共同探讨的合作学习更是一条捷径。上述案例中，"名师智慧空间站"是一个很好地为教师搭建的协作教研平台，其有效地促进了教师的合作学习。教师们通过平台进行协作教学研究，参与的主体是进行教学研究的教师共同体，所有老师互相学习与交流，不但提高了自己的专业素质，更好地进行教学研究，而且也可以帮助教师取得优异的教学成绩，实现教师的专业成长。

第三节 教师学习的途径

随着现代科技的发展，教师的学习途径越来越多元，按照教育者和学习者的空间距离关系，教师学习的途径可分为三大类：教育者和学习者能面对面的面授学习，也就是现在较为普遍、规范的"集中面授培训"（以下简称"集中培训"）；教育者和学习者在不同时空通过互联网、卫星等进行交互的"远程网络学习"（以下简称"远程学习"）；还有偶尔依赖外请专家，主要依靠校内教师群体和教师自己的"校本学习"。

一、集中培训

"集中培训"是教育行政部门根据教育事业的发展、教师专业发展的需要委托教师培训机构为中小学教师提供的一种有组织、有安排的团体学习活动。参训教师在某一时段集中在一起通过听讲座、参观考察、互动交流等形式进行专业学习。近年来，教师发展备受重视，作为教师发展重要途径之一的教师集中培训也成为国家财政经费投入的重点。从2009年开始，国家开展了至今为止投入经费最多的教师培训项目——"国培计划"，各省也结合自身情况配套开展了"省培""市培"，广大一线教师，特别是农村教师深受益处。

1. 集中培训的意义

从宏观层面来说，投入大量的经费开展集中培训，这表明国家对教师队伍建设的重视，是推进均衡发展、促进基础教育改革、提高教育质量的必然举措。同时，它也是促进经济不发达地区特别是农村地区教师培训均衡发展的政策。从微观层面来说，集中培训在促进教师专业发展方面也具有突出的优势。教师脱离工作、家庭琐事，有完整的时间全身心的浸入学习；培训中名师齐聚，对教师进行集中的理念冲击，对教师陈旧的教育教学观念能产生撼动；培训事件可能成为教师专业发展中的关键事件之一，某些教师受到触动产生了改变的动力，并从培训中获得如何改变的方式，进而走上专业发展的自主之路。

2. 集中培训的局限与对策

集中培训因为形式的局限也有自身无法克服的弊端。"集中"决定了它只能从集体的层面来关照大多数教师的共同需求，不易关照到教师个性化的需求和教师个体的"实践知识""缄默知识"。而前面的分析已经告诉我们，教师的学习是基于复杂情境的高级学习，是基于自身困惑的问题学习，是基于已有经验的反思学习。因此，在未来，教师集中培训仍应大量开展，但是集中培训的方式、培训的目标定位、培训的内容侧重和实施模式（与其他学习形式的组合）都值得思考。教师学习应该是一个系统、持续、复杂的工程，应该得到集中培训、网络学习、校本学习的多维度、全方位的支持和帮助。

比如，跟岗研修作为集中培训的一种有效补充，越来越受到参训教师的欢迎和青睐。跟岗研修，即利用优质中小学校和名师课堂作为教师培训资源，通过让参训教师回归校园的真实课堂参与学习的培训方式。这种培训方式构筑起高校与中小学联动的培训平台，参训教师置身于真实的教育情境中，不仅在"看中学""听中学"，而且在"学中思""学中动"。事实上，关注、引领并推进教师的学习意识和境界是教师培训中需要关注的重要维度。正如杜威所言："对于教师合适的专业指导不是纯理论的，而是应包含一定量的实际工作。"参训教师已经都是本学科领域的骨干教师、优秀教师，无论是教学经验，还是业务能力，他们自身都已经达到了相当的水准。固有的经验和认识往往会阻碍他们获得新的理念，因此，帮助参训教师转变角色，学会学习是跟岗研修的基本方向。一方面，参训教师通过全程参与跟岗学校在学校管理、班级组织、教学观摩等活动，从看中学、从听中学，在日常教学中观察名优名师、骨干教师的教育教学行为，感受学校的教育教学理念和特色，在教学观摩中体悟指导教师的教学理念和教学风格；另一方面，参训教师通过参与教研讨论、集体备课、教学设计等活动，从教中学、从做中学，在指导教师的安排和帮助下，承担"下水课"、研究课，进一步深化对教学的认识，将所思所感说出来，将所作所为写出来，在实践和理论的两个层面达到学以致用的目的。与传统的专家讲座相比，这种方式更具有实践性，强调参训教师在实践场景中不断反思；与单纯的教学观摩相比，这种方式更具有参与性，强调参训教师在一线课堂中合作对话。

二、远程学习

随着信息技术的发展，传统的教师学习方式发生了变革，远程学习悄然兴起。何谓"远程学习"，顾名思义，就是教育者和受教育者不需要面对面，在一种时空分离状态下，通过一种新的沟通机制（计算机网络和卫星传输）实现远距离讲授、辅导和自学的一种全新的学习方式。在远程学习中，一类是教师自主的学习行为，教师本人在网上寻找合适的资源，自主学习。另一类是由教育行政部门投入经费，开发购买网络学习平台和学习资源，组织教师在统一的一段时间集中到某个平台，学习平台上提供的资源。国家"国培计划"经费中的50％要求用于开展教师远程学习，各省也纷纷加大教师远程学习经费的投入，远程学习正在全国轰轰烈烈地开展。

1. 远程学习的意义

随着教育改革的推进，教师素质的提高显得尤为迫切和必要。而集中培训方式因为经费投入巨大、培训硬件资源不足、教师工学矛盾突出等问题，不可能大规模开展，参训教师覆盖比例较低。在这种情况下，广大一线教师专业提升的诉求如何满足？此时，远程学习因其费省效宏的特点，凸显出优势，成为了集中培训的有力补充手段，成为了全员教师学习的主要途径。

2. 远程培训的局限和对策

远程培训具有解决教师工学矛盾、资源质量高、参训教师覆盖广、经费节约等优势，简单说，就是远程培训"费省效宏"。但由于很多学校上网硬件条件不达标；网络平台界面复杂操作不便；网上学习辅导专家跟踪不及时、力度不够；参训教师不能和施教者、学习者同场，学习临场感缺失；教师缺乏学习主动性、积极性等诸多问题，导致远程学习效率不高，效果不好。如何提高远程学习效率一直是困扰远程学习的瓶颈问题，也是未来教师远程学习要持续、大规模开展必须着力研究和解决的关键问题。

近年来也有众多学者致力于远程培训模式创新的研究。前教育部师范司马立司长和他的研究团队提出的教师网络研修模式就为远程培训与校本学习的有机结合提供了理论和实践的成功经验。他们提出的网络学习要素框架包括网络研修平台、学习共同体、混合式学习、资源与互动、评价与管理系统（图7-3-1）。其中，创建先进的网络研修平台和服务体系是有效开展网络研修的物质技术保障，也是构建新模式的前提条件。建立教师网上学习共同体，以共同体学习来带动促进教师个体学习。这种模式采用混合式学

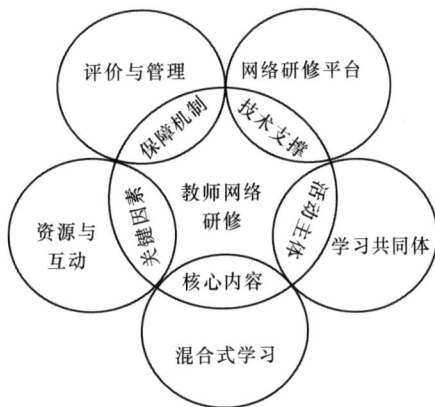

图 7-3-1　网络学习要素

习方式，根据培训内容的需要，根据优势互补、成本最低、效益最高的原则来选择多样的学习方式组合，可以是在场培训和在线培训的结合，也可以是传统培训和网络在线培训的混合。资源创建与流动是有效进行网络研修的基础，引领与互动是成功开展网络研修的关键。网上资源除了课程、教材、案例、光盘等显性资源外，还有通过互动显性化的隐性资源。由此可见，有效的远程学习必须和多种教师培训形式有机结合，打破传统培训活动的时空局限与资源交流的限制，将面对面研修活动与远程研修活动密切结合，虚拟和真实两种研修环境密切结合，给教师提供更为多元、自由的发展选择。

三、校本学习

随着教师学习研究的深入，越来越多的学者提出有生命力的教师学习应该回归实践、回归学校，让学校成为教师学习的天堂。因此，近年来校本学习逐渐受到重视，成为教师学习最重要、最普遍的一条途径。校本学习，顾名思义，就是以学校为本，以学校为基本单位的学习，其目的在于推动整个学校的发展，并提高学校的学习能力，是属于在个体学习、团队学习基础上的组织层学习。其中，个体学习是基础，团队学习是关键。校本学习的组织形式按照组织主体不同，一般分为两类：一类是学校有组织的统一安排，教师按照要求参加。另一类是教师自发，可以是教师个体开展，也可以是教师组织有相同旨趣的教师群体定期开展的学习形式。

1. 校本学习的意义

从教师的学习特点可见，教师的学习必须是基于教学情境、基于实践、基于经验的学习，由此，教师的学习应该是基于学校真实教学工作的学习，基于校本的学习。校本学习具有自身突出的优势：以本校教师为主，开展学习的时间自主灵活；学习的内容针对教师在现实教学中的问题进行，针对性、实践性强；参训教师不需要外出，无差旅、交通、食宿等费用，经费节约。因此，校本学习作为一种新兴的教师学习形式，以其灵活性、针对性、自主性、实践性、节约性等特点正逐渐受到教育各界的关注和重视。教育行政机构也认识到校本学习对教师专业发展和学校发展的重要意义，纷纷出台各种政策并提供经费支持，鼓励教师开展校本学习，特别是在农村地区、偏远民族地区，校本学习将是农村贫困地区教师专业发展的主要途径之一。

2. 校本学习的局限与对策

研究者虽然意识到校本学习具有克服集中培训、远程培训不足的明显优势，但由于很多主客观因素，如校长意识不到位、经费短缺、管理不严、教师自主学习积极性不高、学习资源不足、专家指导力度不够等困境，校本学习在很多地区，尤其在不发达地区形式主义严重，效果不好。有人形象地说，校本培训就是"萝卜烩萝卜"，一群水平不高的教师群体自娱自乐，对自身提高不大，甚至在很多农村地区校本学习虚有口号，从未开展。因此，很多专家关注了教师校本学习有效践行的问题，有学者提出有效学习要注意三点：①要通过激发教师学习的内在动力，帮助教师明了自我导向学习的实施步骤，强化教师自我管理与评价的能力，提升教师自我导向学习能力；②要创建以明晰的共同愿景、遵守共同章程、注重反思与转化为特征的有效的校本学习共同体；③要创设拥有充足的学习资源、完善的学习保障机制、全方位关注教师学习生命的学习环境。下面是四川省南充市第十中学校本学习的几点思考：

学校发展的核心力量是教师，因此，学校应创设好的平台，提供更多的机会，加速教师专业化成长进程，让教师得以有效地发展。基于这一认识，四川省南充市第十中学校成立了"教师发展学校"，以此为载体对教师实施校本培养。

精心规划和设计教师	以研究提升教学水平	技能天地打造教师基本功	"阳光地带"成为教师心灵的栖息地
在课程内容安排上，注重教师专业发展的同时，把教师综合素养的提升作为工作重点，帮助教师形成教学、研究、学习合一的专业生活方式	引导教师把研究的视角转向课堂教学中的小问题、真问题，以学术沙龙、课堂观摩、主题研讨、教学设计比赛等各种形式组织教师探索和研讨解决问题的策略，让教师在思维的碰撞中提升自身的教学研究能力	在教师发展学校课程中开设"技能天地"，对教师的普通话、三笔字、教育活动方案设计、简笔画、课件制作、板报制作等教师应该具有的基本素质性提高性培训，夯实教师教学基本功	教师发展学校开设"阳光地带"，开辟艺术空间、诗意生活等栏目，给教师提供释放情绪、表现自我的舞台和空间，让大家以积极乐观的态度投入工作和生活

（王洪斌，李素梦．教师校本培养的几点思考．人民教育，2013，（1）：62）

校本学习的形式丰富多样，有聘请外来专家指导的专题讲座，有组织本校教师群体合作学习的教学沙龙、读书会、课题研究、博客群，还有教师个体的自主学习。如上述案例中，四川省南充市第十中学积极开展校本学习培训，通过学术沙龙、课堂观摩、主题研讨等活动，使教师们提高了自身的业务水平和综合能力。有研究表明，人类学习均具有"场"的依赖性。所谓"场"就是环境，校本学习尤其需要构建一种文化学习环境，帮助封闭的个人在环境的影响和带动下走向开放、协助的整体更新，帮助封闭的个人建构和实现宽容的多元价值观，让老师在学习的氛围中各美其美、美人之美、美美与共，让学校成为学习的天堂。

★ **案例**聚焦

教师，须秉持一颗"匠心"

2016年政府工作报告中，李克强总理首次提到"工匠精神"。"工匠精神"是指工匠对自己的产品精雕细琢、精益求精的精神理念。它表现了一种严谨、一丝不苟的工作作风，体现了一种耐心、专注和坚持的敬业精神。

匠心，对于教师而言，是拥有一颗追求卓越的教育心。教育是艺术，看似重复的劳动，其实重复中充满了各种可能与变化。这就需要教师加强学习，精益求精，更新教育理念，转变教育思想。只有心中有"源头活水"，能实现师生之间的"天光云影"。作为教育路上的行者，我们需要像工匠一样热爱自己的工作，并追求完美，将自己的理解和美学价值赋予其中，自成境界。虽难以臻于至善，但那份追求卓越的心境会让人感到欣慰和自足。

雅斯贝尔斯说："教育是一片云推动另一片云，一棵树摇动另一棵树，一个灵魂召唤另一个灵魂。"教师的工作对象是一个个鲜活的生命个体，虽然不能像工匠那样按照自己的设计目标去精雕细刻，但工匠精神的执着、认真、踏实、专注、严谨、注重细节、精益求精不正是我们每一位教师需要和弘扬的吗？愿所有的教师都秉持一颗"匠心"，把每一个当下做到极致，成为社会肯定、师生认可的"名匠"。

（胡小芳.教师，须秉持一颗"匠心".教书育人，2016，（5）：1）

★ 点石成金

说句实在话，普通教师和名师原本没有多少差别，没有智商的差别，没有学历的差别。没有几个名师是高智商，或者说得极端一点，所谓名师大都智商平平，没有超乎常人之处；也没有很多名师有高学历，甚至许多名师是学历不达标者，如钱梦龙、魏书生都不是大学毕业，更不是硕士、博士，但这不妨碍他们成为人们公认的名师。名师与普通教师的区别就在于坚持——坚持不懈地学习、读书、思考，坚持不懈地实践、探索、超越。上一两堂好课不难，难的是不断上出好课；发表一两篇文章也不难，难的是一辈子都在学习，都在思考，这就是名师与普通教师的差别所在。于漪老师常说："我当了一辈子教师，一辈子学做教师；我上了一辈子课，上了一辈子令人遗憾的课。"于漪老师也正是因为这种一辈子上下求索的精神、坚持一生的学习精神，才成为中国语文教育的大家。由此可见，乐于学习，勇于学习，善于学习，常于学习，这是每一个教师成长和成功的必经之路。

★ 技能训练

1. 教学反思

谈谈你对下面这则故事的看法。

张伯苓是我国著名的教育家。有一次，他发现有个学生手指被烟熏黄了，便严肃地劝告那个学生："烟对身体有害，要戒掉它。"没想到那个学生有点不服气，俏皮地说："那您吸烟就对身体没有害处吗？"张伯苓对于学生的责难，歉意地笑了笑，立即唤工友将自己所有的吕宋烟全部取来，当众销毁，还折断了自己用了多年的心爱的烟袋杆，诚恳地说："从此以后，我与诸同学共同戒烟。"果然，打那以后，他再也不吸烟了。

2. 行动学习

要求：观摩本校本学科教师的一节课，并使用提供的工具模版，完成一份"课堂观察记录与分析表"，并就记录和分析情况与授课教师进行商讨，改进本课教学，并在其他班进行改进后的教学实践，最后形成一份不少于2000字的行动学习报告。

课堂观察记录与分析表

记录要求：课堂观察要基于学生学习视角，关注学生的状态和反映，注重细节；

要描述和记录教学过程，并进行研究分析；字数不少于 300 字。

观察者			观察时间段	
观察对象		授课内容		
观察点	教学过程客观描述	教学实施优缺分析	教学行为调整建议	
一、课前情境创设				
二、知识概念的理解和深化				
三、学生应用与展示				
四、对学生学习情况的把握与调整				

第八章　现代教师研究论

如果你想使教育工作给教师带来欢乐，使每天的上课不致变成单调乏味的义务，那就请你把每个教师引上进行研究的幸福之路吧。

——【苏】苏霍姆林斯基

★ 一线传真

2002 年 6 月 22 日，"教育在线"开通的第七天，苏州市副市长、苏州大学博士生导师朱永新先生在论坛上发表了《"朱永新成功保险公司"开业启事》："本公司为激励客户成功，决定开办朱永新成功保险；参保对象不限，但尤其欢迎教育界人士；保期十年；每日三省自身，写教育日记千字。一天所见、所闻、所感、所思，皆可入文。十年后，他持 3650 篇千字文来本公司，如投保方自感十年内未能跻身成功者之列，本公司愿以一赔百。"保险公司第一投保人，是江苏盐城的张向阳。2002 年 10 月 12 日，这位农村教师写下他第一篇随笔《听课随想》。他以前从来没有发表过文章，但自从深受朱永新教育思想的鼓舞并接触了网络后，他每天在"教育在线"网站上写一篇教学日记，与网友交流教学心得，分享教学中的苦与乐。短短半年的时间，他就在《人民教育》《教育参考》《文汇报》等报刊上发表 50 多篇文章，个人的人生机遇由此也有了很大的改善。

朱永新老师十年前在"教育在线"上发的这则成功保险，以特有的方式给行走在成长路上的老师们传达出自己对勤奋者热情的鼓励和殷切的期望，更是给出了一个操之可行、行之有效一种方式。正因如此，"朱永新成功保险"一经公布，就誉者如潮，应者如潮。这则启事看似一个玩笑，却反映出朱永新先生对教师成长规律的准确把握。波斯纳提出了著名的教师教育成长公式即"经验＋反思＝成长"。朱永新先生将教师的行动研究作为反思的重要途径，通过事实性、情境性、过程性的研究，让教师在教育活动中对实事、实情、实境和实际过程进行记录、观察和探究。同时，在叙事中反思，在反思中深化对问题或事件的认识，在反思中提升原有的经验，在反思中修正行动计划，在反思中探寻事件或行为背后所隐含的意义、理念和思想。看似一则启事，实则是为教师该不该做研究、怎样做研究作出的明确表态。

★ 理论导航

第一节 教师研究的内涵

教师研究，顾名思义，一指对教师的研究，二指教师开展的研究。基础教育课程改革对教师的素质提出了更高的要求，一个只知道日复一日埋头教书的教书匠已无法适应快速变革的时代。从教师专业发展的角度看，开展研究是教师从"教书匠"向"专家型教师"持续跃升的必要手段，研究能力成为教师能力结构中有机组成部分，诚如苏霍姆林斯基所言："凡是感到自己是一个研究者的教师，则有可能变成教育工作的能手。"

一、教师研究的内涵

教师对待教育科研的态度与教师对"研究"的认识有关。那么，什么是研究？在研究取向、方法和路径等方面有何区别？这一系列问题都需要在教师真正开始研究之前作进一步的澄清。

1. "研究"的定义

"研究"在一般人的眼中是一件十分正规和严肃的事情，有时还多少有点神秘，因而，多数人对于"研究"都采取敬而远之的态度。其实，研究在日常生活中无时不在、无处不在。一个小孩蹲在路边观察蚂蚁如何搬运食物；家庭主妇探索一道新菜的烹饪方法；农民根据天气变化、旱涝情况确定当年种植作物的时间和种类……凡此种种，都是研究。同样，教师细心地观察一个孩子的学习情况、记载一个孩子的成长过程、寻找孩子学业成败的原因，也是一种研究；而科研人员在特定仪器的帮助下发现人体基因的结构和类型、社会调查人员用特制的问卷和表格调查人们的生活满意度等，又是另外一种研究。

可见，研究是分层次、分类别的，既有广义的研究，也有狭义的研究。从广义上来说，我们可以把对未知事物的探索过程都称为研究。比如，上面提到的小孩观察蚂蚁搬运食物、家庭主妇探索新菜肴的情况。一般来说，这种广义上的研究比较随意，既没有理论上的特别要求，也没有方法、工具和程序上的特别规定，它可以随时发生、随时结束。可见，广义的研究更多地是指对待未知事物的一种态度。而狭义的研究则是指学术研究或科学研究，对研究人员的理论基础和研究方法、工具和程序都有明确的规定。

2. "教育研究"的定义

从广义上讲，教育研究可看成是教育工作者对待教育的一种态度。当一个教师准备走上讲台之前，如果他不是把教材、教学程序、教学方法看成是机械的固定不变的模式，而是从了解学生入手，对已有的教学内容经过恰当地筛选和加工，然后选择合适的教学方法，这种过程就是一种研究。而从狭义上来看，教育研究属于规范研究的一种，是基于一定的观念、方法和途径对教育问题的一种探究、研讨过程。

3. 教师研究与专业研究的区别

教师研究与专业研究存在一定的差别，特别是在研究定位、研究任务和研究目的上。

（1）中小学教师的基本任务是搞好教学

教师研究既来源于教学又服务于教学，是为了提高教学质量，促进学校发展，最终为学生发展服务。而专业研究者的研究则是为解决学术发展过程中所遇到的重大理论和实践问题服务，其主要目的在于推动该领域的学术发展。

（2）中小学教师缺乏基本的学术训练

一般而言，中小学教师在培养过程中大多没有接受过系统严格的关于学术研究的理论、方法和技术的训练，因而，不可能从事比较复杂的、大规模的研究，也不需要回答教育发展中的重大理论问题和实践问题。教师研究的问题相对来说比较微观，比较具体，研究方法和程序也相对简化。而对于受过系统的、严格的学术训练的专业研究者来说，在研究的理论、方法和程序上都有比较严格的要求。

（3）中小学教师在研究中往往承担双重角色

一方面，教师是研究的主体，需要不断地观察教学过程中所发生的一切现象和问题。另一方面，教师自身又是自己的研究客体。由于教学过程是师生之间的互动过程，教师往往需要在教学活动现场思考自身行为与学生行为之间的关系。因而，教师自身的教育教学行为也是教师研究的主要内容。而专业研究者的角色相对比较单一和固定，研究对象和研究者之间的界限是比较清晰的。研究者必须以自己敏锐而独特的"嗅觉"来感知和分析研究领域所发生的一切，而研究者自身的行为与研究对象行为之间并不存在密切的互动关系。

由于作为研究者的教师与专业研究者存在着知识结构和角色上的这些差异，因此，中小学教师的教育教学研究与学术研究存在着许多不同。两者既有不同的问题域，也有不同的研究目标和任务，并且遵照不同的研究方法和程序（表8-1-1）。

表8-1-1 教师研究与专业研究的区别

	教师研究	专业研究
研究目的	提升教育教学水平，获得教育教学专业能力，促进教师、学生和学校发展	发展或检验假设，解释或预测产生可推广的结论
研究人员	一线教师为主，学者专家提供支持，注重人员民主参与和合作协商	学者专家为主，其他人员协助
研究基础	不需要太多的研究积累，以个体经验为主	需要相当程度的研究积累，且要求一定的学术基础
研究问题	来源于教学实践	来源于理论和实践两个层面

续表

	教师研究	专业研究
研究方法	多阅览可用的二手资料，概括了解周围取样，不要求代表性，要求针对性，一般采用简便易行的方法收集资料	广泛阅览一手资料，全盘了解抽取具有代表性的样本，采用具有信度、效度的测量技术
研究设计	比较松散，在研究过程中可随时修改，不太关注控制变量和减少误差	严谨设计，控制变量，根据计划，按步骤严格实施，重视研究的信度和效度
资料分析	简单分析，多呈现原始资料，注重实用性	分析技术复杂，呈现分析后的资料，多强调统计显著性、推理一致性或事件深层意义的诠释
成果表现形式	成果表现形式多样，依实际需要而定，无统一格式	论文、著作、研究报告为主要成果表现形式，有严格的学术规范上的要求
成果应用	强调实用性和对教师个体的意义	注重结果的意义、理论的显著性和可推广性

二、教师研究的基本特征

对于广大中小学教师而言，研究主要以应用研究和行动研究为主，着力解决教育教学中的实际问题。正如林崇德先生所描述的，教师参与教育教学研究的特点是面向实际、站在前沿、重在应用、加强合作。日本学者佐藤学也认为对教学的研究原本就是实践性研究，其主体是教师。教学研究的目的在于改进教学，其内容在于实践性问题的解决。教师研究的基本特征如下：

1. 研究目的上的"应用性"

教师研究的主要目的是为了解决教育教学中的实际问题，寻求解决问题的方法与改进性的措施，从而提高自身的专业素养，以最终提高教育教学质量、促进学生发展为目的。因此，教师研究的目的带有极其鲜明的应用指向和实践指向。

2. 研究成员上的"群众性"

教师研究是一种"群众性"的研究活动。由于教师研究的场景和对象、教师自身的专业知识结构和研究方法的局限性，教师研究并不是教师独自的"悟道"过程，还必须与同事、与专业研究者，甚至与学生和家长合作，才能顺利地开展。

3. 研究内容上的"实践性"

教师研究是"通过实践、为了实践、在实践中"。从根本上说，教师研究意味着教师对自己教学实践的一种考察和反思，它最大的现实意义在于可以让教师理解实践中有着内在联系的多种要素的含义，从而使教育教学实践具有理性特征。教师从事教育教学实践工作，不应当是盲目的、主观的，而应当以研究的态度来对待，使教育教学实践与教师研究在同过程中密切结合。正是从这一意义上说，"实践性"是教师研究内容的主要特征。

4. 研究方法上的"简易性"

与专业研究者的研究不同，一线教师的教育教学研究更多地表现出自发性、即时性和情境性的特征，没有太多的研究设计和技术要求。恰恰是这种看似"粗糙"的研究保证了教师研究的真实性和可操作性。所以说，教师研究在方法上具有简易性的特征，但是，简易性并不是不尊重方法的科学性和客观性。教师要想通过研究发现真问题，得出比较客观的结论，摸索出比较有效地解决问题的途径，就需要在研究方法上下功夫，使自己的研究尽可能摆脱主观经验的控制，走向科学化的道路。

5. 成果表达的"灵活性"

由于学科背景、知识结构、年龄层次以及表达方式的差异，不同教师在研究的方式和方法上也大相径庭，且研究结果的呈现方式也不一样。有的擅长通过论文来表达自己的研究成果，有的喜欢以教学日志的方式记录研究轨迹，还有的喜欢在网络上撰写博客与大家分享研究经验和收获。因而，对于教师研究成果的表达方式，不能提出统一的要求，尤其是不能以一种方式来苛求教师。符合实际的做法，就是根据教师个人特点和喜好，倡导灵活多样的教师研究成果表达方式，这样才能使教师研究充满活力。

6. 评价方式的"发展性"

专业研究追求有形的、外在化的研究成果，比较关注研究成果的理论价值和应用价值。因而人们评价某个专业研究是否有价值，往往根据其规范程度、研究观点被同行接纳或为决策者所采纳的程度来判定。教师研究更多地指向个体实践，以追求教师个体教学效能的提高为目的，因而，评价教师研究成果不能按照专业研究的标准来判断，更不能以专业研究人员的研究范式来排斥甚至否认教师的研究及其成果的价值。评价教师研究成果的价值应以是否促进教师个人的专业成长，是否促进学校或学生的发展来衡量，其评价方式应是"发展性"的，而不应是结果性的，要充分体现出教师专业成长循序渐进的特点。

三、教师研究的内容

教师需要研究什么？简单地说，就是要研究教育问题。对中小学教师而言，研究的问题往往来自于自己切身的教育经历，来源于教育教学的实际需要，因而，所要研究的问题往往是鲜活的、具体的、生动的、现实的。从根本上说，研究问题的提出，要求每个教师具有改革意识，不安于现状，勇于进取，不断创新；要具有问题意识，对每个具体的教育行为及其细则都要多问几个"为什么"；要能够清晰地说出行动的依据和准则。问题提出的方式是多种多样的，可以采取以下几种方式：

1. 不安于现状

教师要对自己所从事的教育工作领域经常保持关注。要发现教育教学中存在的问题,首先必须了解自己所从事领域的理论研究、改革实践的最新进展,只有把握了这些基本信息,才能有所比较、有所选择、有所思考,从而发现有价值的问题。当然,还应该对自己所从事领域的走向有自己的基本判断,要不安于现状,勇于思考,敢于创新。如果觉得现实什么都好,没有对卓越教育的追求,就会看不到问题,找不出差距,从而觉得没有什么值得研究的。

2. 辩证的否定

所谓辩证的否定,就是对教育教学等方面已有的常规、制度、行为、策略、观念甚至理论作出否定的或部分否定的判断。

3. 变换思考角度

每一种理论或观点,都是基于特定的思维方式、研究方法或思考角度而提出的。从得出原有结论、观点或理论不同的思考角度来重新审视教育教学行为,能够发现新的问题。

4. 类比和移植

借用其他学科或研究领域的观点、理论或方法,重新审视教育领域的问题,能够发现新的问题。类比和移植有助于开阔教育视野。

第二节　教师研究的途径

教育实践工作者从事的研究无法在专业研究人员给定的思维、话语方式或既定的学科规训制度内运作,而是需要从自己切身经历出发,从自己独特视域出发,以自己能够驾驭的方式去逼近"存在的真实"。教师进行研究的方式有很多,现介绍其中最主要的途径。

一、课例研究

课例研究最初兴起于日本,20 世纪末以来,陆续为美国、英国、瑞典、新加坡等国家和香港地区的教育工作者所重视、引进和改造。课例是连结教育理论和教学行为、研究者和教师的桥梁,是回归课堂的主要研究方式和成果表现。一种促进教师实现理论学习向教学实践迁移的载体学习观正在形成之中。

1. 课例研究的步骤

在实践中,针对教学中出现的问题进行持续的研究并改进,"六步操作法"的模式逐步被普遍接受和采用。

1)确定研究专题。包括教学的重点:本学科知识体系中最重要的概念、定理、技能等;教学的难点:本学科教学中最难教、最易出现教学问题的内容单元等教学的难点;教学的兴奋点:本学科教学中自己最饶有兴趣探究的问题等。

2）选择执教内容。选择最能体现教学的重点、难点或兴奋点的内容单元进行探究型的试教，并进行基于原型经验的教学设计。执教教师完全可以按照自己的教学设计进行教学，毫不掩饰地沿用惯常的教法，让问题充分而自然地表现出来。

3）带着目的观察。参与专题研究的所有成员一起进入到执教教师的课堂，基于研究的专题开展课堂的观察，获得真实而丰富的课堂教学信息。

4）畅所欲言。在经历课堂观察活动之后进行集中的基于研究专题的课堂教学研讨，在研讨会上，所有研究成员针对课堂观察过程中的发现知无不言、言无不尽，一起围绕专题把课堂教学中的问题研讨彻底。

5）着眼达成改进。执教教师综合研讨会上的各种意见与建议，进行反复的教学设计和课堂实践，直至基于专题研究的课堂教学取得比较满意的教学效果。

6）理清主线观点。基于反复几次的教学设计和课堂实践，清晰梳理研究演进的主线或脉络，全面总结提炼研讨过程中林林总总的结论和观点，最后形成思路清晰和观点鲜明的研究报告。

2. 课例研究的组织

课例研究是教、学、研合为一体的实现教师专业发展的基本途径，是学校以教师群体为单位组织的重要工作与学习方式。因此，课例研究具有文化互动的特征，往往需要在教师群体的层面加以组织和实施。

1）团队素养。结构合理的研究团队应包括学科专家、研修者、学校主管领导、骨干教师和青年教师等方面的人员，他们都应具备一定的研究意识与研究能力，能够主动学习、积极参与研究；同时，每一位成员又应有各自的特点，便于实现教学风格、经验和理念的互补，以便于从不同角度进行观察、实践，达到取长补短的效果；不同身份或职务的人员在团队中发挥着不可替代的作用，如学校主管领导的参与就会在协调团队集中研究的时间、保障研究顺畅进行的方面起到较为突出的作用。

2）方案策划。有效组织课例研究的起点在于：要有一个明确的研究主题和一个切实可行的研究计划。研究主题宜小宜精，且应具有很强的针对性、导向性与激励性，研修活动的开展才会顺利。研究计划宜早宜细，可操作性要强，让每位成员心中有数，提前做好工作安排。课例研修确定以对课堂教学问题的研究为切入点，但不仅仅是做课或研究课。因此，在方案策划中各项研究内容、步骤应尽可能翔实，便于操作。做课安排也要掌握好度，时间间隔上既要保证教师有时间反思、整理，又要避免因拖延而产生遗忘，更要避免研究倦怠的产生。

3）机制建立。首先，持续学习机制：研究的过程是不断学习的过程，所有参与课例研究的老师、教研员甚至专家都要加强学习，课例研究的方法要学，关于研究主题的相关理论要学，前人的经验要学，同事间更要相互借鉴。其次，团队讨论机制：研究过程中要不断创建开放和谐的学术研究氛围，在交流中碰撞，在碰撞中反思，在反思中学习成长。再次，成果提炼机制：课例研究要通过教学设计与实施、课堂观察与反馈、反思研讨等环节以达成教师教学行为的跟进。这是一个螺旋式上升的过程，唯有及时提炼、及时记录，才能成为新的资源，如随笔、教学设计、会议或课堂实录等，成为大家共享的资源，才能促进教师的持续发展。

二、行动研究

严格地说，行动研究并不是一种独立的研究方法，而是一种教师密切结合本职工作，综合运用各种有效研究方法，以直接推动教育工作的改进为目的的教育研究活动和重要途径。教师的行动研究是介于理论研究与实验研究之间的一种研究方法，教师行动研究的主体是教师，研究以提高行动质量、改进实际工作为首要目的，它较其他研究方法有着不可比拟的优势。

1. 行动研究的特点

行动研究以解决特定问题为主要目的和手段，把解决问题放在首位，对于教师解决实际问题提供有效而科学的方法，因其具有较强的实践性深受一线教师欢迎。但要准确认识教师行动研究对于教师专业发展的重要性，则需要首先从行动研究的特点出发，审视教师行动研究之于关注教师专业发展的重要性和可行性。

（1）教师作为研究主体

教师行动研究中教师主体性的特点具体表现在三个方面。

1）强调教师的主动参与。在教师行动研究中特别强调教师的主动参与性。首先，教师长期处于教育实践中，比专家更能洞察实践活动的发生背景、环境和相关现象。教师积极参与研究，可以利用优势，更好地分析解读研究问题，寻求恰当的问题解决办法和行动策略。其次，教师通过参与也可以分享自己对行动的理解，促进他们正确评价自身实践中的社会构造，提高自我解放意识。

2）重视教师的协同研究。单个教师的行动研究虽然易于实施，但研究能力有限、研究的主观性较大，很难得出令人信服的研究结果。因此，教师行动研究在保障教师主体性的前提下，还特别重视教师的协同研究，致力于推进教师与其他人员（主要包括教育专业研究者、教师同行、学校行政工作人员等）之间的合作，形成一个共享的"对话共同体"。在"对话共同体"中，其他人员扮演的角色不再是"教育者""指导者"，而是"协助者"或"顾问"。他们的主要任务不是向教师灌输自己的观点和理念，而是通过与教师的专业对话与交流，深化他们对自己教学实践和研究问题的理解，提高他们自己进行行动和研究的质量与效率。

3）注重教师的反省思考。教师行动研究特别强调教师的反省与思考。教师的反思既包括教师对自我的反思也包括对行动的反思。罗萨斯将教师的自我反思按主要内容划分为了以下六个维度：个人维度、制度维度、人际维度、社会维度、教学维度和价值维度。教学维度和价值维度是教师进行自我反思的重点。通过对教学维度的分析反思，教师会理解他们为什么这样教学，并发现其特殊的教学需要；而价值维度的反思帮助教师重新审视其价值观，在不断地质问与修正中完善其价值观，进而重构其教育实践。

教师对行动的反思既有对行动过程的反思也有对行动结果的反思。教师对行动过程的反思使得他们将自己从日常的实践中抽离出来，用"研究者"的身份来观察、审视自己的教育教学过程。教师对行动结果的反思将有助于他们总结行动研究过程的得与失，使其在经验与教训中实现专业成长。

（2）研究情境的生态性

教师行动研究的研究情境具有生态性，即教师以自然状态为研究情境，在真实的教育情境中展开研究，不需要为了研究而刻意创设特定的实验情境，也不需要为了研究而改变学校、课堂、学生的自然状态。

行动研究生态性的特点使其在研究方法的选择上具有兼容性。行动研究不囿于使用某种特定的研究方法，它可以根据实际自然情境的需要灵活选择，整合多种方法。这种生态性使得它的研究过程不能遵循固定不变的程序原则，要一直处于动态变化中。行动研究过程要根据实际情况，不断修改研究假说和行动策略。

研究情境的生态性使得教师的行动研究成果在很大程度上并不具有普遍意义。教师的行动研究一般以特定的学校和课堂作为研究对象，致力于解决学校或课堂范围内出现的各种问题，如行政管理、课程设置、教学优化、师生关系等。这些问题植根于特定的情境中，受周围环境的影响非常大，一旦环境发生改变，即便是完全相同的问题也不一定能用相同的方法和策略加以解决。因此，行动研究的成果外在效度不是很高，不具有广泛的推广价值。但这并不意味着行动研究成果只能沦为教师的个人收藏，束之高阁。相反，教师应向公众表达自己的研究过程和研究成果，使自己的研究成为一种"公开的"探究。通过发表行动研究成果，教师能够在公众的批判中发现自己在研究中存在的不足和缺陷，并加以改进。

（3）以"改进"为导向

改进是教师进行行动研究的宗旨。首先，改进意味着教师对教育实践的改进，既包括解决教育中的实际问题也包括提升行动质量。其次，"改进"还包括改进教师对实践的理解。教师在与他人进行的自由对话和讨论以及自身的行动实践中，逐渐修正自己原先所持的价值观和所信奉的教育信念，建构出新的实践性知识和个人理论。新的个人理论的形成使得教师对所处的教育实践产生新的、更深层次的理解，而教师的专业生活也在这种理解中发展变化，以更好地满足教育实践的要求。再次，"改进"意味着变革实践所处的"社会情境"，走向批判。行动研究的批判性使得行动者（教师）不再仅仅满足于对教育现象和教育问题的浅层次思考，他们开始探寻教育现象产生的深层次原因，对教育问题背后暗藏的意识形态所起的作用也开始有所察觉和醒悟。教师从过去的仅仅关注自己，走向了制度关怀和制度批判。教师寻求的这种扎根于社会实践的理性批评，是行动研究的重要特征，也是行动研究迈向理解、解释和解放的关键一环。

2. 行动研究的步骤

行动研究的过程是螺旋式加深的发展过程，每一个螺旋发展圈都包括四个相互联系、相互依赖的环节，这四个环节分别是计划、行动、观察和反思。

（1）计划

计划是指以大量事实和调查研究为前提，制订总体计划和每一步具体行动计划。

计划环节包含以下三个方面的内容和要求。

1）计划始于解决问题的需要，它要求研究者从现状调研、问题诊断入手，弄清楚以下问题：现状如何？为什么会如此？存在哪些问题？从什么意义上讲有问题？关键问题是什么？它的解决受哪些因素的制约？众多的制约因素中哪些虽然重要，但一时改变不了？哪些虽然可以改变但不重要？哪些是重要的而且可以创造条件改变的？创造怎样的条件，采取哪些方式才能有所改进？什么样的设想是最佳的？

2）计划包括总体设想和每一个具体行动步骤，应安排好第一步、第二步行动研究进度。

3）计划必须有充分的灵活性和开放性。随着对问题的认识需要逐渐加深，制订计划时既要考虑和包容已知的制约因素、矛盾、条件，又要把始料不及、未曾认识、在行动中才发现的各种情况、因素容纳进去。从这一意义上讲，计划是暂时的，允许修改的。

（2）行动

行动就是指计划的实施，它是行动者有目的、负责任、按计划的行动过程。在行动中，要按计划、有控制地进行变革。在变革中促进工作的改进，包括认识的改进和行动所在环境的改进。要考虑实际情况的变化，进行不断地行动调整。行动包括以下内容：

1）行动是在获得了关于背景和行动本身的反馈信息，经过思考并有一定程度的理解后有目的、负责任、按计划采取的实际步骤。这样的行动具有贯彻计划和逼近问题解决的性质。

2）实际工作者和研究者一同行动。在教育行动研究中，学生、家长和社会人士均可作为合作的对象。

3）重视实际情况的变化。随着对行动与背景认识的逐步加深，及各方面参与者的监督观察和评价建议，不断调整行动。

（3）观察

观察是指对行动的过程、结果、背景以及行动者的特点的考察。观察是反思、修订计划和进行下一步骤的前提条件，在行动研究中观察包括以下内容：①行动背景因素及其制约方式；②行动过程。包括什么样的人以什么方式参与了计划的实施，使用了哪些材料，安排了哪些主要活动，有无意外的变化和干扰，以及如何应对等；③行动的结果。包括预期的与非预期的，积极的和消极的。背景资料是分析计划设想的有效性的基础材料，过程资料是判断效果是否由方案带来的和怎样带来的观察依据，结果资料是分析方案带来了什么样的效果的直接依据。这些材料对于效果分析来讲是缺一不可的。

提高行动研究的质量，必须追求观察的科学性，灵活运用各种已知的观察技术和数据、资料，采集分析技术，实况详录与工作时间取样、事件取样，日记描述与轶事记录、清单法，行动检核记录与行为编码记录，直接观察与间接性的调查访问测验，文字描写与录音录像等现代化技术手段等。为了保证观察的客观性，要让研究者与实际工作者、局外人与当事人从不同的方面进行多视角的观察，全面而深刻地把握行动的全过程。

（4）反思

反思既是一个螺旋圈的终结，又是过渡到另一个螺旋圈的中介。反思这一环节包括以下内容：

1）整理和描述。即观察到、感受到的与制订计划、实施计划有关的各种现象加以归纳整理，描述出循环过程和结果，勾画出多侧面的生动的行动过程。

2）评价和解释。即对行动的过程和结果作出判断评价，对有关现象和原因作出分析解释，找出计划与结果的不一致性，从而形成基本设想，即总体计划和下一步行动计划是否需要修正，需要做哪些修正的判断和构想。

3）写出研究报告。行动研究的报告有自己的特色，允许采取很多种不同的写作形式。如让所有的参与者共同撰写叙事故事，让不同的多元的声音一起说话，也可以编制一系列个人的叙述、生活经验，让当事人直接向公众说话。如下面两种教学方法的对比反思：

一位小学语文教师用两种不同的教学方法进行了《坐井观天》一课的教学，发现教学效果有很大差异，通过比较这两种不同的教学方法，对其原因和结果进行了反思评价（表 8-2-1）。

表 8-2-1　两种教学的对比

教学 A	教学 B
以"教"为中心设计教学，教学设计是程式化的、固定的	以"学"为中心设计教学，教学设计是灵活的、变化的
理解内容为主，教师的教主要侧重于"理解""分析"层面上	引导学生读书，教师的教主要侧重于"感悟""积累"层面上
学生的学主要是接受式的、静坐式的，没有自主权，主体地位不突出	学生的学主要是参与式的、活动式的，享有自主权，主体地位突出
强迫学生接受教学参考书所规定的寓意	不给统一答案，允许学生对课文寓意有自己的见解

通过两种教学方法的对比可以看出：

1）教学 A 所代表的是传统的讲读教学方法。从教学设计来看，是从课文的开头讲到结尾，没有对教材进行创新处理；从教学形式来看，是以教师讲为主，学生静坐接受；从教学内容上看，教师注重内容的理解分析，强迫学生接受教学参考书规定的内容；从教学关系看，师生是"授——受"关系，学生完全没有学习的自主权，更谈不上发挥学生的主体作用。在这样的教学活动中，学生的学习兴趣受到压抑，心理负担沉重，机械按"师嘱"学习，学习效率不高。而教学 B 打破了传统的"逐段串讲、繁琐分析"的教学框框，尊重学生的主体地位，充分发挥了学生的主体作用，根据学生学习语言的规律以及学生的阅读过程，设计教学并及时调整教学。在这样的教学活动中，学生主动参与阅读，参与语文的实践活动，各种语文能力得到了明显的发展。

2）对低年级阅读教学来说，传统的讲读教学明显偏重于内容的理解分析，低年级阅读教学"高年级化"的现象十分严重，这无疑加重了学生的学习负担，不符合儿童学习语言的规律。低年级阅读教学应该以朗读为主，注重感知和积累。在教学 A 中，由于教师把主要的精力集中在课文内容的分析讲解上，无形之中挤掉了学生读的时间，学生的读书是不够充分的。而在教学 B 中，教师以读为主，让学生充分的读，先是读顺，接着是读熟，然后是读出味道，最后是读懂，学生在读中感知了内容，也积累了语言。此外，对课文内容的理解应该允许学生有自己的看法和理解，这样更利于培养学生的创新精神和创新能力。

三、教育叙事研究

教育叙事研究是指以叙事的方式来研究教育问题，表达对教育的理解与解释，即通过对有教育意义的教育事件的描述与分析，揭示内藏于日常事件、生活与行为背后的意义与观念，让人们从故事中体验、思考与理解教育的本质与价值。

1. 教育叙事的内涵

教育叙事既是一种研究的方式，也是一种研究成果的表达方式。作为行动研究表达成果的教育叙事，既是指教师在研究的过程中用叙事的方法所作的某些简短的记录，也是指教师在研究中采用叙事方法表达的研究成果。

（1）教育事件

教育事件就是教育经验与教育现象，也称为教育故事。它以讲故事的方式来描述教师的教育教学经验与行为。叙事的形式有故事、口述、日记、访谈、总结报告等。教育教学事件强调的不是以什么形式来表达，而是注重教师经验的意义。教育教学事件是一种承载着教育教学意义的载体。这些叙事更接近于教育教学实践，将理论融合在故事之中，让理论变得鲜活与生动。教师所叙说的教育教学故事，不是为了建构一种新的理论体系，也不是为了向别人炫耀自己的研究成果，而是一种改进工作方式的手段。

（2）教育叙事的三要素

第一个要素，这个故事讲述了一个或几个日常生活中意外的、反常的或者是突发性的事件。因为具有以上的意外性、反常性与突发性这三个特点，因而能够引起人们的关注。

第二个要素，这个故事所讲述的事件隐含着某种教育冲突、教育矛盾与教育困惑。通过这个事件，叙事者要表达的教育道理、教育规律，才是叙事的本质。而这些教育冲突、矛盾、困惑就是道理与规律所蕴藏的场所。

第三个要素，这个故事所讲述的内容能够彰显出某个人与某些人人性的优点或弱点。教育故事能够揭示出人性的优点与弱点，才打动人内心最深刻的东西，才会给人带来情感上的共鸣与理智上的启迪。

（3）教育叙事中的教师

在教育叙事中，教师通过故事性的叙述，描述自己在自然情境下的教育经验、教育行为、个性化的实践方式。教育叙事研究注重与教师教育经验的联系，注重客观真实地呈现教育生活的内在故事情节，而不是用抽象的理论来限制老师丰富的教育生活。教师所叙述的是自己体验与见证的教育事件：研究的问题是怎样形成的？这个问题提出来以后，教师自己是怎样分析思考问题的？设计了怎样的解决问题方案，这个方案在实际解决问题时遇到哪些问题？问题是否能够得到彻底解决？在解决问题的过程中，教师又做了哪些必要的调整？还遇到什么新的问题？

既然教师是讲故事的人就要有听众。这个听故事的人可以是教师自己，也可以是教师同伴。因为教育叙事研究并没有提供一个现成、固定的结论，而只是提供了一些引导或者是教师个人的思考，这样就给读者留下丰富的思考与反思空间。因此，可以说，叙事研究是一个由教育故事中的角色、叙述者、读者共同组成的一个互动交流的世界。

2. 教育叙事研究的特点

教育叙事研究属于质的方法的研究范畴，除了质的研究方法本身的自然情境性、工具性、解释性和建构性等基本特征外，还存在自身的特点。

（1）真实性

教育叙事研究所叙述的事件涉及教师的课堂教学、教育实践、日常生活等活动中曾经发生或正在发生的事件，这些事件是具体的、真实的、情境性的，而非教育者的主观想象。教育叙事研究感兴趣的不是所谓的"客观现实"的"真实性"本身，而是研究者看到、体验到的真实。它关注教育现场，强调对故事细节进行整体性、情境化、动态的描述，原汁原味地呈现教育现象。在教育事件的呈现过程中，通过归纳而不是演绎的方式进行意义建构。教育叙事研究尊崇面向事实本身，面向事实本身就是针对现象进行深描，揭示社会行为的实际发生过程以及事物中各种因素之间的复杂关系。描述越具体、越原汁原味，就越能显示现象的本质。

（2）诠释性

教育叙事研究需要研究者对叙述者个人经验进行深描，挖掘蕴藏于教育事件背后的意义。一方面，叙事本身就携带有意义，叙事的过程就是意义诠释的过程。叙事研究就像一个"剥笋"的过程。叙事研究先不期待剥开之后会见到核心，它认为竹笋的本质保存在竹笋的整体中而不只是竹笋的核心。为了这一整体，可以在不剥开竹笋的情境中观察、解释、理解竹笋，也可以在剥开竹笋的过程中来进行。无论采用任何方式，都必须观察并记录整个过程，因为竹笋的本质就在这个过程中。叙述者在叙事过程中，对自身经验的回顾决定了叙事的内容、情节以及个体生活的意义，叙事过程也就是对自身职业与教育意义的诠释过程。另一方面，研究者要对叙述者的个人经验和意义建构进行再诠释。研究者置身于教育的自然情境中，尽量搁置自己的主观偏见。在倾听叙述者的叙述故事的同时，要不断思考对方是如何看待自身经历的，并将叙述者的故事放在特定的背景下理解。这就需要研究者有敏锐的理论触角，以一定叙事结构重新述说故事。更要深入挖掘故事背后的理论意义，以便吸引更多读者的参与和分享。

（3）反思性

教育叙事研究的过程就是研究者和叙述者不断反思的过程。一方面，叙述者在叙事过程中，对自己的日常教育实践进行反思，通过回顾经历、总结经验和质疑问题，达到对问题的醒悟、理解和深化。反思立足于经验，又超越经验。叙述者通过个性化的表达，从经验的反思中提炼出个人实践性知识，凝结成个人实践智慧。另一方面，研究者以叙述者的表达为载体，从多个视角反思教育理论与实践，诠释教育经验及其意义。教师进行教育叙事研究时，教师在叙事中反思，在反思中深化对问题或事件的认识。在反思中提升原有经验，在反思中修正行动计划，在反思中探寻事件或行为背后隐含的意义、理念和思想。离开了反思，叙事研究就会变成为叙事而叙事，就会失去它的目的和意义。

（4）开放性

教育叙事研究注重具体教育问题的解决、教育经验的意义重构和教育主体的发展，期望能够激发共鸣，使倾听者与阅读者获得启示。因此叙事研究具有开放性的特征。首先体现在对叙事者开放，对叙事者不带偏见地、细致入微地描写和讲述叙事者的故事。其次是对读者的开放，为读者谦逊地、建议性地提供事件、故事或案例，而不是以确定的方式向读者提供证据、概念和结论。它常常把结论留给读者自己去理解或重构，把理解的权力还给读者。这也决定了叙事研究的结果是个体性、情境性、带有主观价值取向的知识，而不是普遍性、客观性的知识。具体的事例或事件虽不一定具有普遍的推广意义，但它能够让有类似经历的人通过认同而达到推广。另外，叙事研究强调开放式的研究设计，由于没有固定的预设，研究者可以识别一些事先预料不到的现象和影响因素，使研究保持一种开放性。

3. 教育叙事研究的步骤

教育叙事研究不见得必须遵循固定的顺序，但可以围绕几个基本步骤展开，即确定研究问题、选择研究对象、收集资料、整理分析资料、创作叙事文本。各步骤可以区分开，并有先后顺序，但在进行实际研究时，各步骤之间却可能还有回路的循环关系，并非总按直线向前推进。

（1）确定研究问题

在开始进行教育叙事研究时，研究者必须确定什么是要探讨的研究问题。尽管教育叙事研究感兴趣的现象是"故事"，但故事本身必须包含某一需要关注和探究的问题。研究者必须靠清楚的方向与清晰的焦点加以依循，才能系统地搜集资料，回答问题。因此，聚焦一个值得探究的教育问题是教育叙事研究的出发点。

值得探究的问题势必是有一定意义的，它应具有两重含义：一是研究者对该问题确实不了解，希望通过此项研究对其进行认真的探讨；二是该问题所涉及的地点、时间、人物和事件在现实生活中确实存在，对被研究者来说具有实际意义，是他们真正关心的问题。

（2）选择研究对象

研究对象不仅包括人，即被研究者，而且包括被研究的时间、地点和事件等，因此在研究开始之前，教师就应该问自己："我希望到什么地方、在什么时间、向什么人收集这方面的资料？我为什么要选择这个地方、这个时间和这些人？这些对象可以为我提供什么信息？这些信息可以如何回答我的研究问题？"教育叙事研究一般都采用"目的性抽样"，即按照研究的目的抽取能为研究问题提供最大信息量的研究对象，这也是质的研究方法最常用的抽样方法。同时抽样的过程还应考虑到研究的问题、目的、范围、时间、地点等相关因素。

值得注意的是，在确定研究对象后，应与研究对象进行充分的交流，把自己的研究问题、目的、思路、方法以及对他们的期望等信息详细地告知他们。只有事先征得研究对象的同意和配合，建立一种轻松的、相互信任的关系，才能获取充分的信息资料。同时，研究对象在积极参与研究的过程中也能有所收益。

（3）收集资料

教育叙事研究通常采用多元方法收集资料，如请研究参与者用日记的方式记录其故事；观察研究参与者，记录田野笔记；从其家人处收集研究参与者的故事；记录研究参与者的生活经历。常见的收集资料的方法有访谈、观察和实物收集。另外，现场笔记也扮演了相当关键的角色。现场笔记记录了研究时发生的种种事项，让研究者可以据此进行深刻的反思。研究者需要思考：什么是令人印象深刻的事件？事件为什么会发生？从这些事件中研究者能学到？此事件与其他经历过的事件有何不同？有何独特之处？通过这些思考，能开阔自己的视野，随时调整资料收集的广度与深度。事实上，在教育叙事研究中，资料收集与分析常常是重叠在一起的，而非彼此孤立的。

（4）整理分析资料

资料的分析是教育叙事研究的核心，一般而言包含以下步骤：

第一步，资料的摘录。主要指访谈、观察笔记等资料的誊写与摘记。研究者应在每次访谈之后，把访谈录音逐字逐句地整理成文字稿。对于观察到的资料，除了有现场发生的事情的记录，还包括随后发生事件的记录以及当时的体验、感受、理解等。

第二步，资料的整理与解析。在整理资料之前，要先为每一份资料进行编号，然后在此基础上建立一个编号系统。编号系统通常包含以下几个方面的信息：资料的类型；资料提供者的姓名、性别、职业等相关信息；收集资料的时间、地点、情境；研究者的姓名、性别和职业等相关信息；资料的排列序号。研究者还应对资料进行整体解读架构。通过系统、认真地通读资料，一方面寻找资料中的叙事结构，加以编码。另一方面仔细阅读每一段落，将其分解为一些小单位，可以用关键的词语作为码号，也可以用自己的语言简述之。

第三步，资料的重组与归类。对资料进行整体解读架构以后，一方面参照叙事结构，按编码重组资料，接着可以对隐含的各类关系进行探讨。另一方面，将段落中分析出的小单位，依据内容和性质的相近程度加以整理，形成自然类别。认真思考类别与类别之间的可能关系，把表示相同主题的内容联系到一起，依据可能的逻辑关系排列出来。同时，还应审视材料与主题的契合与矛盾，对不合逻辑的地方应予以修正。

第四步，资料的系统化。对重组和归类后的资料，一方面以一定的内在逻辑线索组织资料、搭建故事，用一个完整的叙事结构呈现出来。整体的各个部分之间应该具有内在的联系，可以是时间、空间上的联系，也可以是意义、结构上的关联。简单地说，就是每个故事都表达相应的教育主题，故事间又存在一定的内在联系。另一方面，进一步挖掘故事背后的理论意义，对主题间的关系进行多方面、多角度的分析，在一个更高的层次上将其系统整合起来，并探索性地建构理论。

(5) 创作教育叙事文本

教育叙事文本没有统一的标准格式，它的基本任务就是将整个教育问题的提出与尝试探索解决的过程完整地叙述出来，教育叙事文本就是通过记录并反思教师在教育研究过程中的经验，以讲故事的方式表达自己对教育的理解与解释。教育叙事文本的文体突破了传统的研究论文与实验报告的局限，它主要来自于教师教育活动的口述、故事、现场观察、日记、访谈、自传、传记以及书信，用来述说教育主体的经验与实践。亲历性、真实性是教育叙事的基本风格，深度描述和深度诠释是其基本写作手法。

第三节　教师研究的组织

一般而言，中小学教师开展研究一开始往往缺乏研究规范、研究技能等方面的必要训练和足够的理论准备；同时，一般教师对教育科学理论的语言不熟悉，难以深入分析问题、准确表述观点。另外，教师个体往往受认识水平与价值观念的局限，对教育实践的理解有限，教师个体的研究在开始时较难取得成功。因此，建立"研究共同体"，即教师与教师、教师与专业研究者合作进行研究，将为教师研究提供有利条件。"研究共同体"是一个以教师为主要成员，加入专业研究者共同组成的一个群体，由有着强烈学习意愿和共同研究兴趣的成员自愿组建，其所有成员拥有共同的专业关注点，共同致力于解决一组问题，成员在共同追求的领域中通过不断持续的相互作用来发展自己的知识和专长，从而形成的实践共同体。

一、教师研究共同体的特点

杜威在《民主主义与教育》中反复提到，共同体中共同的了解（包括目的、知识、信仰、期望等），以及达到这些共同性的沟通过程，本身就具有教育性。教师正是在这样的共同体中，通过共享、合作与对话实现共同问题的研究与共同的成长。

1. 共享互惠

教师研究共同体的建构是以自愿为基础，以学科教学、课堂管理、课题研究等因素为依托，以"共享互惠"为前提而建立起来的。研究共同体内部，强调站在他人的角度，理解与自己不同的思想观点、思维方式。由于差异的存在，才使相互间的对话、交流成为一种必要和可能，而交流和对话并不是简单地消灭差异，而是要摆脱以自我为中心的观点，从他人的角度看问题，拓宽自己的视野，真正为我所用。彼此结成相互依存的互动关系，使各种不同的思维方式得到交融，保持旺盛的生命活力和发展动力。

2. 鼓励合作

研究共同体的建构基于成员间的共享与合作，能让成员之间进行思想碰撞，使成员间积极真诚地参与和接纳。教师研究要将关注的重心从个人化的努力转向学习者、研究者的社群，教师在研究过程中不再是孤独的，而是集体中的一员，能相互帮助、相互配合、取长补短。同时要注意，鼓励合作并不否认差异、排斥差异、整齐划一，而是基于差异、珍视差异，在差异中沟通、协调，思想碰撞、磨合，达成共识，发挥合力。团队行动不是简单地统一目标、统一步调、统一指挥、统一行动，它重在扩展和解放教师个体，做个体所不能做、无法做的事情。

3. 平等对话

形成共生的研究共同体的机制在于对话。和谐的团队是交流的结果。研究共同体需要多种声音，需要成员间基于平等、尊重和信任的基础上进行对话。它是多主体间的坦诚相见，互相包容与共同成长的基本方式与途径。教师研究共同体的对话不是"一对多"式，不是单向的、封闭的"你听我讲"或"你讲我记"，而是多主体间有"回路"和"反馈"的交流与对话，包括提问、聆听、质疑、议论、辩解、应答等。

二、教师研究共同体的价值

学习型社群的构建对于现在学校普遍松散的状况来说是把学校教职工人员形成一个有机整体的重要途径。

1. 促进教师间交流与合作

以往教师的教育教学活动和自我发展都是教师个体单独来操作完成的，可以说教育教学人员之间的交流极为有限。教师研究重视协同合作，可以进一步开发教育教学人员的巨大潜力以满足当今社会的教育需求。由于教师一开始往往缺乏研究技能的必要训练和足够的理论准备，再加上单个教师的力量薄弱，所以一般在教师研究中，我们常采用建立"研究共同体"的方式来进行，主体双方通过对话、交流合作解决问题，其结果是促进了彼此专业知识结构的不断优化与重建以及专业技能的提升，从而完成新知识、新理念的产生与创造。

研究过程也是一线教师之间、一线教师和专业研究者之间相互学习的过程，在这个过程中研究人员向实践靠拢，拉近了一线教学人员与研究人员的距离，也使得二者真正统一于实践活动需求，可以说是主体双方在经验共享中的相互造就过程，从这个意义上讲，研究共同体也即"学习共同体"。在学习共同体中，双方通过对话和共同的探索活动实现经验共享。同时，将个体在教育活动中遇到的难题转化为公共难题，借助双方集体智慧解决个人困境，从而加速个人实践智慧学习和实践创造进程。

2. 增强教师的学习能力

终身学习的时代价值与现实需要使得学习型社区的建立成为必要，在学习型社区中，教师就像在一个教育与学习的场中，被吸引进去并按照其中的规则去从事日常教育活动，而研究无疑是这个场不断前进的推动力与途径。

时代的发展以及巨大的竞争压力督促教师进行不断探究，获取新知识和新观念。而教育行动研究使教师成为研究者，它为教师开展基于自己实践活动问题的研究提供了调查研究的平台与机会，并且可以将研究结果直接应用到实际的教学情境中。教师在不断的反思与修正中变成了终身学习者，这无疑改变了教师的传统角色，所以持续从事研究将有助于教师成为一位终身学习者。

3. 提升教师的领导力

对于"学习型社区"的构建，需要一个长期运行的机制给予保证，以便有效引导教职员工进行学习型社区的建设，这涉及学校管理制度的变化。以往的学校管理制度是校长负责制，这种管理制度把学校管理权高度集中起来，再加上科层制的原因，使得学校管理制度因缺乏民主性而缺乏活力，也把教师排除在管理层的范围之外。

学习型社区的建设可以打破这种高度集中的管理制度，它有利于提高学校管理效益。因为学习型社区的形成是建立在相互合作的基础上的，在管理制度方面实际上是平行领导，学校教师与学校管理人员在平等的基础上参与学校管理。另一方面来说，教育教学人员的分工合作使得学校管理人员与教师成为一个有机整体，为学习型社区的形成奠定合作交流的基础。从终身学习的教育理念来看，教职员工作为学校这一"学习型社区"中的学习者，在"学习型社区"中，知识的权威大于行政的权威。为了推进学习型文化的建设、形成科学合理的学校管理制度以及推动教师人员参与学校管理制度建设，学校需要实现领导模式的转变，逐步地推行平行领导的模式以促进学校教育教学人员的管理领导能力的提升。

三、教师研究共同体的类型

教师研究共同体应当成为教师最基本的、现实的、主要的学习型组织。通过专业发展组织的多样化，即基于教师的个人意愿及学校教育的愿景建构多样化的共同体，引导教师从中选择适合自己的教研组，由此产生用多种方式联结起来的复杂的、动态的组织结构，鼓励教师去"做你所需要做的""研究你所需要研究的"，而不是把他们限制在某种单一组织范围内。

1. 学科教研组

中小学教师研究共同体存在的最主要形式是学科教研组。1957 年教育部颁布的《关于中学教学研究组工作条例（草案）》，要求同一学科或相近学科教师组成各个教研组，如语文教研组、数学教研组等；规定教研组的主要任务是：组织教师进行教学研究工作，总结交流教学经验，提高教师思想、业务水平，以提高教学质量；明确教研组工作的内容是：学习有关教育的方针、政策和指示，研究教学大纲、教材和教学方法，结合教学工作钻研教育理论和专业知识，总结、交流教学和指导课外活动的经验。《条例》对中小学建立统一的学科教学研究系统起到了决定性的作用。

同一学科教师组成学科教研组，他们不仅有相同的学科知识背景，而且面临着同样的学科教学任务。因为是真正的同行，他们最容易走到一块儿，也就容易四分五裂。现行学校学科教研组彼此单干、文人相轻的现象是屡见不鲜的，有的表面合作，背后拆台。学科教研组要做到有共同的教研目标、内在的分工合作、若干相对固定的交流平台与教研活动，以及某些研究成果的共享（如教案与学案、课堂教学策略、练习与测验设计、教学反思笔记），等等，这并不十分困难。学科教研组建设所面临的困难之一，是如何将集体备课研讨活动引向深入，不是简单地统一教学内容、统一教学进度、统一测试等，而是要真正研究如何组织和指导学生的学习，真正进行学情分析，研究学习活动的设计与指导，探讨如何准确把握变化中的学生，强化教学过程中的动态生成；不是规定某个问题，由某个中心发言人包办代替，而是让大家都畅所欲言。困难之二，是如何形成彼此间的心心相印，实现真正意义上的合作。学科组长必须具备一定的威信和人格魅力。同时要改变考核、评估办法，重在指向学科教研组进行捆绑式考评。对学科组长或备课组长的考核更不能只看其个人所教的班级、所写的文章，而要看其所带学科组的整体绩效。

2. 年级组

同年级不同学科的教师，面临着同样的学生，肩负着同样的教育使命。学校教学是分科的，分科教学有利于学科知识体系的系统传授与学习，但也容易造成教学中的知识本位、智育第一，各门学科教学各自为战，争抢学生有限的学习时空，只见学科不见人的发展。这在学科门类较多的中学阶段表现得比较突出。各门学科的教学应当统一于学生的发展，共同为学生全面而有个性的发展打基础。从教学研究乃至学校管理的角度看，这一新理念应当具体地落实在年级组建设上，否则，"以学生发展为本"很容易沦为一句空话。

目前绝大多数中学，乃至一些规模较大的小学，已从学科负责制走向年级组负责制，具体表现为以年级组为单位集中办公，而学科组则带有临时召集性质。这种以年级组为主、学科组为辅的集中办公制度，有利于落实以学生发展为主的思想，同时也有利于强化年级组责任制，但在实践中却存在着越来越强化年级组行政化的倾向，具体表现为：①其职能不断扩大，由原来的协调各学科教学延伸至教学管理与学生管理，年级组长不仅拥有教学管理权、财务权，在某些实施教师聘任制的学校，他们还拥有教师聘任权；②规模较大的中学，还以年级组为单位，建立了党、团、工会组织；③为树立年级组权威，年级组由学校校长直接指挥，各职能科室只是在业务范围内对年级组进行指导。年级组不能只是行政管理性质，同时还应该承担更多地研究任务，成为真正教师的专业发展小组。教师们不仅从自己的学科角度了解、研究学生，而且可以了解学生其他学科的学习情况，分析把握其发展的潜能所在，形成整体协调的施教方案，以促进学生的全面和谐发展；不仅仅是从教学的角度，而且可以从整体发展的角度，分析探讨学生个性发展、班集体建设乃至整个年级学风建设中的问题等。这些都是学科组所难以代替的。

3. 课题组

课题组，亦可称为项目小组，这里的课题并不限于"国家级""省市级"下达的项目，更主要是学校教师基于某种教育教学实践的困惑或某种期待而提出的"微型课题"。课题组一般有这样一些特点：①基于课题研究的需要，围绕某一课题而组建；②基于教师的意愿、兴趣，教师个人自主参加，有学者称之为"教育研究自愿者结合"；③可以是限于某一学科内部，也可以是跨学科性的项目团队，因课题研究的内容范围而定；④可以吸引校外同行、专家的参与，吸引不同专长的成员参加，在不断变化中保持优势；⑤因课题研究任务的完成而解散，因新的课题研究的需要而重组，具有较大的灵活性。

4. 青年教师专业发展小组

刚参加工作的新教师，面临着共同的专业学习、岗位适应的问题，面临着尽快从新手到合格到教学能力的专业发展问题。在工作之初，有个良好的开端，对其终身发展都将产生深刻的影响。青年教师在学科组、年级组、课题组内往往更多地充当配角，在所谓"青蓝工程"中充当的是"徒弟"，在通常的教学研讨活动中充分表达自己的主张、展示自己的才能、唱主角机会不多。青年教师彼此间互相讨论交流的机会也有限。这对于他们养成对自身教育教学实践进行总结反思的习惯是不利的。为此，在青年教师比较多的学校，有必要组建"青年教师专业发展小组"。专业发展小组强调对实践问题的"诊断"，采用"计划-实施-反馈-再计划-再实施-再反馈"的活动流程。在活动中可邀请学有专长的教师参加，围绕特定的问题作专题发言或提供行动帮助。

★ 案例聚焦

引导学生"感悟生命意义"的叙事研究——以《触摸春天》教学为个案

4月14日

研究者布置家庭作业，预习《触摸春天》，请同学们回家后，用布蒙住眼睛，做三件日常小事，并把感受记在积累本上。

4月20日

下午，一名学生带来了听诊器。于是，研究者利用一节课的时间，逐一请每位学生听听自己的心跳，把听到自己心跳时想到的东西写下来。在学生听自己的心跳时，他们是那么的专注，眼神里有惊讶，有好奇，还有沉重。有的学生说："我想到了妈妈，是她给了我生命……没有她，我就听不到自己的心跳了。"有的学生说："我觉得我的心跳声像是水开时沸腾的声音，听了好激动，这么有活力，我得珍惜。"有的孩子说："老师，刚听到自己的心跳时，觉得好害怕，担心自己没有心跳，后来，真是大舒了一口气。"

Z同学刚拿到听诊器时有点胆怯，神情有些紧张，听到心跳后脸上挂起了笑容。他说："心跳很好玩，我要感谢爸爸妈妈给了我生命。"然后，很认真地写下自己的感受。

4月21日

语文课上，一名同学从《读者》上找到一篇与生命主题相关的小文章，利用上课前的五分钟与大家分享。学生们听得很认真，教室里没有一点声音。文章读完了，学生们使劲鼓掌，这真是好的开始。研究者对此大加鼓励。学生对这篇小文章进行了简单的讲述。

下午，几个女同学抱着一个超市里装雨伞用的长袋子跑到研究者面前。Z同学紧跟在后面。袋子里装了100多只小蜗牛，还有一些植物叶子和小石头，袋口系了一个死结。几个学生七嘴八舌地说："老师，他要把蜗牛闷死。"Z同学急忙解释："不是，我就是把它们抓来，没想把它们闷死，真的。"说完，拼命咬手指。研究者没有批评Z同学，告诉他袋子不透气，会把蜗牛闷死。然后，Z同学和其他几个同学一起去学校的植物园，把蜗牛放了。

4月30日

自从21号开始，每天都有学生读《读者》上的小文章，这些文章都与"生命意义"的主题相关，有写亲情的，有写友情的，有写思考生命意义的，有写昆虫家族的独特生活的……有时一节课有两三篇，只好一篇一篇排队了。今天有两名同学差点因为先读谁的文章发生矛盾，不过他们都很聪明，商量后决定选择先读短的，因为今天老师还有别的事情要讲。

5月9日

今天，又有学生投诉说，看到Z同学逮了一只刚出生的小猫回家。Z同学马上站起来大声说："蔡老师，不是，那只小猫受伤了，我带它回去治伤了。之后，我又把它送回去了，不信你去问我舅舅。"马上有个女同学站起来说："老师，是真的，我知道这件事。"全班同学都为Z同学鼓掌。

5月11日

语文课前，Z同学神秘地带给研究者一本书，上面有一篇他找到的关于生命的小文章。课上，研究者请他站起来朗读，他站起来身子摇了几下，几乎是哼着说："蔡老师，你帮我读吧。"于是，研究者帮他读了整篇文章，文章比较长，写的是猎狗救主人的故事。故事读完后。全班同学以热烈的掌声向他表示感谢，他很不好意思地笑了。

☆·✦ 点石成金 📖

该案例记载了研究者在教学过程中，因课堂上未能达成"引导学生通过读书感受生命的美好，激发对生命的思考，从而更加珍惜生命、热爱生命；学习体会课文中含义深刻的词句，发现并总结体会句子含义的方法，培养语言理解的能力，并引导学生不断积累语言，增强语感"的教学目标，萌生出待研究的问题。研究者利用日记的方式，收集了"引导学生感悟生命意义"的研究过程。这些资料既反映出教师解决问题的过程，又体现出作为研究者策略地解决问题的过程。教师在日常的教育教学实践中创造和积累起来的大量的教育经验是十分宝贵的。教师叙事以自我叙述的方式来反思自身的教育教学行为，通过对"能够感觉到的东西"的挖掘，对内心深处体验的描述，让这些"能够感受到的东西"自己站出来说话，即"让事实本身说话"，可以促使默会知识的外显，促进实践经验的交流与分享。

技能训练

1. 教学反思

一位特级教师说："我自己对教学的悟性就是从一个个课例的长期积累开始的，不做一个个课例的积累，就永远不具备真正的教学经验。"结合本章内容，您认为课例研究和教师成长的关系是怎样的？

2. 行动学习

下列表述哪些适宜做课例研究主题，哪些不适宜做课例研修主题？简要写出理由或修改建议。

学科	研修内容表述	是否适宜做课例研修主题		理由或建议
		是	否	
小学数学	通过审题方法的指导，提高学生解决问题的能力——面积和面积计算			
小学语文	有效地引用课外资料帮助学生理解课文——《索桥的故事》			
小学科学	在探究活动中，关注儿童社会情绪能力发展			
中学数学	设计"铺垫"，引导探究——《勾股定理》			
中学物理	在"变式"体验中建构原理——《杠杆》			
初中政治	教学设计的实效性			
高中历史	从历史材料的使用看有效教学			
高中地理	案例教学在高一新课堂中的实施			
高中化学	教师设问与学生获得有效性的研究			
高中研究性学习	研究性学习结题阶段如何指导学生			
学前教育	幼儿教育课堂预设与生成之间的关系			

第九章　现代教师文化论

全球教育改革越来越被推向通过学校的结构调整、制度完善等来实现变革的轨道，而对教师文化却很少顾及。……因此，将来的教育改革和教师专业化运动应该更加重视教师文化的价值。

——【加】哈格里夫斯

★ ★ 一线传真

北京实验二小教育集团总校长李烈讲述这样一个故事：有一天，学校的一位青年男教师找她请求辞职。因为这位多才多艺的美术教师与几个朋友组成了四人小乐队，要去电视台参加擂台选秀节目。为了不耽搁学生，这位男老师想辞职认真参加比赛。出于对学校、学生的负责，他找了一个代课老师。李校长没有对他的去留表态，而是让他分析参赛的结果：成功，被签约；失败，工作重新找。其实这位老师对学校有感情，对教师工作也是热爱的，大学毕业后来到学校工作了6年，总体表现不错。另外他没有因为辞职就把自己在工作上造成的问题和损失留给学校，而是主动想办法补救。所以李校长平静地告诉他："明天通知代课老师来见我，然后交接安排好工作。下周一你不用来了，但也不用辞职。我祝愿你们比赛取得好成绩走上专业道路。如果中途失败了，我欢迎你回来，回来就好好当老师吧。"这位男老师非常感谢李校长。当然，之后他继续回到实验二小工作，表现自然无须多说。

（余慧娟，邢星. 要改变别人，先改变自己［J］. 人民教育，2016，（05）：35-38）

学校的文化折射到教师群体中，不仅反映出学校的发展生命力，也引导着教师个体的发展，北京实验二小的这位美术老师能够'转型'，踏踏实实地教书正是学校文化的表现。在有关中小学教师群体文化的调查中发现，学校教师群体文化的优劣（主要表现为教师与教师间、教师与学校领导间是否具有合作、理解、团结、互助、反思等文化特征）与教师发展水平呈明显正相关。学校是教师行为的现实环境，学校的教师文化构成了群体的关系状况与心理氛围，教师个体的思维、行为方式等不仅受学校群体文化的制约，又反作用于这个群体。因此，教师文化建设是一项重要的工作，但又是一项长期而复杂的工程。首先需要教师发挥他们自己的主体性，同时也需要教师善于增强合作意识，进行反思性教学实践，从而塑造教师的精神世界，重建教师的文化素养，提升教师职业的魅力。

理论导航

第一节　教师文化的内涵

　　现代教育理念下的教师文化建设是一场"改变人"的巨大工程，它从转变教师的观念开始，从改善教师的心理和精神状态出发，从增强教师的职业信心、提高教师专业水平入手而进行。一流的学校靠的是文化，一流的学校文化靠优秀的教师文化建设来实现。教师文化依托学校文化来实现，而教师文化建设又起着主导和引领的作用。一个富有生命力的校园一定有教师文化的蓬勃发展。如果一所学校营造出了教师发展的浓烈氛围，教师都有强烈的发展动机和明确的发展目标，那么这所学校一定充满活力，具有不断向上、不断创新的盎然生气。

一、文化的内涵

　　由于文化语义的丰富性，文化的含义多年来一直是文化学者、人类学家、哲学家、社会学家、考古学家说不清、道不明的一个问题。对于文化的含义，见仁见智，莫衷一是。郑金洲教授在其《教育文化学》中收集了 310 种文化定义。首次给文化下完整定义的是英国人类学家爱德华·B·泰勒，他在著名的《原始文化》一书中认为，文化是一个复杂的总体，包括知识、艺术、道德、法律、风俗以及人类在社会里所得到的一切能力与习惯。陈序经先生总结说："文化的概念之大而模糊，范围之广而无涯，非勇者不敢言，非深思博学者不敢论。"文化概念的纷繁杂多，概念模糊不清，足以让人越辩越糊涂。但是对这些概念做深入分析后，这些概念是有规律可循的。按其规律分类，学者们大致从动态和静态两个维度来界定文化的概念。

1. 动态维度界定文化

　　从动态维度界定文化是把文化看做一个动词，而不是视为一个名词。西方文化史上的"文化"一词源于拉丁文 Culture，意指土地的开垦和利用，而中国文化的最早概念则是指"文化和教化"，称为以文化之，即用文明的东西来教化人，从而使人变成一个文明的人。持这一观点的西方学者不少，当代荷兰哲学家皮尔森认为："'文化'这个术语与其说是名词，不如说是动词。它主要不是意指包括诸如工具、图画、艺术……而是首先意指人制造工具盒武器的活动，舞蹈或念咒的礼仪，以及与性爱、打猎、准备事务相关联时的各种行为模式。"露丝·本尼迪克特也认为："文化是通过某个民族的活动而表现出来的一种思维和行动方式，一种使这个民族不同于其他任何民族的方式。"

　　文化本身是一个具有定性的概念，深刻、不易变迁。只有当社会构建、形成了新的器物、制度与文化相契合时，我们的社会变革才算真正成功。教育的发展也遵循如此的规律。现代化的校舍、规范化的学校管理制度都具备，但是学校文化不更新的话，我们的教育也无法实现真正的现代化改革。教师文化是学校文化的一个重要组成部分，它的发展与完善关系到学校文化构建的成功与否。教师文化的研究对于教师专业发展起到关键性的作用，教师发展和教育革新的空间可能性受其制约。因此良好的教师文化对于促进教师专业发展、优化教师队伍建设以及提高学校管理质量都发挥着重大作用。

2. 静态维度界定文化

所谓"静态"就是把文化视为名词，而非动词。《辞海》中就是从静态维度给文化下的定义："从广义上说，指人类社会历史实践过程中所创造的物质财富和精神财富的总和；从狭义上说，是社会的意识形态以及与之相适用的制度和组织结构。"另外，英国人类学家泰勒在《原始文化》中也写道："从广义的人种论的意义上说，文化或文明是一个复杂的整体，它包括知识、信仰、艺术、道德、法律、风俗以及作为社会成员的人所具有的其他一切能力和习惯。"他对文化的这一定义对后来学者们的研究影响深远。

文化其实体现在一个人如何对待自己、对待他人、对待自己所处的自然环境。在一个文化厚实深沉的社会里，人懂得尊重自己——他不苟且，因为不苟且所以有品位；人懂得尊重别人——他不霸道，因为不霸道所以有道德；人懂得尊重自然——他不掠夺，因为不掠夺所以有永续的智能。品位、道德、智能，是文化积累的总和。可见，文化渗透在日常生活的各个环节中，文化由具体的行为细节体现。它不仅仅是我们接受的教育，也不等于学历；它是一种习惯和思维方式，是一种为人处世的态度。

二、教师文化的研究

20 世纪 90 年代初，哈格里夫斯就指出："我们正在迈向一个全新的时代——后现代时代，它已经或即将导致教师工作和文化的重大变革。"教师文化的内涵决定着教师文化的研究方向和方法论取向，是教师文化研究不可缺少的逻辑前提和基础，它由一个教师群体所孕育，受学校管理所调控，是教师成长的土壤，并制约着教师的发展。由于研究的角度和理解的层次不同，对教师文化所做的阐释也不尽相同（表 9-1-1）。

表 9-1-1　教师文化的研究

李润洲	教师文化是教师的精神信念和行为方式共同作用的结果。从动态来看，教师文化是教师在教育教学活动中表现出来的习性、习惯和思维，其核心是行为方式；从静态上看，教师文化是教师群体在长期的教育教学实践中形成的教育思想、教学信念、教学观念以及教师角色认同等精神因素的总称
金崇芳	教师文化是教育与文化关系的同构体，是集教育者个人素质、学校教育理念以及社会价值于一体的综合文化的反映，是教育者在自身存在于发展中形成的具有独特气质的精神形式和文明成果，价值观念是其核心，外显于校风、教风，内隐于教师心灵
张　华	教师文化是教师集体群落的文化积淀和生成，并弥散于教师这一特定人群部落的文化心态、氛围、情状，包括教师的生活样式、思维方式、行为选择、价值观念等，通过教师的组织管理、人际交往、学习生活，形成人类社会的文化传统和文化成果在教师个性主体、心理本体和行为载体的聚合，从而构建起教师集体的文化内容，传达出教师群体的文化特色，释放出教师主体的文化个性
古翠凤	教师文化是以校园为地域、空间背景，以学校为组织背景，教师在教育教学实践中形成和发展取来的被大多数人认同的职业意识、教育理念、行为作风、思维方式、生活信念、人际关系以及情绪反应等群体行为，是教师这一职业群体在精神气质方面的集体性特征

赵复查	教师文化是教师群体在职业生活中形成的语言、态度、信仰、价值观和生活方式，它集中体现教育活动的场景，反映教育活动的人性及其特征，是教师在主体性教育活动中展现的相互关系和彼此联系的行为习惯。教师文化是一种对教师生命活动和存在价值的关注
冯生尧 李子建	教师文化的内容，是指在一个特定的教师团体内，或者在更加广泛的教师社区之间，各成员共享的实质性的态度、价值、信念、假设和处事方式，如教师信奉学术理性的理念、学生中心的观念等。教师文化的内容反映在教师所想、所说和所做之中。教师文化的形式体现于教师与同事之间的特定联结方式

下面是江苏省连云港市墟沟小学的孙炎校长和连云港市教育科学研究所的所长对教师文化的见解。

"教师成长文化的建设过程既是完善学校文化建设的过程，也是促进教师自主发展的过程。依据教师成长文化的主体性、整体性、实践性、过程性、稳定性特征，基于"做完整教育，促全面发展"的学校文化建设的主体，从宏观、中观、微观层面构建教师成长文化，并以课程建设、团队打造、管理创新、尊重个体、关注心理为切入口，探寻教师成长文化建设的现实路径。"

（孙炎，孙朝仁．成长文化建设：缓解教师职业生态危机的实践路径——基于连云港市墟沟小学教师成长文化的建设与思考［J］．江苏教育研究，2016，（25）：20-23）

在对教师文化研究的过程中，国外学者也提出了很多可贵的看法。国外学者哈格里夫斯从内容和形式两方面对教师文化作了阐释。他认为，教师文化的内容，是指一个特定的教师团体内，或者在更加广泛的教师社区之间，各成员共享的实质性的态度、价值、信念、观点和处事方式。分享和共识是教师文化内容观的基本要素。教师文化的形式，是指在该文化范畴内的成员之间具有典型相互关系的类型和特定的联系方式。教师文化主要包括教师这一职业群体的教育理念、思维方式、价值取向、职业意识、态度倾向和行为方式等。其中教育理念、思维方式和价值取向属于深层因素，内隐于人的内心，而职业意识、态度倾向和行为方式是表层因素。作为教师文化的核心的价值观念，决定着教师教育教学活动直接产生影响的态度倾向与行为方式。综观教师文化的研究历程，学者们对教师文化这一概念下的定义纷繁杂多，简要概括之，教师文化就是通过"教师"这一特定群体在长期的教育教学行为方式中表现和传承的价值观念、思维模式、行为方式以及知识系统的整体。

三、教师文化的内涵

新世纪人类教育的现代化呼唤教育理念的创新，如果说教师文化是教育的一个起搏器，那么对教师文化的反思与创构则是当代教育改革与实践的一个重要理念先导。诚然，教师文化是通过对于课堂问题的处置于解决而生成，拥有基于制度文化的规范而赋予涵义与框架，在教师的职业共同体中所保持和传承的，因此，对教师文化的审视与探讨，正是教师教学实践、制度创新和职业成长的应然与必然。

1. 伦理道德——教师文化的形象视角

伦理道德，从人文关怀的终极意义上说，乃是教师文化首先具备的教育的文化本性和教育的精神前提，是教师文化作为一种人类社会亚文化形态的文化教育结构和教育文化设计的历史必然性与现实合理性的内在依据。伦理精神，是教育的人文本性的核心；教育，必须具备伦理精神的基本前提，如果说把真正的伦理性的培育作为教育的根本，那么把伦理道德作为教师文化的基本精神前提，则是教师文化内涵的基本起点。因此，教师文化作为教师自我运动、自我追求、自我实现的生命过程的结果和聚合，这是教师文化的实然性存在，又是教师文化的应然性内容。事实上，教师文化的呈现是教师心灵的折射、人格的投影，这是内在的又是镶嵌了德性与理性的知识的统摄，是浇铸了善心与爱心行为的综合。可以说，伦理道德是对教师健康的审美情趣、良好的道德感知、合理的人伦本位最真挚、最深沉的呼唤和追求。伦理道德，是教师文化尚德的真诚、向善的热忱、崇美的期冀的生命烛照，伦理道德最鲜明地显示了教师文化在生活浪涛的沉浮与社会张弛的经纬之中的"精神贵族"的亮色。

如果从伦理道德的意义上诠释，生命的过程在消极意义上是自我约束、自我规范显现出人的特点和人的尊严的过程；在积极意义上就是自我造就、自我提升，实现生命的意义和价值的过程，教师文化就是以伦理道德作为教师个体性生命引导和生物性生命规范，即伦理人性的道德和道德人格的伦理的主体建构，使教师的生存现状与人生追求符合人性价值的目的与伦理道德的原则。这具体表现为通过教师文化的道德原则、行为规范和品德范畴引导教师文化的人格选择、人生信仰和人文精神，教师除了学习和实践集体主义、共产主义道德规范外，还应在对各种价值标准进行分析、判断的基础上作出自己的选择，并接受社会公认的道德、价值规范和行为准则，以最大限度地达到道德的认同，旨在为建立个体的生命秩序和人性实体基础上的社会行为提供价值导向与行为规范，为校园文化、社会文化的健康快速发展，营造符合社会主义伦理道德规范和社会主义精神文明建设的道德保障。

2. 文化传创——教师文化的功能视角

文化传创是教师文化功能的直接阐发，又是教师文化功能的真实传达。教师文化在横切面上以文化观念、组织、信息等因素，表征文化在校园文化中的触角和脉络；在纵剖面上，表现为过去、现在、未来在历史和当代的活力和动力。如果说文化传播还只是"传道、授业、解惑"的内容，那么文化创生则是指向如何做人——对人格、品格、个性、理性和如何生活——理想、信仰、追求、知识观、行为观、方法观的耦合。一方面，教师与人的培养的关系，即对人的价值，要培养完人，把一个人在体力、智力、情绪、伦理各方面因素综合起来，使他成为一个完善的人。这是一个自然素质教师以自己的知识构成、文化背景、情感情绪、信念信仰等对学生知识的获得的"言传"和学生品格的"身教"，既是显性的又是隐性的。教师把自己已经获得、并经自己理解、阐释的知识源源不断地在课堂中予以介绍、传递，又潜移默化地将教师求真、创美、行善的意义、意念、思想、思维等生生不息地予以熏陶、感染。

另一方面，教师文化本身作为一种文化形态的意义构成，教师自身对教育理念、信念的理解，对教学方式、方法的选择，对文本的解读，对语言的撷取，在教育教学层面上的具体教学实践和抽象教学理论的创造性、智慧性、策略性表达和运用所形成的论文、课题、教材教法改革等，这一部分内容对整个教育举足轻重的开拓意义和革新价值，进而对整个人类文化历史进程的促进作用。教师文化的前瞻性、超越性的思想意识渗透于人们的思想意识之中，形成人们在教育问题上的共识，并日益积淀为具有更新意义的教育文化的有机内容。可以说，教师文化在教育文化和社会文化的传创功能上比之其他文化行为的传创更具系统性、基础性、本质性。教师不仅有自己的文字成果对社会整体文明进步的推动和促进，而且教师的教育实践成果直接推动了教育水平、教学质量的提高，尤其是促进了人的个性化、人格化、自主化、文化化的孕育和培养。

3. 育人为本——教师文化的实践视角

教育的基本文化功能是延续与发展人类文明，教育的主体行为动力是对传统的尊重和推动人类文明延续与发展的使命感。人、人性是人的世界和世界的人最基本的概念，它们构成了以人为主体和对象的教育实践活动的逻辑起点。在这个意义上说，教师文化履行和完成的是一种文化使命和文化任务，对人的教育关怀乃是教师文化人文本性的实质。如果说培养全面发展的人和培养人的全面发展是教育的根本任务，那么培养具有创新精神和实践能力的人则是当代教育改革的主旋律。教师文化要保持自身一种特殊文明形态和文化群落的人文本性，就必须承担起以"人"为关注对象的人文使命。当代教师文化是以促进人的文明化、社会化、现代化的教育，就是以一种人文关怀的视角，以人为本，尊重人的主体性，以促进人的自然性、社会性、自主性的创造性发展为根本。这是教师文化理应追求的教育目的和人文理念，也是育人为本的基本内容。

人既是教育活动的主体，又是文化选择和重构的主体，人是唯一具有能动性、主动性的自由自觉的自为者。教师文化的选择、重构、创建是以人为本的教育，这首先是教师文化的主体尺度和内在依据。毫无疑问，教师文化在内涵上更多地被时代强化了教育与生俱来的人文精神意义上的使命——对学生主体性的尊重与肯定，对学生创造性的呵护与挖掘，教师文化要承担起育人为本的人文使命，应该给予学生独立人格的思维空间，提供他们自由选择的机会和自我展现的天地，保证他们积极参与、主动发展，肯定他们的个性、能力、创造性成果，从而在人的全面发展的教育理想和个性发展的教育哲学的观照中，实现当代学生素质社会化和个性化创造的双向同构。教师文化只有如此，才能在现实生活中找到其生命的参照坐标和意义归宿。

第二节　教师文化的审视

教师文化不仅是社会文化的体现，而且也是社会文化的选择者和创造者，它是一种不断发展的文化，在当今社会中发挥着越来越重要的作用。同时，教师文化也有着区别于其他文化的众多特点，其表现形式更是多种多样，正确地认识和把握教师文化的特点和形式，将有助于我们进一步理解教师文化本身。

一、教师文化的特点与形式

教师文化作为整体社会文化的一部分，有着社会文化共有的性质，但也有自己的特点和形式，要想深层次地了解教师文化，就必须对其特点和形式进行系统把握。

1. 教师文化的特点

教师文化是学校教师共同的价值体系与行为规范的总合，是学校文化的重要组成部分，作为一种群体文化其核心部分是它的精神层面，从精神层面来探讨，教师文化具有精神性、融合性和可塑性的特点。

（1）精神性

就其价值观来说，教师文化具有精神性的特点。共同的价值观往往是教师文化的核心因素，因而教师文化更多的具有精神导向。先进的教育观、学生观和教育活动观构成良好教师文化氛围中的教师价值观，这些价值观念都在很大程度上影响着教师的教育教学行为，同时还折射出教师的精神风貌。

（2）融合性

就教师的群体文化特征来说，教师文化具有融合性的特点。教师文化是一种群体文化，它融合了教师群体的价值观念。教师文化的融合体现了教师之间的关系形态以及集体成员的结合方式，从而形成教师群体认可并共同遵循的价值准则。这种融合的价值观和共同的价值准则为形成和谐、竞争、协作、沟通的良好的教师集体奠定了思想基础。即使在同一所学校的同一学科内部，不同的教师仍有着不同的教育背景、价值观念和知识水平，尤其在刚开始组成这个集体的时候。

（3）可塑性

就教师文化的可改善性来说，教师文化具有可塑性的特点。教师文化是教师长期的教育教学行为方式中表现出来的价值信念、态度和习惯。所以说教师文化不是自然而然产生的，而是能在一定的基础上进行引导并在实践中不断丰富和改善的。随着时代的变化，教师的价值观念、态度和习惯也跟着变化，于是即使在同一地区的同一所学校，教师文化都在不断地丰富和发展，如八、九十年代的中学教师，往往采取填鸭式的教学方式，而今，中学教师则普遍接受互动的教学方法，这说明教师的价值观念是不断变化的，于是教师文化也跟着做相应的变化。可见，教师文化是不断改善的，它具有可塑性的特点。

（4）多样性

由于学校的种类不同、承担的学科不同，教师文化拥有不同的性质；由于经验、年限、性别、个人性格的不同，教师文化又呈现出多样性。例如，幼儿园和小学教师显得活泼而认真，中学教师显得严谨且睿智，表现出不同的教师文化。即便同一所学校的教师，有文质彬彬、穿着正式的语文教师，也有整天身穿运动服的体育教师，给人一种截然不同的职业形象。承担不同学科的教师也有自己的话语表达方式，呈现出丰富多彩的文化样式。比如，小学教师称呼学生往往是"孩子们""宝贝儿们""乖乖们"居多，中学老师称呼学生往往是"同学们"居多。

（5）多层性

教师文化不仅表现为意识性的、显性的规范意识、知识、技能和行为规则，而且具有涉及无意识的、隐性的信念、情感、习惯等多层的结构。即使是同一学校、同一年级的相同学科内部，不同教师在不同问题上的认识也会有差别，这是一个事实，他们的这些差别说明，教师文化具有多层性的特点。

2. 教师文化的形式

教师文化的形式是指在该文化范畴内的成员之间具有典型意义的相互关系的类型和联系的方式。教师文化的形式体现于教师和同事之间关系的特定连接方式。从性质的角度划分，教师的文化形式可分为个人主义和互动协作两种；对协作文化，若再从规模的角度加以区分，则有只涉及校内教师的派别协作文化与几乎涉及全体教师的全校性协作文化之别；当然，若从起源角度划分，也可以分为认为协作文化与自然协作文化。融合这些划分标准，我们将教师文化的形式划分为三种类型：个人主义文化，派别主义文化和协作主义文化。

（1）个人主义文化

个人主义文化是指教师羞于与同事协作或难以接受同事的批评，教师之间无协作共享的要求和习惯。在个人主义文化范畴内，教师常常奉行独立的成功观，对他人不予干涉，具体表现在如下两个方面：

第一，大部分教师往往是通过独立的从经验中学习的方式学会教学，他们认为，如果向他人求助，则是自己无能。于是，当其按照个人主义和自我效能的方式行事时，便很少会就有助于教育变革的问题和同事对话。

第二，对待其他教师，教师不愿意作出实质性的指导和评论，因为在他们看来，帮助他人即是自以为是，或者是对他人隐私的侵犯。教师往往只坚守着自己业务和学术上的独立王国，而不愿意与他人协作互动。

（2）派别主义文化

派别主义是在个人主义文化向协作互动文化发展的过程中出现的。在此文化背景中，整所学校往往都分裂为一个个独立的、有时候甚至是相互竞争的团体，教师个体分别忠诚、归属于其中的某一派别。在各派别内部，教师之间往往联系紧密，共处的时间较多，共享一定的观点，并追求一定的共同利益。而在各个派别的成员之间，相互不交流、漠不关心，或者相互之间处于竞争状态，而当这种竞争和利益冲突趋于恶性发展的时候，派别间就会产生摩擦，甚至会损人利己。这往往又会留下长期相互敌视、相互对抗的后遗症。派别主义文化的存在，不利于教师之间的协作互动，也不利于在全校范围内推行教育革新。派别主义文化在组织上呈现出一些特征：

1）低渗透性。派别团体之间相互隔离，某派别的成员往往不会再在其他派别中兼任成员，他们对本派有足够的忠诚度，一般不会和其他派别的成员有多少往来。不同派别的成员，有时候甚至在日常生活中都不会有多少交流，那么相互间的渗透性自然也就低了。

2）高持久性。派别团体的分类及其成员往往是相对固定的，各派别成员之所以走到一起，是因为一定的目的或者共同利益，他们之间的关系相对稳定，如果某个成员要退出派别，往往要失去相应的东西，考虑到这个成本问题，各派别内部的成员就不会轻易退出，于是，各派别就表现出了相当的持久性。

3）个人身份的表现性。派别成员共享类似的价值观念，自我身份，他们个人身份的体现与派别紧密相连，同时，他们的派别也是一个政治复合体，各派别发挥了成员追求晋升、地位和资源的功能。各派别的成员的身份和价值观念往往在本派别内被认可，跳出本派别，这些东西就会相应地消失或减弱，于是，个人身份的表现性也便成为了派别主义文化的一个特征了。

事实上，派别主义也有着相当的弊端，例如，小学教师的派别，主要是以年级或年段为基础的。这种派别主义文化虽然有利于同年级或同年段内的横向课程整合，但很不利于纵向课程衔接，不利于追踪学生的进步。其实，派别主义文化在中学里表现更加明显，这主要是由于中学规模大，学科之间（如文科和理科之间）的分割现象严重，这就导致中学内很难有全校一致的政策。

派别主义文化形成的原因是多方面的。教师个体是存在差异的，他们对问题的认识也就不同，观点相同的人，就容易结成一个派别，这也是派别形成的一个原因。此外，教育制度本身也是一个原因。比如，在重视学科和学业成就的中学里，学术性的学科和教师则处于边缘化的地位，出于自身各方面利益的考虑，势必导致派别的形成。

（3）协作主义文化

协作主义文化包括自然协作文化和人为协作文化。

1）人为协作文化。人为协作文化是指通过一系列正规、特定的官僚程序而增加教师联合计划和相互讨教的机会的文化。平时所能见到的强迫的小队教学、为协作计划所提供特定的办公室、为新教师安排指导教师等，都是人为协作的体现。人为协作鼓励教师之间的联系和教学技能以及专长的分享、学习和提高，并协助新方法和新技术的实施。

2）自然协作文化。自然协作表现有二：一是教师公开地接受别人的观察，也观察别人的课堂，教师之间相互讨论观课体会，这就打突破了孤立主义；二是教师在教学中积极尝试改革，从中学习。

自然协作文化中相互讨论和勇于冒险的精神有助于教师的自我发展。它与人为协作文化相比较，具有如下不同的特征：①自愿。自然协作不是行政限制和强迫的产物，而是教师共同价值观念的必然产物。而共同的价值观念，源自于教师的经验、价值倾向和相互之间非强迫性的说服。②自发。协作工作关系的来源和维持，主要依赖于教师本身。日程安排等行政措施、学校领导及其行为榜样的支持和便利可能对协作有一定的支持和影响，但不是根本。③自主。在自然协作文化的背景下，教师自主地从事各种革新，或者实施自己信奉的并受到外界支持或规定的革新。这就使得教师更多的是自己建立协作的任务和目标，而不是对他人的目标加以贯彻；更多地成为推动变革的主体，而不是被动地对改革做出反应。当他们必须对外界作出应答的时候，他们会凭借自己的专业自信和审慎判断而有所选择。④超越时空。由于自然协作是自愿的、自发的产物，所以它并不局限于某一活动或者某一时间，在正规的抑或是非正规的各种工作任务和日常生活中，都可以体现自然协作的文化。⑤不可预测。自然协作文化是由教师判断并控制协作发展的目的、内容和过程的，所以自然协作的结果不是事先行政制定的，它是难以预测的。

自然协作文化的优点在于：它能使教师超越纯粹个人的反思或者依赖外来的专家，转向教师之间的相互学习，一起分享和交流他们各自的专长，从而促进教师的发展；同事间的分享和支持，增强了教师的自信和试验的勇气，从而也推动了教师发展和学校的变革。请看下面一则材料：

集体备课促成长

四川省武胜县民族小学的刘春华老师回忆自己参与学校组织的集体备课对于教师集体成长的作用功不可没。刘老师谈到自己备课《爱因斯坦和小女孩》一文：初读给人的印象就是写小女孩与爱因斯坦这对忘年交的友谊，再反复阅读教材和查阅了爱因斯坦的资料后，让我看到了爱因斯坦作为一个科学家的高尚品质。我把课文按照"相遇→相邀→相处→相知"的线索，理清层次，以抓住人物语言为重点，揭示爱因斯坦伟大而谦逊的高尚品德。同时也让学生看到小女孩的天真、率直、热忱。从这对"忘年交"的身上感悟他们的人格魅力。形成初案后，又经几次修改细节，然后才定稿。

研讨时，我们吸取以前"走过场，没收获"的教训。大家认真阅读初案（当然，之前组内老师都认真钻研了教材），提出修改建议，以及自己如何上好这个单元的想法并及时做好笔记。《爱因斯坦与小女孩》一文的教学设计，得到了组内教师的首肯。同时大家根据本班实情，想出了很多种课文的切入点，重难点的突破方式，学生易忽视、易错的字词，还有板书设计的最佳效果等。这一刻，让集体备课真正做到了博采众长、扩展思路、集思广益、张扬个性！而后从教师们反馈回来的上课信息中得知，真正实现了执教者在集体备课中得到的一次归纳、提升、实践和再创造，既张扬了每一位老师的个性，又更好地适应了学情。

（刘春华．集思广益拓思路 博采众长显个性——学校集体备课经验小议［J］．学园，2015，（08）：91）

事实上，自然协作文化的优势在于"自然"二字。如果协作是用学校行政强迫的，教师只是迫于无奈而勉强协作，往往会流于形式。刘老师所在的学校，教师群体有共同分享的意识，积极参与集体备课，发挥教师集体智慧，培养合作研究精神，促进教学相长，从而在集体学习中提高教师群体素质。协作也应是有深度的，如果协作只是限于争议较小的领域，不愿意、不挑战现行的教学实践，或只是相互之间的一味地恭维或进行无关痛痒的评论，不愿意开展实质性的批评和自我批评，那么，同事关系即使很好，也不能发挥相互学习的作用。

总而言之，教师文化是一个复杂的社会文化和心理现象。我们期望教师文化能够从个人主义、派别主义、人为协作的阶段发展到自然协作这个境界。但是，在这样的发展过程中，要保留各个阶段的各种优点也十分重要。通过教师文化这样的发展和转型，可以促进教师的发展和教育的变革，进而使得学校成为一个教师相互学习的场所，甚至成为教育变革的策源地也是有可能的。

3）人为协作文化和自然协作文化之间的差异。

两者之间的具体差异，如表 9-2-1 所示：

表 9-2-1　自然协作文化和人为协作文化之间的具体差异

自然协作文化	人为协作文化
时间和空间的自由性	时间和空间的局限性
革新的	强加的
自然的	强迫的
自发的	规定的
不可预见的	可预见的
国家与个人的相互协调	国家凌驾于个人
以发展为中心	以实施为中心
逐渐推进	强行推进

（4）教师文化类型之间的相互关系

图 9-2-1 表明，四种教师文化类型之间的关系是：随着教师文化的发展，分离的个人主义文化必然走向两种不同类型的合作文化，即：派别主义文化和人为协作文化，而后这两种合作文化通过整合最后过渡到自然协作文化，这也是教师文化发展使然，符合教师文化发展的规律。

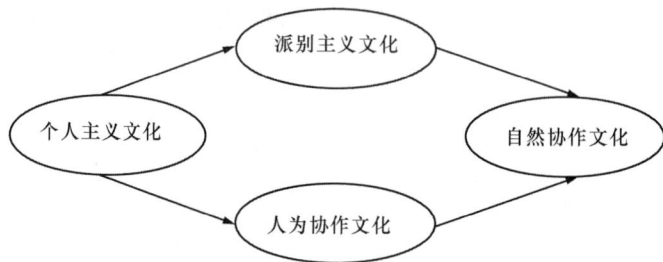

图 9-2-1　教师文化类型间的相互关系图

二、教师文化的作用

同其他文化一样，教师文化也需要发展，对其发展的研究可以使我们更加清晰地认识教师文化本身。教师文化作为一种独特的文化，还有着十分重要的作用，弄清楚教师文化的作用对推进教师文化的发展至关重要。

1. 促进教师专业发展

教师广博的知识是落实新课程理念的基础，于是，教师专业发展是教育发展的必然要求，而教师文化对教师专业发展又起着关键性的作用，缺少教师文化常常意味着教师群体特色的丧失。在良好的教师文化背景下，教师的工作积极性、创造性会被很好地调动起来，他们会对教学方法等进行探索、反思和总结，进而拿出自己的成果和人们交流，供他人借鉴，这对教育的发展和变革是非常有利的。请看下面一则材料：

小叶是一名信息技术新手老师，2016年3月进入了四川省成都市的一所国家级重点高中。该高中最大特色就是校本课程的开发，让学生有近百门的选修课程。2016年暑假，学校对教师们进行了校本课程开发的培训，留给教师们在假期思考并制定下学期个人校本课程开发项目。新的学期第一天，每位教师带着个人的校本课程开发设计，逐个进行汇报。学校管理者组建了专门的评分小组，对教师们的校本课程开发水平进行评估，对实施潜力给出分数。

小叶老师的多媒体设计——《PS技能培训课程》成功入围，进行下一阶段的教学。教师在校本课程实施之后，都要做出自我反思。小叶老师写到："今天的课堂上，学生的学习效率低，主要原因是新的教学内容有难度，学生一时难以掌握，自信心不足，受挫感强，这样容易分神，以至于教学效果不佳。"在后续教学中，小叶不断加以修正和改进，这一步步都激励着小叶不断思考，自觉学习，专业能力也在不断提升。小叶老师说："学校前期有针对性的策划、培训必不可少，在此之下，收益最多的是个人在实施过程中的思考、交流和主动。"

在这个案例中，我们看到了一个新手教师的成长。在校本课程开发中，教师有权利对自己的知识进行扩充、深化，从对课程的照本宣科，到有了自己的独立思想，从最基本的设计开始，研究一个专门的课程，这是校本课程开发的文化对教师专业发展的影响。教师对于自己开发的课程能够更加明确的掌握实际意图，从整体上把握，提高教学效率。由于自身的付出和投入了心血，往往在完成过程中不自觉提高了教学能力，促进自身的专业发展。

2. 优化师资队伍建设

良好的教师文化有利于优化教师队伍建设，优化师资队伍是我国师资建设的重要任务，教师队伍的优化对学校教育的发展具有促进作用。教师的内心投入对稳定和提高教师质量起着关键性作用。所以，充分调动广大教师的内在发展动力，积极配合各项制度，才能使优化师资队伍的目标得以实现：

第一，思想观念在教师文化中起着重要作用。教师对目前实施的课程改革、教学工作、学生功能质量、学校发展等所拥有的一系列观念形成了一种价值观念体系。如果教师群体能够拥有共同的、积极向上的观念，它将引导教师的行为朝着正确的目标顺利前进，反之亦然。

第二，行为文化在教师文化中也发挥着重要的作用。这里所说的行为文化专指教师的教学行为协作文化。在这个千变万化的时代里，教师一定要学会竞争与协作，否则无法体现教学的生命力。教师的教学不能够在孤立与封闭中进行，教师需要学会表达自己的观点，把自己的时间、知识与他人分享，并愿意与他人一起制定教学方案，甚至要学会与不同学科的教师打交道。

3. 提高学校管理质量

学校管理本身也是一种文化现象。随着时代的发展，学校管理的概念也相应地发生着变化。从教师群体层面来审视教师文化，我们会发现教师文化对学校管理的质量有着重大影响。从现象上看，学校教育管理质量的高低，似乎取决于某个领导，然而透过这个现象，我们所看到的本质是：科学的、系统的、民主的教育管理规程的制订与实施往往是有效集中了教师群体意志的结果。故而，在实际工作中我们必须重视教师集体智慧和整体力量的发挥，学校所进行的各项管理改革也应以教师管理改革为起点，教师管理改革应从教师出发，即"以人为本"。

教师的教育思想和教学水平是提高教育质量的关键一环。教师是学校教育的主体，在有效的教育管理和充足的教学资源齐备的条件下，教师对教育质量的提高起着关键性作用。全心全意依靠全体教师提高教育质量，理所当然就成为教育质量管理中最为核心和最为可靠的内容。衡量某所学校教育质量的高低，在很大程度上取决于教师群体的文化软件，即教师的价值观、信仰和态度。教师文化是一种力量、一种资源，更是一种境界。因此，发展和投入教师文化建设对于学校管理制度的创新、学校教育质量的提高以及良好学校声誉的形成有着重要意义。下面一则材料，就是教师在良好教师文化影响下大胆创新的范例，这将有利于推动教学方法的革新，对教育的发展，乃至社会的进步都是非常有利的。

河北省衡水中学是河北省首批示范性高中，学校对老师是信任式的管理。要对老师们信任，信任就是给他们压力，他们就会深挖潜力，主动积极工作，不会应付，把课备好，绞尽脑汁提炼精华，挖掘自己的潜力。这是尊重老师，也是尊重教育规律。教育工作是复杂的脑力劳动，不能用上下班时间划分开。睡不着的时候，脑子还是在想工作，这才能出成绩的。只有给老师们充分的自由，他们才能积极主动地学习思考，不分八小时内外，实质性的白加黑，5＋2，才能出好成绩。如果把老师们管得死死的，即使人天天在学校，而心不在话，肯定不能出成绩。如把老师的专业发展放在第一位，让他们有成就感。他们在教育界、在社会上被关注被承认，就有了成就感。这样老师们就会自动自发地带着责任感干好工作，远比强迫效果好。学校实行弹性管理制：上班的时候，一定要到。来了以后，他可以随便出入出去买菜、买东西。没课不来，必须要打招呼，打了招呼不算请假也不扣奖金。

学校关心教师，信任他们，他们便会自发去干。强制性的去干和自动去干是不一样的。最重要的，老师也需要常人的生活，否则也不能教给学生正常的生活心态。衡水中学德育团队能够被河北省委宣传部授予"燕赵楷模"称号，离不开学校人性化、开放性的管理模式。同时教师团队的积极工作，又能提高学校的教育质量，创造了这所居于三四线城市的中学在 2016 年高考中不仅囊括了河北省文理状元，而且在文理科前 10 名（前 10 名共 13 人）中，分别占据 12 席；在前 50 名中，几乎占据 80％的席位。这在全国的中学里是独一无二的，离不开全体教师的共同努力。

第三节 教师文化的构筑

教师文化孕育着教师发展和教育革新的可能空间，教师发展也好，教育革新也罢，都离不开教师文化的支持。但是，谈到"教师文化"往往会给人以不知所措的感觉，为此，我们将从探讨教师文化的发展上来解决这个问题。事实上，教师文化的发展经历了一个由沉积到创建的过程。作为一项长期而复杂的系统工程，教师文化涉及教育机构、教育对象以及教师本身这一教育主体，要真正做好教师文化建设这一工程，除了需要有路径的优化选择，也少不了内外部条件的支撑。

一、教师个体观念的强化

现实的教育世界看起来是仅仅有教师、学生和教育管理者三方面参与其中，实际上承载着各种主体的价值期望，这种期望有来自社会的，有来自学生家长的，更有来自于国家对本国教育界的期盼。从教师职业本身的独特性来说，专业的知识和技能仅仅是教师职业存在的必要而不充分条件，除了人的知识和技能的发展目标以外，教师还要具有崇高的德行，具备其他行业的从业者不具有的专业精神和人文关怀，具备一种比较高的人格魅力追求姿态。

1. 培养良好的教育心智

21 世纪是一个知识、信息来源多元化的社会。在这样一个对素质教育有强烈诉求的社会，人们对教师角色的看重越来越从知识的独裁者向精神的引领者的方向转移。教育者不仅要教与学生以知识，更重要的是教与学生做人，这就是教育内涵的本真反映。教育要促进社会人人性的完满，要有助于实现理想的人生和理想的社会。教育心智是教师在履行教育职责过程中所表现出来的道德责任感和道德控制与评价能力，是教师履行职业道德要求、开展教育工作最重要的内在精神因素，它所蕴含着开放性心态、教师主体性和教师价值观三层内在价值维度，教师应重视教育心智的培养。

（1）树立开放性心态

开放性是从适应型教师文化转向创生型教师文化的关键因素之一。对于新型教师文化的开放性，可以从若干方面加以理解，开放性教师文化"不拒斥权威，但更多地关注教师个体的体验与反应，因而每个教师都是文化创建主体"，包括树立新的教育教学观，采用互动的教学方式；树立实践、生成的课程意识，进行课程创生；树立开放的文化心态，从单干走向合作等等。只有在新型教育理念指导下重塑的教师文化，才能为教师提供更加宽泛的教育自由度或专业自由度，让教师充分享有专业话语权和学术自由。

（2）教师主体性的提升

教育责任来源于社会对于教育事业的期待，是从事教育活动的人必须承担的职责和义务。正如苏联教育家马卡连柯所说："老师的威信首先建立在责任心上。"教育者只有自觉履行责任，严以律己，才能一心扑在教育事业上，出色地完成自己的使命。有教育良心的人必定是有责任心的人。曾钊新先生有过精彩论述："如果一个人对自己所负的义务认识得越深刻，他的道德责任感就愈强，那么他的良心对自己行为的指导和纠正作用就愈大，他的良心也就愈高尚。"

（3）树立正确的教师价值观

树立正确的教师价值观是维护教育公正、坚守教育良心的一贯要求和信念。教育公正既体现在宏观制度层面，又在微观教学过程层面有所反映。制度的公正很大一部分决定着教育的公正，正如罗尔斯所说，正义的主要问题是社会的基本结构，或更准确地说，是社会主要制度分配基本权利与义务、决定由社会合作产生的利益划分的方式。所谓的主要制度……是政治结构和主要的经济和社会安排。然而，在现实中，受地理位置和国家政策导向的影响，或者由于一些历史原因，我国出现了区域经济发展严重失衡的现象，经济的区域失衡必然导致教育的区域失衡。以地方财政投入为主要依托的基础教育，城乡的不同学校无论是办学条件还是师资力量都不可同日而语，教育公正因而成了乌托邦式的设想。因此，从这个方面来看，树立正确的教师价值观是我们培养良好教育心智，尽力减少因外部影响造成的公正心偏差的重要因素。

90后的陈秋菊，是四川省资阳市乐至县中天镇乐阳小学教师，迄今为止已经在那里待了8年。她为了心中的教育热情，为了守护这一方孩子的学习梦想，两次放弃进城工作的机会。一次是从小带她长大的外公突然病重，当陈秋菊在病床前把放弃乡村教师工作的想法告诉外公时，外公却生了气："教书是清贫活路，要对得起你教的学生。"外公也曾是一名偏远乡村的教师，他在那里教了几十年书，他告诉外孙女，教育是一件讲良心的活。那次谈话不久后，外公就去世了。但外公的话，陈秋菊一直记在心里，她放弃了进城工作的机会，安心留在了乐阳小学。第二次是乐至县城的一个政府单位觉得陈秋菊文笔不错，又抛来了橄榄枝，希望她去从事文艺创作，但陈秋菊还是拒绝了。

乡村教师的艰苦条件磨灭不了一个好老师的坚定信念，教育是一件讲良心的事业。陈秋菊老师用自己的行动兑现了自己的承诺：扎根乡村学校，奉献教育理想，有你在，孩子们人生路上的每一盏灯都是那么明亮坚守。

2. 打造阳光的人格魅力

人格魅力是一个人征服外界的真正武器，而教师的人格魅力更是教师在教育事业上成功与否的关键，一个人格魅力高的教师才能成为学生敬佩的对象。人格，包括情操、品行、道德、伦理、气度、胸怀等内涵。教师人格以高尚的师德、超人的才情、深厚的学养为基础，升华而成人格魅力和精神气质，通过各种途径和方式渗透、融合到教育教学活动过程中。学生的道德观、人生观、价值观、世界观的形成，除了来自书本、社会、家庭的影响之外，最直接、最具体、最深刻的影响来自教师。从这个意义上来说，人格就是教师的一切。教师应注意以自己的良好的人格去影响学生，去塑造学生。

（1）关怀之爱

"爱"是一个教师的灵魂，是教师人格的具体体现。在教育教学活动中，坚持一个"爱"字，会收到良好的教育效果。教师的人格魅力来源于善良和慈爱，在平等的基础上善待每个学生。正如现代教育家夏丏尊先生说的："没有情感，没有爱，也就没有教育。"有人说，教师对学生的爱比父爱更广博，比母爱更细腻，比情爱更无私。一个心里有"爱"的教师，会源源不断地把"爱"浸透在各种教育教学活动中，而这份"爱"的源泉，却来自教师健全的人格。我们常说"一切为了学生，为了学生的一切，为了一切学生"，其深层次的核心内容就是"爱"，教师的爱会让学生在被爱中学会爱。下面《一节难忘的公开课》这个例子就很好地诠释了教师的爱如何影响着学生。

八年级（5）班是全校公认的差班，学生上课听讲不专心，爱做小动作，不爱学习，学习成绩差，所有的科任老师从不愿在（5）班举行公开课。今天的公开课和历史老师撞车，作为班主任只得支持科任老师而牺牲自己。课前我对（5）班同学们说"希望你们把课文读熟，字词注音、作者背景自己解决；另外，每人再搜集一些古人描写月亮或月光的词句。你们班的学生是非常聪明的，按照老师的要求去做，我相信，我们一定会把下午的公开课上得很精彩，为你们班和你们自己争光！"

下午的公开课上得很精彩，完全出乎我和听课老师们的预料。课前学生准备得非常充分，课上，学生把书读得很准确很流利很有感情，字词注音、作者资料、写作背景完全自己解决，讨论发言热烈踊跃。特别是在同学们展示课前搜集描写月亮或月光的名句环节时，每一个学生都搜集到了不少名句，其中有的同学竟搜集到了几十个名句，令我和听课老师们大为惊讶。片断练笔，我让同学们学习作者使用象征手法，借物抒情，托物言志，以黑板为意象，在5分钟之内完成300字左右的片断写作。许多同学写得很有诗意很有哲理，抒情性很强，感情强烈真挚，富有较强的表现力与感染力。可以说，这是一节震撼心灵的公开课，它深深地打动和感染了每一位听课老师。评课时，老师们一致给予了这节课以很高的评价。

（林明．一节难忘的公开课［OL］．http：//mp.weixin.qq.com/s/2016-12-7/2016-12-10）

每一个孩子内心深处都希望得到老师的肯定、赞美与期待，这是人性中最深刻的渴求。教师的肯定、赞扬与期待，将对学生的学习、行为乃至成长产生着巨大的作用。如果每一位老师都能够拿起信任的勇气，为学生并为自己重新找回那久违的自信，那么，每一个孩子都是有希望的！教师的肯定与赞扬会给学生带来转折性的命运，师生彼此托付信任的课堂才会取得如此成功。林老师关注的不是自己公开课的精彩展示，而是在学生心中种下的自信种子，关注它们的发芽、拔节、生长……这样的公开课姗姗来迟，所幸林老师将爱撒向了孩子们。

（2）锐于创新

教师人格魅力的实现，体现在教师的才情和教书育人的效果之中。读书是教师提高素质的基本途径，是开展科学研究活动的重要环节。读得精深，启迪智慧；读得广泛，扩宽视野。首先，教师要不断学习，更新教育观念。走进学生的心灵，用学生的眼睛欣赏这个世界，才能懂得对我们的学生奉献爱的时机和方式。"学生的变化折射的是社会与时代的变化"，我们只有不断地学习，才能永葆教师的职业精神！其次，教师要超越自我，敢于创新。当今世界的竞争，归根到底，是综合国力的竞争，实质则是知识总量、人才素质和科技质量的竞争。尤其是在"新课改"不断深化的今天，教师更要具备一种创新精神。

二、教师群体行为的约束

教师文化建设的关键在于教师自主意识的提升，这种自主意识包括教师的合作意识、主体意识和反思意识。通过自主意识的提升，一方面教师能动反思自己过去和当下的教学行为，另一方面能自主摆脱外来机制的机械控制，能充分发挥教师的自主能动性和创造性。

1. 增强教师的合作意识

"孤单、独立"是传统教师日常工作的常态，长期的孤立和相互隔离给教师之间的合作设置了障碍。在他们的观念中，即使提供了机会，也未必愿意表达自己的观点，未必愿意与别人分享自己的实践经验等。教师的课堂活动往往与其他教师的课堂活动相互隔离而不是相互依赖，其课堂上往往是"自给自足"，缺乏团体意识。这种意识限制了教师之间的互动以及对多边支持或观察经验的依赖，"各人自扫门前雪，休管他人瓦上霜"就是这种状况的真实写照！曾经有学者对这一现象做过案例调查研究，结果显示：多达45％的教师说自己在学校里与其他教师没有接触，另外32％的教师说自己与其他教师只有偶尔联系。可见，在传统教师文化建设中，合作意识是非常浅薄的，很多教师的主动性、积极性乃至创造性就在日复一日的机械工作中消失，这是需要在教师文化重建中改进的一个大的方面。针对这样的现状，教育专家呼吁教师们要加强合作意识，社会呼吁教师们加强合作意识，作为教育对象的学生们更有这种强烈的诉求。

2. 提升教师的主体意识

当前，随着主体性教育思潮的兴起，在学生主体地位不断提高的同时出现了一种新的现象：教师主体地位的边缘化。当然这并不是说教师主体和学生主体之间存在着不可调和的矛盾，而只是从比较的层面上讲，教师的主体地位没有相应地提升，甚至在学生主体性高涨的同时出现了教师被工具化的倾向，教师似乎仅仅成为了一种教学资源、教学手段。教育机构把自己定位成学生发展的平台，依靠学生的成绩和升学率在社会上树立名校品牌效应，而忽视了教师这一主体的发展。殊不知，"铁打的营盘流水的兵"，相对于学生来讲，教师是学校最稳定的群体，学校的可持续发展就必须立足于教师的发展。教师的素质和技能提不上去，他们的主体性得不到发挥的话，学校的教育质量是很难上台阶的。因此学校要给予教师更多的发展空间，尽力实现教师的主体发展。同时作为教学任务执行者的教师来说，自己必须主动提高教学的自主意识。一方面，争取机会促进教学技能的提升，不做课本的"传话筒"，要做教学的主动实践者。另一方面，学校要将教师看成自我发展的主体，应该通过各种手段尽可能为教师创造专业发展的机会。

3. 加强教师的反思意识

哈贝马斯指出："当人们努力追求合理性并确定观念与行动，以形成对现象的新的理解和鉴赏时，就要激励教师进行反思性教学。"随着新课改对教师要求的提升，教师的责任已经远远溢出了课堂教学的范围，扩展到教学反思与研究、课程开发、社会教育等方面。其中反思性教学实践是教师文化建设的迫切诉求。开展反思性教学实践活动，是提高教师素质的有效途径，是促进新课程标准实现的有效途径之一。所谓反思性教学实践活动是指一种回忆、思考、评价教学经验的活动过程，它是对过去经验的反馈，同时又是做出新的计划和行为的依据。从教学实践中反思，从反思中促进教学活动。教师在开展反思性教学实践活动的同时，学校要注意营造有利于教师自我反思的文化环境，充分重视教师时间资源的挖掘和利用，避免占用教师的有限时间，要努力创造各种条件大力支持教师开展反思性教学实践活动，将反思进行到底，不要流于形式。

三、学校管理理念的革新

人总是在一定的环境中生存和成长。教师文化建设也需要主客观条件的支持，不仅要有教师主观方面的努力，也需要理想的社会氛围和教育环境。

1. 学校教育评价的完善

教育评价是依据一定的教育目标，运用可行的科学手段，对教育活动进行的价值判断并进而为教育决策提供依据的过程。教育评价是教育科学体系中的一个重要领域，是社会评价基本原理在教育科学体系中的具体应用。一说到对教育的评价，可能大部分人想到的就是考试这一手段。一年一度的"高考大战"为教育系统内部的"优胜劣汰"原则提供了最好的诠释，不仅千万学子将跃过"龙门"视为人生的最佳出路，社会和各级教育行政部门更是把各校的高考升学率当做评价学校教学水平的最重要指标，甚至当地考生考入北大、清华等名校的人数、省市县高考"状元"和本科达线人数也成为各级政府官员的国民教育政绩的重要指标，从而形成一种高考成绩政绩化的社会风气，社会演绎"素质教育"名义下的"应试"高潮。在这样的社会风气下，教师的评价观被固定化，创新能力和创新精神很多时候处于潜隐的层面，学生的创新意识很多时候也被剥夺了。

由于教育的竞争性和教育评价的选拔性，在人们观念的传统中，一般将考试的结果与教师的判断已变成一种划分等级的标准，以区分好、中、差三等学生。这样，好的学生有可能高傲自大，沾沾自喜，不求上进。差的学生灰心丧气，甘拜下风。这种评价给学生心理上、情感上带来了不良的影响。现代素质教育是承认个性差异，因材施教，因势利导，使个性迥异、起点不同的学生都有所发展的教育。所以在现代素质教育中的教育评价不能只是用来分等级，更主要的是用它来改进教与学，实现教育评价的目的由"划分等级到改善"的转变。针对这样的现状，我们提倡教育评价观的转变和完善，"量化"评价应该努力朝"质化"方向转变。要努力去挖掘教师的主体话语权和学生的创新能力，尤其是要对教师适当赋权，使教师超越这种"量化"的评价规约，实现其自主自为的学术追求和价值探索。

2. 学校教育价值的重建

价值观是在社会主流价值认识的基础上积淀成的集体意识和信念，是人们进行价值判断和选择，确立价值取向的基本依据，是理想人生规划和社会发展方向的潜在决定力量。不同的时代有不同的主导价值观念，即便在同一时代的不同社会情境中，价值观的表现也迥异。

经济条件的改善丰富了人们的精神追求，也带来了价值观的转型。改革开放以来，随着市场经济体制的建立，人的主体存在的价值逐渐受到关注，与封建伦理社会和计划经济体制相适应的伦理道德型价值观和群体主义价值观失去了相应社会环境的支撑，开始从主流价值退居边缘，以人的发展和人生幸福为中心的人本价值观逐渐孕育生成。伴随这一过程，个人主义和极端的功利主义价值观也逐渐彰显。而相当一部分教师也受到了这一社会风气的侵袭，有的价值观发生了改变，很大层面上消解了对传统道德人格的诉求。因此针对这样的现状，必须加强教师文化建设和教师责任感的培养，通过教师的反思和批判意识的确立，通过教师主体的自觉积极行动重建他们的社会价值观，使之朝着主体责任感和道德人格有机结合的社会价值导向发展，进而达到塑造自身和引导学生完美的精神世界的形成。

3. 学校教育科研的转变

"科研兴校、科研兴教"，任何一个学校的发展必须依靠科研才能获得内在的支撑点和直接推动力，对教师的职业地位和权利的追求持续向强调教师的专业发展转变。教师作为教育的研究者和实践者，本身就具有独特的优势：教师从事的是教学实践，又具有教育理论方面的知识，易于将二者相结合，在教学中研究，在研究中教学，使研究成为最有效的学习，从而保持自己的知识和解决问题的能力持续发展。而且，教育科学研究中的教师并不只是教师一个人进行，而是与其他教师在科研中共同合作、共同发展，以发挥教师群体的最大力量。可以说，教育科研足以为教师专业发展和学校提升提供一个更富有创建性和开拓性的变革路径。

中小学教师进行教育科学研究，不同于专业研究者，不是为了就教育的本质、功能和规律，在教育理论方面提出新学说、新观点和新方法，而是一种应用研究和开发研究，旨在解决教育教学过程中的实际问题，并在这一过程中利用基础研究的成果，创造性地提出和制订可操作的方案、计划、对策和建议等。因此，中小学校教育科研取决于"教育活动"与"研究行为"如何得以在"实践场景"中整合：一是源于教育实践场景中的理性判断，二是源于教育实践场景中的智慧演绎，三是源于教育实践场景中的信念映射。相应地，从"发掘教育知识"到"达成教育理解"，从"寻求教育技术"到"生成教育智慧"，从"皈依教育理论"到"养成教育生活"，这历史而又现实地成为中小学校教育科研的原生土壤、实践平台和价值取向。

★ 案例聚焦

赏识让孩子开花

开学一周，我渐渐发现文越这个孩子与其他学生有些不同，他在教室很少与别人讲话，同宿舍的学生反映他回了宿舍也不说话，他们开玩笑逗他，他只是笑笑。而渐渐地，他的问题也越来越暴露出来，任何一科的作业都不做作业。拿我的语文来说，新学期，我要求学生每天练字，每天的早晨8：00，我要求课代表收回，课代表向我反映，文越不交。

直到隔了几天，我收日记，发现他的日记写得不错，征得他同意，我读给全班学生听，并表扬了他。随后，我把他叫到办公室，询问他是否都是自己写的，他说是的，看起来，他不像撒谎的样子，我说写得不错，并询问他平常都看哪些书。他看起来心情不错，嘴角微带笑意，告诉我，他读《史记》《老子》……我吃了一惊，这个看起来有点问题的男孩，居然读这么多书，我想，我得重新看待这个问题多多的男孩。

我表扬过他后，也没再理他。随后我也发觉，他蹙眉的时候少了很多，嘴角偶尔露出一丝微笑，他上我的语文课，还不时地会提出疑问。之后，他与我的对话，居然多了起来，我问他，作业做完了没？他尽管还很抗拒，还会皱眉头，但不再说"不做"，而是开始找作业本……

文越就是希望得到来自别人鼓励与赏识的孩子，我觉得一个教师善于发现学生的闪光点，就是找到了教育孩子的契机，一句赞美之词，便会让孩子脆弱的心灵注入希望之光，如果你是一名老师，就通过赏识让孩子开花吧。

（李美君．赏识让孩子开花［OL］．http：//mp.weixin.qq.com/s/2016-11-10/2016-12-10）

★ 点石成金

什么是文化？文化是生命之光与灵魂之力，教育在哪里，生命就耕耘在哪里。作为一种生命现象和精神支柱，教师文化不仅反映出对教师职业的深刻领悟，而且折射出价值追求的共同承诺。李美君老师有一双能发现孩子优点的眼睛，源于对孩子的热爱！教师似掘金者，有能剖璞见玉，点石成金之功力。从某种意义上说，教师的快乐来自于孩子给你的成长信息，这是其他职业难以得到的馈赠。在李老师身上，毫无疑问流淌着教师文化的血液，根植着教师文化的基因。老师若能像美君老师一样，教育的意义才会真正显现。

★ 技能 训练

1. 教学反思

谈谈你对下面这种说法的认识。

许多教师在岗位上工作了几十余年，眼下的时间可以说是数着日子退休，他们更多的心声是"现在学校是不放我，如果学校放我，我愿意拿1000块出来，一个代课老师不才600块钱，我出1000。这是我心里话，真想提前退休，前两年我身体不好都没退掉。年轻老师想进来，你看那些代课老师也辛苦，要工作还要准备各种考试，像我这样做了一辈子老师，也是坐了一辈子牢啊！"

2. 教病诊治

学校为了提高教师的专业能力和素质，经常会安排教师出去学习。只要有机会就派老师出去听课，下面是 X 高中老师们对出去学习的体会：

Y 老师：上学期去杭州听课没去成，去年年初去听了婺源优质课，南昌市的教学观摩也会经常去。其实出去和自己家人、亲人出去更好，玩得也尽兴，出去跟的伴都和不来，而且最重要的是带着任务一点也不轻松，回来还要做学习汇报，写心得体会。

H 老师：你看我，好疲惫，学习刚回来，坐了十几个小时的火车。几天都没见女儿了，回来也没时间陪陪她，这边压着一堆的工作呢，昨天晚上准备材料，一晚上都没休息，你以为出去是个好差事。

M 老师：他们领导（学校中层以上）经常出去，我们副课老师几乎没出去过，也不知道都出去学了些什么。

（1）你怎样看待案例中学校安排教师出去学习这一工作？

（2）这个案例中你怎样评价教师们的说法？

第十章 现代教师礼仪论

礼仪的目的与作用本在使得本来的顽梗变得柔顺，使人们的气质变得温和，使他尊重别人，和别人合得来。

—— 【英】约翰·洛克

⭐ **一线传真** 📖

一位研究者在南京市宁海中学对初中思想品德课教师形象进行了调查，共发放问卷300份，回收有效问卷276份，其中初一95份，初二92份，初三89份。男生113份，女生163份。作答着重要求学生从"美的生活的引导者"这一角度整体感知教师形象，而非单一从课堂教学的角度回答问卷：

内容	选项	人数（人）	占比（%）
衣着仪容	B. 随意	185	67.0
精神风貌	B. 不是很精神	160	58.0
行为规范	B. 内外太不一致	181	62.7
交际风格	A. 非常亲近	147	53.2
言语谈吐	B. 吸引力一般	166	60.1

（石毛妹."学生美"的生活的引导者—新课程改革背景下的初中思品课教师形象研究. 硕士学位论文，南京师范大学教师教育学院学科教学（政治），2015：16）

从上表可以看出，学生对教师的各个方面都特别关注。古人云："君子之修身，内正其心，外正其容。"许多教育家更是对教师形象的理想状态做了描述。英国教育家洛克指出："做导师的人自己便应当具有良好的教养，随人、随时、随地都有适当的举止与礼貌"。法国教育家卢梭在《爱弥儿》中写到，"热情的教师，你要保持纯朴，谨言慎行"。因此，教师的礼仪在教与学中也起着巨大作用。教师礼仪，是指教师在从事教育、教务活动、履行职务时所必须遵守的礼仪规范。高端优雅的仪表、稳重大方的举止以及平易近人的态度，既是展现教师风采的助燃剂，又是增强教师人格魅力的推动手。良好的礼仪充分体现了教师这种特殊社会角色的特点，并且也是一种重要的教育资源和手段，成为学生学习和模仿的榜样。因此，教师必须在教育活动中学习基本礼仪，并身体力行，率先垂范，达到教书育人的目的。

理论知识

第一节 教师仪表的内容

教师仪表礼仪，指的是有关教师个人修饰与打扮的基本规范。教师的个人仪表，不仅反映出教师个人的修养和风度，而且影响着所在单位的形象。心理学首轮效应原则表明，人们对交往对象的印象主要来源于第一眼印象。这种瞬间印象可在几秒钟内形成，并且一旦形成往往很难改变。因此，教师必须在仪表、仪容、仪态方面做好充分准备，在学生及其他交往对象面前树立起良好的形象，获得他们的认可，从而推动教学工作的有效完成。

一、教师着装

着装，也指穿戴，它指的是人们在日常生活与工作中所穿着的服装和所佩戴的饰物。着装反映着一个人的观念和品位，也凝聚着人们的个性和审美情趣。所以，教师应该树立正确的审美观，提高个人的审美能力，使着装体现其朴素、大方的职业特点。

1. 西服

人们常说："西服，七分在做，三分在穿。"作为一种国际性服装，西服穿着得体，可以使男教师显得潇洒、精神、风度翩翩，体现出男教师所特有的男子汉气质和学者风范（图 10-1-1）。

图 10-1-1 西服

（1）基本要求

西服有两件套和三件套之分。三件套西服指的是一衣、一裤、一背心；两件套西服指的是一衣、一裤。正式场合应穿同质、同色的套装，颜色可选藏蓝色或灰色，无图案最佳，庄严的礼仪性场合可选择黑色西服。穿新西服时，应先将袖口的商标去掉。

（2）巧用配饰

1）衬衫。与西服搭配的衬衫应当是正装衬衫，颜色以单色最佳。衬衫要干净、清爽，无汗渍、油渍。衣袖须为长袖，略长于西服衣袖 0.5～1 厘米。领子要挺括，高出西服领子 1～1.5 厘米。衬衫下摆要掖在裤腰里，同时系好领扣和袖扣。

2）领带。在正式场合，领带是出席的必备品。一般情况下，领带应置于西服与衬衫之间；当西服内加穿毛衣时，领带应置于毛衣与衬衫之间。领带的领结要饱满，与衬衫的领口吻合要紧凑，领带的长度以系好后下端正好触及腰上皮带扣上端处为最标准。如需用领带夹时，应将其夹在衬衫第三粒与第四粒扣之间。西服系好纽扣后，不能使领带夹被外人看见。

3）衣袋。为防止西服变形，西服上衣两侧的口袋不可装任何物品，只做装饰用。西服上衣胸部的衣袋可放装饰手帕。上衣内侧衣袋可装小样物品。裤袋亦不可装物品，以求裤线笔直、裤形美观。

4）纽扣。西服系纽扣的基本方法是"系上不系下"。单排两粒扣，只扣上面一粒纽扣，三粒扣则扣中间一粒或者扣上面两粒纽扣，坐下时可以解开。双排扣的西服原则上要把纽扣全部系上。

5）鞋袜。穿西服一定要穿皮鞋，颜色宜选深色，如黑色、深褐色等。黑色系带的皮鞋为正式场合的首选。西服裤子的长度以接触皮鞋鞋面为宜。与皮鞋相搭配的袜子应选择深色棉袜，切忌选择白色的袜子或者是丝袜。

2. 套裙

在许多正式场合，套裙是女教师的首选。套裙穿着得体，可以使女教师显得优雅、端庄，展现出女教师成熟干练、美丽大方的职业气质（图 10-1-2）。套裙的着装技巧又有哪些呢？

（1）基本要求

套裙是由一件女式西装上衣和一条半截裙所组成。要选用质地好、垂感好的面料，使套裙显得挺括、有型。在色彩上，以冷色调为主，其全部色彩不要超过两种。最佳颜色是黑色、藏青色、灰褐色、灰色和暗红色，精致的方格、印花和条纹也可以接受。就尺寸而言，女教师应根据自身的身高、胖瘦进行选择。

（2）巧用配饰

1）衬衫。与套裙搭配要选用正装衬衫，以轻薄、柔软的面料为宜。如真丝、麻纱、纯棉等都是可供选择的面料。衬衫颜色的选择可以多种多样，为了与套装匹配，从衬衫到套裙的颜色搭配可以是由浅入深或由深入浅。以单色为最佳之选，如白色、米色等与大多数套装都可以搭配。

图 10-1-2　套裙

注意：避免在公共场合直接脱下外套而以衬衫面对外人，同时，除最上端一粒纽扣允许不系外，其他纽扣均不得随意解开。

2）皮鞋。与套裙相搭配时，女教师不能穿前露脚趾或后露脚跟的鞋，也不宜穿凉鞋或者拖鞋，可以选择高跟或半高跟的船形皮鞋，鞋跟高度以 2.5～5 厘米为宜。鞋子的颜色应与衣服下摆一致或者再深一些，以选择黑色、灰色、藏青色等中性颜色的鞋为最佳，这样可使人显得更高挑。

3）袜子。尼龙丝袜或羊毛袜是与皮鞋搭配的首选袜子。颜色应与肤色相近或较深，如肉色。不要穿带图案的袜子，也不能穿着挑丝、破洞或用线补过的袜子外出。女教师可随身携带一双备用的透明丝袜应急使用。此外，穿袜子切忌裙摆与袜口之间露出一段腿部，也切忌露出袜口。

3. 便装

便装相对于正装而言，是指在各类非正式场合所穿的服装。"穿衣戴帽，各有所好"。便装穿着得体，同样能给人潇洒大方的美感（图10-1-3）。与正装相比，便装的要求虽然没有那么严格，但同样需要注意场合、风格等因素。

图 10-1-3　便装

（1）基本要求

教师作为学生的引路人，无论是休闲装，还是运动装，着装都要与其自身的职业要求相适应，体现出"庄重大方"的职业特色。做到与周围场合相协调，与自己的性格、年龄、形体等相协调。

教师节、妇女节、儿童节、青年节、元旦节等节日到来，教师与学生一起参加活动时，教师的着装可以适度加一些小的装饰，以示对节日的重视。当教师参加毕业生典礼、同学聚会、联欢晚会等活动时，教师在选择服装时要选择款式新颖、色彩亮丽的服装，与活动热闹的气氛相符合。当教师带学生到公园游乐场、活动中心，或带学生参加社会实践活动时，可以换上宽松的运动装，让自己的身心同学生们一道融于环境，得到放松。

（2）巧用配饰

教师在课堂教学和参加公务活动时不宜佩戴首饰，而在一般的社交场合或者是休闲场合时则可以佩戴首饰。首饰佩戴得协调、得体，可以提升教师的整体形象和气质，增强教师的个人魅力。对于男教师而言，适宜佩戴的首饰只有结婚戒指一种。耳环、耳钉、手镯、项链等首饰都不宜佩戴。女教师对首饰的选择范围较大，头饰、项链、戒指、耳环、胸花、手镯等都可以选择。但在公共场合中女教师的首饰至多不能超过三件。

二、教师仪容

仪容，通常是指人的外观、外貌。教师仪容修饰得当，能够赢得学生的好感，使学生肃然起敬，心向往之，从而提高教学效果。

1. 头发

俗话说得好，"远看头，近看脚，不远不近看中腰"。头发位于人的首部，最先引起别人的注意。教师发型的基本要求是庄重、简约、典雅、大方。为做到这一点，需要遵守以下美发方面的礼仪。

（1）常洗发

教师要时刻保持头发的清洁、卫生、整齐，其基本的做法就是勤洗涤。最好每天洗一次，至少是两天洗一次，做到无异味、无异物。

（2）勤修剪

据头发的生长规律，男教师最好是半个月修剪一次头发；女教师可以视情况而定，但至少要一个月修剪一次头发，做到整齐、清爽。如遇到庆典、节庆、赴宴等活动，教师也可以临时做发型。

在头发长度的问题上，无论男女教师，头发最短不能为零，不能剃光头。对男教师而言，不能留一头披肩的长发或者留小辫子。对男教师头发长度的基本要求是不超过7厘米，做到前发不覆额，侧发不掩耳，后发不及领。对女教师而言，头发最长不宜过肩部。如果女教师拥有一头飘逸的长头发，那么可以在工作场合中把头发盘起来、扎起来或者是挽起来，使其显得更精神。扎头发的发卡、发带应选用诸如黑、蓝、灰等冷色调的颜色，以无任何花饰为最佳，并且一般不宜在头发上乱加饰物。

（3）选发型（图10-1-4）

小赵是某学校教师，在理发师的推荐下剪了时下女性最流行的"波波头"，还染成了红色。上课前学生见到她时哄堂大笑，很多同学都问她是不是戴的假发。课堂上不时有学生暗自窃笑，还有不少学生对她指指点点，小声议论。那一堂课，学生注意力全在她头发上，教学效果很不理想。后来，学生还给她取了个"西瓜太妹"的绰号。

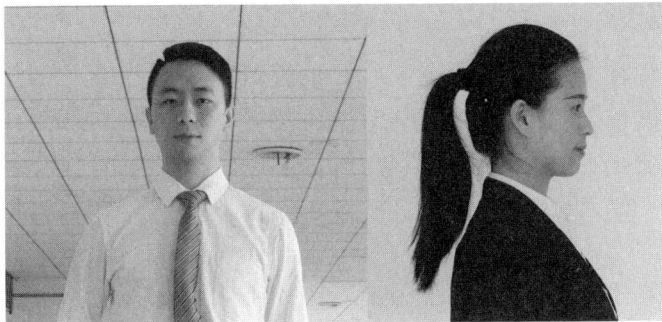

图 10-1-4 发型

在设计和制作发型时，教师可以根据自身的身高、年龄、脸型进行选择适合自己的发型。但是由教师的职业特质所决定，教师不得染发，也不能做一些诸如爆炸式的太过新奇、夸张的发型。造型怪异或者夸张不仅会分散学生的注意力，影响教学效果，而且有损教师端庄的形象。

2. 面部

常言道，"人要脸，树要皮"。脸面是他人关注自己的第一道窗口，是反映心灵的一面镜子。学生在课堂上会经常注视教师的面部，与教师进行眼神的交流，因此，保持面部的清洁不仅是教师个人卫生的良好体现，而且会影响学生学习的心情。

（1）保持清洁

脸部包括眼、耳、鼻、嘴等部位，其基本要求是保持清洁、卫生。胡须是成年男性的基本特征。由教师的职业特性所决定，男教师不得蓄胡须，应该及时清洁胡须。女教师在面部做到清洁、卫生外，还可以通过化妆对个人形象进行修饰，做到淡妆上岗，清新自然。

（2）注意维护

作为人器官的一部分，面部的眼、耳、鼻、嘴等部位经常会有分泌物。对于鼻子，需要及时检查和清除不洁之物。同时，要注意场合，不能当众清除异物，否则会给人以不洁之感。

图 10-1-5 微笑

（3）微笑自然（图 10-1-5）

班上有位学生胆子特别小，心理素质很差，也不爱说话。对老师在课堂上的提问，从不主动回答，一旦被提问，也总是磕磕巴巴，声音小得像蚊虫哼一样。其实他是个很聪明的孩子，什么都明白，但就是不自信。老师看到他的弱点，就经常提问他，尽管他答不好，老师也总是微笑着耐心倾听，并不时点头。由于微笑给予他的鼓励，使他渐渐有了自信。一次作文中，他这样写道：老师的微笑给了我鼓励，使我一步一步走向自信，走向成功。

微笑是不分文化、种族或宗教的，是每个人都能理解的面部符号。跨文化研究表明，面带微笑是世界各地情感沟通的手段。在教学工作中，是教师温暖的微笑，让学生知道你爱他们，让学生"如沐春风"。在师生交往中，教师善解人意、开朗随和的微笑使学生愿意亲近老师，乐于接受教诲，心悦诚服地接受教师指出的缺点、错误。

有的教师面对学生时，对自己的笑容十分吝啬，他们整日不苟言笑，面部常常是阴到多云，他们担心经常微笑会降低自己的威信，会使学生觉得这样的教师软弱可欺。作为教师，为什么要把自己置于学生对立的地位呢？其实整日表情冷若冰霜的教师，并不能在学生中树立真正的威信。事实证明，教师常带有微笑是一种沉稳、自信的表现，会赢得学生更大的信任，这样，教师的形象会在学生的心目中更加美好。

（4）眼神亲切

教育心理学研究表明，教师的眼神会影响学生的心境和态度，对学生的情绪会产生极大的暗示和感染。教师亲切的眼神会促进学生的智力活动，使学生感到轻松愉快，并能激发他们的学习动机。

日常生活中教师要善于使用这样的眼神：给被冷落、忧伤的学生一个温馨友爱的眼神；给生病的学生一个关怀的眼神；给失去亲人的学生一个悲伤同情的眼神……优秀教师的眼神好比一根五彩斑斓的魔棒，吸引着莘莘学子的眼球，因为他们掌握了眼神的技巧和艺术性。如果你想和学生真诚地交流，那你就要充分地注视学生两眼和嘴之间的三角区域；如果你想在师生关系中获得信任，那你就要和蔼慈祥，充满赏识关爱。

3. 四肢

（1）上肢

手是肢体中使用最多的部位，教师要通过运用各种各样的手势来辅助教学。如果手的形象不佳，整体效果就会受到影响。

1）不留长指甲。根据指甲的生长规律，指甲应该每周修剪一次，指甲的长度以不超过指尖为宜。做到饭前便后勤洗手，保持手部的清洁卫生。

2）不染彩指甲。时下，染指甲成为了一种时尚，彩甲可以使年轻的女孩子手部增添魅力。但是，作为教师，除了透明的或与指甲颜色相近的彩甲可以使用外，不应染彩色的或各种花纹的指甲。

3）腋毛不外现。在非常正式的教学或校园活动中，对教师而言，不允许穿无袖装或半袖装。但在其他的休闲场合中，则没有这个规定。女教师在穿着无袖装时会使自己的腋窝外现，剃除腋毛是女教师手部礼仪的一项基本要求。

（2）下肢

腿部在近距离内常为他人所注视。教师礼仪对腿部的要求主要有：

1）常清洁。要经常换洗鞋袜，脚要每天洗一次。不穿有异味、有破损的袜子。在非正式场合不穿袜子时，也要做到脚、腿卫生、清洁。脚趾甲要做到常修剪，最好每周修剪一次，不让脚趾甲超过脚趾尖。

2）不裸露。在正式的场合中，要求不裸露脚、腿。对男教师而言，正式场合不允许穿短裤；对女教师而言，在正式场合中可以穿裙装或裤装，但穿裙装时，必须穿袜子。同时不能使袜子和裙子之间裸露一截大腿，"三截腿"也被公认是缺乏教养的表现。

三、教师举止

"教书育人"是教师的基本职业特点，这要求每位教师要像重视教学内容一样重视自己的行为举止，有意识地通过自己的良好行为给学生留下美好印象。

1. 站姿

"站如松，坐如钟"。最容易表现姿势特征的是人处于站立时的姿势。教师的站姿应给人以落落大方、精神饱满的总体印象（图 10-1-6）。

图 10-1-6　站姿

（1）基本站姿

男教师在站立时，要两眼平视，下颌微收，挺胸收腹，腰背挺直，两肩平齐，两臂自然下垂于大腿两侧或交叉放在腹部，两脚微分，两脚外沿宽度不超过两肩的宽度，身体重心落于两腿正中，显得庄重挺拔。为了维持较长时间的站立或稍事休息，站姿可稍作变化：以一只脚为重心支撑站立，另一只脚稍屈或略微前伸以休息，然后轮换，切忌轮换幅度过于频繁。

女教师在站立时，要上身挺直，两眼正视前方，两臂自然下垂，两手中指贴于裤缝或两手交叉于腹前，双腿和两脚可并拢，也可脚跟并拢，脚尖分开呈"V"形，身体重心落于两腿正中。女性为了维持优雅，在感到疲累时，也可以考虑呈"丁"字步站立，重心放在后一条腿，通过这样交换腿的前后位置来达到休息的目的。

（2）禁忌站姿

站立时，教师应当避免如下失礼的姿势：

双手交叉抱胸前。这表示戒备甚至敌对，会造成与学生之间的距离感。

两手叉腰，脚分开。这是直接进犯的一种站姿，完全暴露的心脏和喉部表示出无所畏惧，给人强烈的攻击感。

全身不够端与正。站立时头下垂或上仰，收胸含腰，背屈膝松等，或者随意扶、靠、趴在墙或讲台上。这会使人显得无精打采，自由散漫。

两腿叉开过于大。对教师特别是对于女教师而言，正面面对他人时双腿叉开过大是极度失礼的表现，尤其应当避免。

脚手随意乱运动。站立时手插在口袋里或者手夹香烟，当众搓脸、弄头发、挠痒痒等都是应当避免的。站立时双脚也不可随意乱动。如不应脚打拍子、甩来甩去、乱点乱画等。

2. 坐姿

坐姿是教师活动中最重要的人体姿势，是一种静态造型，其包容的信息也是非常丰富的。教师无论是伏案写作还是参加仪式、典礼等活动都离不开坐。正确的坐姿能给人以安详端庄、积极向上的形象。

（1）常见坐姿

坐姿的基本要求是入座轻而稳，双眼平视，立腰、挺胸，肩部放平。有以下几种常见坐姿可供教师选择：

1）正身坐（图10-1-7）。两腿并拢，上身挺直坐正，小腿与地面垂直，两手放在双膝上。具体而言，女教师须并拢双腿。男教师双腿则可以略分开但须小于肩宽。适用于非常正式的场合，如课堂、会议等。

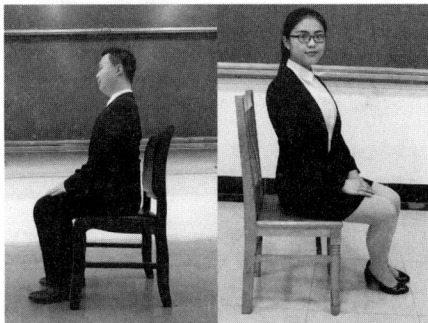

2）侧身坐（图10-1-8）。女教师上身坐正，下身双膝并拢并且同时向左放或向右放，双手叠放在左腿或右腿上。男教师上身左倾或右倾，左手肘或右手肘支撑在扶手上，下身端坐，小腿垂直于地面。适用于社交场合。

图10-1-7　正身坐姿　　　　　　　图10-1-8　侧身坐姿

3）开关坐。坐正。女教师双膝垂紧，两小腿前后分开，两脚前后在一条线上；男教师既可两小腿前后分开，也可左右分开，两膝并紧，双手交叉于双膝上。

4）重叠坐。腿向正前方，而将两脚交叉放或翘起一条腿架在另一条腿上，但女教师要尽力使上面的小腿收回平行直下，脚尖向下。男教师也要注意翘腿的高度。

5）交叉坐。两腿前伸，一脚置于另一脚上，在踝关节处交叉成前交叉坐式，也可小腿后屈，脚前掌着地，在踝关节处交叉成后交叉坐姿。

（2）禁忌坐姿

就座时，教师应当避免如下失礼的表现：

1）哄抢座位。教师与年长者或领导一同入座时，要等其坐定后再入座，不能抢先入座。即使是与同辈教师入座，也应注意不抢座。

2）不讲方位。无论从什么地方走向座位，都讲究从左侧走向自己的座位，从左侧离开自己的座位。并且无论是就座或离座，都讲究无声，不能发出嘈杂的声音影响他人。

3）满身落座。满身落座会给人一种放松和散漫的感觉，这种坐姿不宜出现在正式场合中。在有年长者或较正式的场合中，就座者应当坐在座位大概三分之二的地方，背部挺直不靠椅背，身体微向前倾。

3. 行姿

行姿，是指人们在行走过程中所形成的姿势。行姿也最能展现出一个人的精神面貌。行姿的基本礼仪要求是稳重大方、自信匀速（图 10-1-9）。

图 10-1-9　行姿

（1）基本姿势

走路时目光平视，头正颈直，挺胸收腹，两臂自然下垂，前后自然摆动，前摆稍向里折，身体和两肩平稳。行走的速度应保持匀速，而不能时快时慢。走路出步和落地时，脚尖都应指向正前方，由脚跟落地滚动至前脚掌，脚距约为自己的 1—2 个脚长。在课堂踱步时，步速应舒缓自然，脚距略小；带领学生参加热闹的课外活动时，步速应有力，脚距可稍微加大。

（2）禁忌行姿

行走时，应当警惕以下不良姿态：

1）走八字步。对于男女教师而言，无论是走内八字还是外八字步，都非常的不好看。所以走路时，要做到脚尖向前。

2）四处张望。走路时要双眼平视前方，不能左顾右盼，或者反复回过头来注视身后。

3）步速不均。行走时禁忌时快时慢，行速不均，这会使人感觉很不舒服。步速过快，会显得很毛躁；步速过慢，则会给人缺乏自信的印象。

4）姿态不对。走路时低头驼背、扭腰摆臀等都是不良姿态。

4. 蹲姿

在他人面前需要捡拾地上的物品时，教师就需要用到蹲姿。蹲姿的相关礼仪要求如下（图 10-1-10）：

（1）基本姿势

走到物品的左边，让物品位于身体的右侧。下蹲后双腿一高一低，互为倚靠，右手取物。如果女教师穿着低领上装时，可以用另一只手护住胸口。

图 10-1-10　蹲姿

（2）禁忌蹲姿

在公众场合，一般有三条禁忌：

1）忌东张西望。从地上取物时，东张西望会让人产生猜疑。

2）忌俯首、撅臀或弯腰曲背。面对他人俯首撅臀会使他人不便；而弯腰曲背的姿态则会影响人的外形美观。

3）忌双腿叉开。在他人面前采用此蹲姿最不雅观，女教师还有走光的危险。

第二节　教师行为的规范

教师无论是在课堂讲授，还是参加校园活动；无论是与人交谈还是待人接物，都离不开礼仪的运用。在校园中，教师只有依礼而行、依礼而为，才能成为学生的榜样，才能产生"身教"的影响。

一日，老师提到一个问题：教师与学生在狭窄处相遇，该怎么办？结果是一半以上的学生选择"A. 学生给老师让路"，少部分学生选了"B. 学生或老师让路"，没有学生选"C. 老师给学生让路"。问及学生为什么这样选，一学生答得振振有词：一，我们是学生，应该尊重老师；二，我们是小孩子，应该尊敬长辈。老师微笑着表示赞同。接着又提一问：《孔融让梨》的故事大家都知道，孔融把最大的梨让给哥哥，原因已经被刚才那位同学说清楚了；但孔融还有个弟弟，他又为何把好梨让给弟弟吃呢？一时间答案云集。老师又问：现在让你们再选择刚才那道题的答案，你们还会选 A. 学生给老师让路吗？此时，学生不约而同地选择了 B. 学生或老师让路。

（http://jysq.kc100.com/showtopic-1331.aspx）

的确，教师应该让学生学会尊师，处处有礼貌。但是千万遍的说教有时不如身体力行。小小的孔融尚知把好梨让给弟弟，我们做老师的就更懂得这番道理了。当学生看到老师能主动"让路"后，下次他还不会给他人"让路"吗？

一、校园基本礼仪

校园基本礼仪主要是指教师在校园活动中与人交流或沟通时涉及的一些礼仪规范。

1. 会面礼仪

会面，指人与人之间的见面，会面是与人交往的第一个环节。要让初次会面给交往双方留下深刻的良好印象，教师应当掌握好问候、介绍、握手以及交换名片等方面的相关礼仪。

（1）问候礼仪

一日清晨，老师去办公室的途中，在楼梯口碰到一男生，正想与他打招呼，不料他竟低着头从老师旁边擦过。老师欲伸手拉住他，他却三步并两步走了。老师伸出了手望着他的厚重书包兴叹。翌日，在走廊上，老师突感一阵风掠过，定睛一看，又是这小男生。老师皱起了眉头：这小孩平时挺活泼，怎在我面前这样？

后有一次，趁他订正作业时，问及。他说：他很想说"早上好""你好"之类的话，但话到嘴边就吞了回去，觉得很难为情。闻言细想，有很多孩子见了老师不打招呼，匆匆而过，是否也是这一原因？后来老师又问了一些学生，他们的回答竟是相似的。

（http：//jysq. kc100. com/showtopic-1331. aspx）

是礼仪让他们感到羞涩，还是他们觉得礼仪没有践行的必要？很多学生还没有意识到礼仪的重要性，认为只要学习好，有能力就行了。殊不知懂礼仪，被众人接纳的人，以后才能更好地发展事业、立足社会。

其实许多教师在与学生的交往中并未十分注意礼仪规范，所以学生们在日常生活中自然也不注意礼仪行为了。不以有礼为荣，反以有礼为耻。偶然想要表示一下礼貌，倒成了难以启齿的羞涩之举。

在生活中，我们一方面要教给学生正确的礼仪知识，引导学生做礼仪之人，让"礼仪"不再羞涩；另一方面，教师更要从自身做起，规范自己的礼仪行为，身体力行，让学生从我们的实际行动上学习礼仪。万事之始，礼仪为先。

问候语是人与人见面时的招呼语。不同的场合，问候语的使用各有不同。在校园中教师初次与人相识时，使用的问候语可以是"您好""很高兴见到您""认识您是我的荣幸"。当教师与熟人相遇时，问候语可以更随意和具体。如"××老师，去上课吗？""××老师，你今天真精神""××同学，一个假期不见，长胖了哦""××院长，最近很忙吧"这种寒暄式的问候语可以显得更亲切一些。

在问候礼仪方面，教师应重视问候的顺序。当两人见面时，一般由位低者、年轻者、男士向位高者、年长者、女士主动开口问好。当一个人与多人见面时，一般从位尊者开始一一问好。也可以使用统称如"各位领导，各位老师，大家好""各位同学，下午好"等等。当其他人没有主动开口问好时，教师可以主动开口问好。特别是在校园中，学生由于害羞或者胆怯，遇见老师时低着头匆匆而过，或假装视而不见。如果这时教师能主动开口问候学生的话，不仅能拉近师生的距离，而且会使学生感受到老师的关切之情。

（2）介绍礼仪

当交往双方互不认识时，就需要通过第三者的介绍来增进了解，加强沟通。介绍一般分为自我介绍、介绍他人两种。

1）自我介绍。自己介绍自己也称为自我介绍。多用于自己未被介绍或没人为自己做介绍的时候。自我介绍的基本要求是"简短、真实、清晰、流畅"。简单的自我介绍的内容通常包括姓名、单位、工作内容三个方面。当自己承担了具体的职务时，可直接把职务介绍出来；而当自己承担的职务较低或没有承担职务时，可介绍自己目前所从事的具体工作。如"我叫李华，是××中学的教务处主任。"又如"大家好，我叫张梅，是教语文的。"当希望对方对自己有更深入的了解时，自我介绍可以更详细一些，如所教授的课程、来访的目的等等。

2）介绍他人。当由第三者为素不相识的双方进行介绍时，这就属于介绍他人的类型。在为他人做介绍时，介绍者首先要对被介绍双方的情况有所了解。在介绍时，先称呼双方中位尊者一方，同时伸出右手，手掌向上，指向被介绍者。如"王老师你好，我来介绍一下，这位是我的同事杨静静。"

（3）握手礼仪

握手是人际交往中使用最频繁的一种礼节。教师与领导、同事、家长或学生见面都会用到握手礼。恰当运用握手礼可以增进人与人之间的友谊和信任，而对握手相关礼节的疏忽则往往造成不良的后果，给交往带来不便（图10-2-1）。

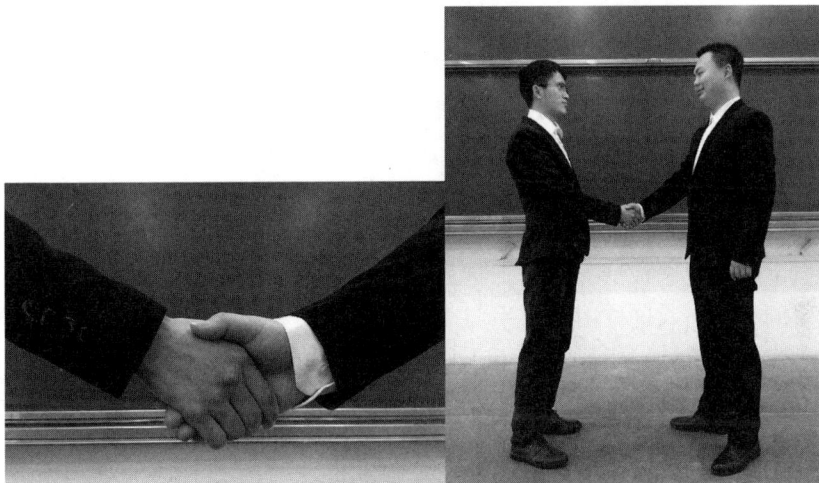

图 10-2-1　握手

1）握手的方法。起身站立，面带微笑，双眼注视对方，伸出右手，拇指向上，双方虎口应相互接触。一旦接触，应立即放下拇指，用其余四指包住对方的手掌。握手的力度应适中，时间以3秒左右为最佳。同时表情应热情、自然。

2）握手的顺序。握手的顺序中最重要的是明白谁先示握，握手礼遵循"位尊者示握"的基本原则。具体而言，即：上级与下级握手时，上级应先伸手示握；男教师与女教师握手时，女教师应先伸手示握；老师与学生握手时，老师应先伸手示握；主人与客人握手时，应分为两种情况：当客人抵达时，应先由主人伸手示握。因为客人有可能不认识主人一方的接待人员。而当客人离开时，应先由客人一方伸手示握。

某课教学片断：合作学习小组展示见面礼仪中的握手礼仪，小组代表播放"规范的握手礼"视频。

小组代表："郭老师，请您跟听课老师握手，好吗？"

师："我先请教一下：我跟我们这个培训班的班主任唐老师见面了（向学生示意听课的唐老师），我与唐老师握手，谁先伸手？"

小组代表："（看到唐老师年长，郭老师年轻）那应该是您先伸手，年轻的先伸手。"

师："如果从性别上看呢？"

小组代表："（很吃惊，看到唐老师是男士后）尊重女士，唐老师先伸手。"

师："这里就只看年龄和性别吗？"

（小组代表结舌，答不上）

师："在这里，我还是主人啊！"

生："老师，你先伸手！"

（全班同学都笑了起来）

师："嗯。在今天这样的情境中，我是主人，应该是——"

小组代表："主人先伸手。"

（郭老师走向唐老师，唐老师同时走向郭老师，两人亲切握手）

师："现在请同学们与坐在你身边的听课老师握手问好，请注意握手的礼仪哦！"

（学生纷纷起立，与坐在自己身边的老师握手问好）

（唐良平．于细微处见真功．思想政治课教学，2016，（3）：64）

3）不礼貌的握手方式。①力度过轻或过重。有的男教师握手时非常用力，并且不停地左右摇晃，感觉非要捏断别人的手不可，这是不可取的。另一种相反的做法是握手时力度非常轻，手软绵绵的，这会给人留下缺乏自信的印象。②时间过长。有的教师与人握手时抓住别人的手就不愿意松开。这也会令对方感觉非常尴尬，尤其是当与异性教师握手时出现这种情况。③拥抱式握手。在与人握手时，用空着的左手盖在对方正在握手的手背上，这种用两只手与人握手的方式称之为拥抱式握手。拥抱式握手会给人过于亲热的感觉，建议一般不采用此种方式。④滥用左手。有的人在用右手与人握手时，左手拿着东西，或者左手放在口袋里，这都是不礼貌的。在握手时空着的左手应该自然下垂。此外，有的人喜欢在握手时拿左手去握对方的手臂，或者拍对方的肩、搂对方的腰等都是不合适的。⑤戴着手套握手。男女教师在正式的场合，都不宜戴着手套握手，这是非常失礼的表现。只有在一些社交场合，女教师的手套作为礼服的一部分不方便取下时，可以允许戴着手套握手。⑥只握对方指尖。有的女教师在与人握手时，不与对方手掌相接触，而只是让对方握到自己的指尖就立即松开，这种方式还错误地被认为是优雅的表现。拿自己的指尖给对方握或只握对方的指尖都是不对的，会给人留下傲慢、自大的不良印象。

（4）交换名片礼仪

名片，指的是人们在进行交际时所使用的向别人介绍自己的特制的一种长方形的硬纸卡片，是让新结识的朋友记住你的姓名、地址和电话号码等并保持联系的一种有效方法。

1）使用名片的基本方法。名片礼仪需要遵循的基本原则是"位尊者优先了解别人"，与介绍礼仪遵循的原则相同，位尊者有优先了解别人的权利。

在递交名片时，递交者应起身站立、主动走向对方、面带微笑、双手食指和拇指执名片的两角，以文字正向对方，一边自我介绍，一边递过名片。自我介绍可以说"您好，非常高兴认识您！""请多多关照"等。同时，注意递交的名片不高于自己的胸部（图 10-2-2）。

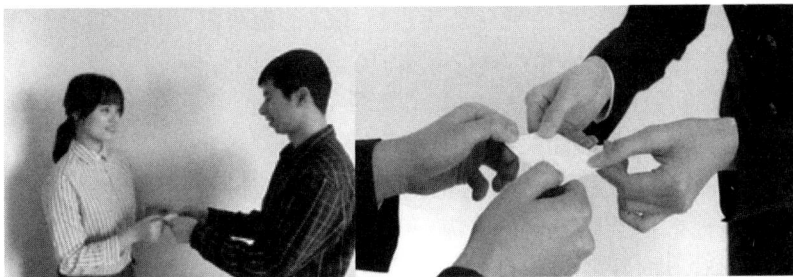

图 10-2-2　交换名片

接受名片的一方，应该起身站立、双手接过，以示尊重。并口头表示感谢，如"非常荣幸""非常感谢""请多多关照"等。接过名片后，要看上几秒钟，记清楚对方的姓名和职位，以示尊敬。如有疑问，第一时间问清楚。

2）名片的交换时机。选择名片交换的时机恰当，可以增进交往双方的联系，促进双方的沟通；反之，如果时机选择不当的话，则会弄巧成拙，破坏双方的关系，因此，时机的选择不容忽视。一般可以选择以下时机来交换名片：

初次见面介绍之后。在初次见面介绍之后，如果交往双方想让对方更深入地了解自己，就可以在此时交换名片。

初次见面告别之前。在初次见面后，交往双方为了进一步保持联系，增进友谊，可以选择在初次见面告别之前交换名片。

参加会议时选择恰当时机交换名片。当教师在校内或受邀到校外参加各种会议时，如有需要，可以选择在会议开始前或者会议结束后与想结识的人交换名片。

2. 电话礼仪

教师在日常的工作中，经常会使用电话与领导、同事、学生、家长或者其他交往对象进行沟通。所以，能够正确有效地使用电话，可以节省时间、提高效率，也可以展现出教师的良好修养。

（1）接打电话的基本方法

1）迅速接听。接听电话要求响铃不过三，铃声响过三声才接听电话是缺乏效率的表现。

2）致以问候。电话礼仪中在问候时最容易犯的错误有两种。第一种是说"喂"字。如"喂，你好，我是李丽。"第二种是开门见山，直奔主题，没有问候语。如"我是李丽，请问王老师在吗？"因此，我们在开始通话时首先进行问候。一般可以说"你好"或者"您好"。

3）自我介绍。在问候完以后，通话双方可做一个简短的自我介绍，使双方都知道对方是谁。自我介绍可以有以下几种类型：

其一，对外线时。对外线时的介绍可报出单位名称。如"你好，三台中学。"

其二，对内线时。对内线时的介绍可报出部门名称。如"你好，三台中学政教处。"

其三，专人使用电话时。可以报出全名。如"你好，我是曾浩。"

其四，正式的对外联络时。当与外界进行正式的对外联络时，可报出单位及部门全称和通话人的全名。如"你好，我是育才中学工会主席曾浩。"

4）引用对方的名字。在交往中，人们都希望对方能够记住自己。电话是一种特殊的沟通工具，沟通双方不能见面，只能靠声音来进行辨别。如果是领导、同事、学生打来电话，一开口你就能分辨出他们，对方会觉得特别受重视。尤其是学生，如果老师能记住他，他会特别高兴，从而拉近与老师的距离。在通话的过程中，也可以适当地重复对方的姓名。

5）积极回应。接听电话的一方在遇到通话时间较长的电话时，应注意积极回应。不能在电话中长时间的沉默，否则对方会怀疑你没有认真接听。通常我们可以采用以下一些电话用语来附和对方。如"是的，是的。""非常好，非常好。""情况确实如此""您继续说"，等等。

6）重复重点。接听电话的一方，对于非常重要的内容，可以进行必要的重复，以确认收到的信息准确无误。如当教师接到通知要开一个很重要的会议时，应该在电话中对通知召开的时间、地点、人员进行确认。

7）进行道别。双方结束交谈的最后一句话，要互道"再见"或者"再会"，这句话是电话用语所必需的。在挂电话时，一般由地位较高者一方先挂断电话。此外，要做到轻轻地挂上电话。

（2）电话使用的注意事项

1）谨慎选择通话时间。教师应选择好通话时间，注意不宜太早或太晚，也不宜在对方午休或用餐的时间打入电话。此外，还不宜在教师正在上课时打入电话。若无特殊情况，教师在接打电话时的通话时间不宜过长，以3～5分钟为最佳。为此，教师在拨打电话前，应提前做好准备，梳理好通话内容，以免临时忘词。在简单介绍之后，为避免浪费时间，拨打电话的一方可开门见山直接转入正题。如可以说"我有两件事情要向你汇报""我有一件关于××的事情想和你商量"等等。让接听电话一方立即对电话内容有一个总体了解。

2）恰当处理错打电话。拨错电话时，教师不能够一挂了之，或者盛气凌人地质问对方，而应向对方赔礼道歉。当接到错拨的电话时，应彬彬有礼，态度平和。

3. 位次礼仪

位次，一般是指人们或其使用之物在人际交往中，彼此之间各自所处的具体位置的尊卑顺序。位次安排关系到交往双方尊重与否的问题，影响着人际交往能否顺利实施。

（1）道路行走

行走时，通行的位次礼仪要求是"右侧高于左侧、中央高于两侧、前方高于后方。"当学生与老师并排行走时，如果是两人并排行走，则让教师走在自己的右侧以示尊敬；如果是多人并排行走时，则地位最高者居中央，然后按照先右后左的顺序依次排列位次。当学生与老师单行行进时（即前后行进、走一条线），则应该请地位最高者走在最前方，然后依位次排列行进。

接待工作中需要引领时，引领教师应该走在来宾的左前方，把自己的右边留给来宾，以示尊敬。

（2）上下楼梯

上下楼梯也是教师经常遇到的情况。基本的位次要求是"单独行进、前高后低"，不能走成一排，要求走成一条线，即单独行进。同时，在一般情况下，应该请上级、客人、年长者、女教师走在前边，而下级、主人、年轻者、男教师走在后面，以示尊敬。但是，当女教师穿着比较短的裙装时，为避免走光的问题，男教师可以走在女教师的前面。

接待工作中需要教师做引领时，则分为两种情况：上楼梯时，做引领的教师应该走在来宾的后方；下楼梯时，做引领的教师应该走在来宾的前方。这样做的目的是为了防止来宾在上下楼梯时摔倒。

（3）出入电梯

1）有专人操作时。有的学校的电梯有专门的值班老师进行操作，而无需教师亲自动手操作。进电梯时，应该请位尊者先进去，位卑者后进去。

2）无专人操作时。当电梯没有专人操作，而需要教师自己操作时，其基本的礼仪要求是：进电梯时，位卑者应先进入电梯按住按钮，再请位高者进入。出电梯时，位卑者也应该按住电梯按钮，请位高者出去以后再出去。

（4）参加集会

教师常见的集会分为两类，小型的会议与中大型会议。小型会议参加的人数比较少，不需要设立主席台。如教研室老师开会。中大型会议参加的人数较多，往往需要设立主席台与群众席。如全校师生共同参加的大会就属于此种类型。

1）小型会议。小型会议的与会者人数一般是几个人至十几个人不等，规模较小。常见的会议桌以圆形、椭圆形、长方形居多。对于这种会议的位次安排是：以面对会议室正门的位置为最上座（或以背对会议室主景的位置为最上座），其余的位次以最上座为中心面对门从右至左依次排列。

2）中大型会议。中大型会议的位次安排分为主席台与群众席两个部分。主席台又包括对主席团成员、会议主持人、发言者的席位安排。

①主席台的位次安排。主席团成员往往依据职务的高低来安排位次。职务最高者居中，然后按照先右后左，从前至后的顺序依次排列。同时，在主席桌上往往需要在每个座位左侧摆放双面姓名台签。

会议主持人的位次可以根据具体情况来安排。比较常见的是安排在前排的两侧或按实际职务顺序进行安排。

在中大型会议上，常常需要邀请相关领导、教师代表或者学生代表发言，所以需要设立发言者席位。其位置可置于主席台的正前方，也可置于主席台的右侧。

②群众席的位次安排。除了会议主席台，对于场内其他人员的座次，需要安排时有以下两种方法：

横排法：指按照与会人员或者与会单位的汉字笔画的多少、拼音字母的先后顺序或其他约定俗成的方法从前至后依次排列。

竖排法：指按照与会人员或者与会单位的汉字笔画的多少、拼音字母的先后顺序或其他约定俗成的方法，面对主席台从左至右依次排列。

（5）乘坐轿车

随着生活水平的提高，汽车也进入了寻常百姓家，现在很多普通教师家庭都购买了汽车。教师自己开车和专职司机开车时，车内的座次排列是不相同的。我们以最常见的五人座轿车为例：

1）专职司机开车时。当由专职司机驾驶五人座轿车接待来宾时，其车内的位次安排依次应该是：1 后排右座，2 后排左座，3 后排中座，4 副驾驶座（图 10-2-3）。

2）由主人开车时。当由教师本人驾驶五人座轿车接待来宾时，其车内的位次安排依次应该是：1 副驾驶座，2 后排右座，3 后排左座，4 后排中座（图 10-2-4）。由于驾驶者是主人，所以为了体现出与主人为伴，表示对主人的尊重，副驾驶座为上座。

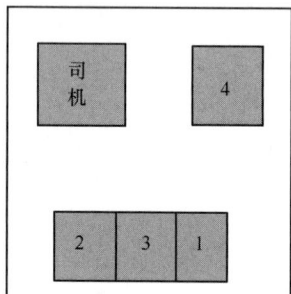
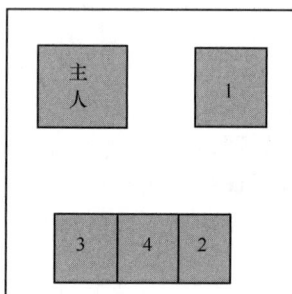

图 10-2-3　　　　　　　　　　　　　　图 10-2-4

二、课堂讲授礼仪

一老师在讲授《最后一头战象》一课时，请学生观看多媒体动画，理解故事，然后进行延展练习，在观看动画的过程中老师在 A、B 两个平行班采取不同的两种站位方式。

A 班：开始播放动画时，老师站在讲台中央，面向全体，60％的学生观看课文动画，40％的学生关注教师。动画开始一分钟后，90％的学生被动画吸引，仍有 10％的学生不为所动。老师将站位缓慢调整到教室后面，30％的学生被老师的位置调整吸引，目送老师至后方后，回头继续观看动画。之后，20％的学生开始走神。

B 班：播放动画的同时，老师侧身站在大屏幕的左边，头部面向学生，老师观察到这时全体学生的注意力都集中在课文动画上，无走神现象。

（杨丽萍．浅论语文课堂教学的细节问题．天津教育，2016，（Z2））

由此可知，对于一些概念的总结或重要知识的讲解，教师必须尽可能使更多的学生将注意力集中于自己身上，所以，在讲授时通常要站在讲台的中央。当重点内容出示于黑板或多媒体时，教师的身体应尽可能地接近教学内容，以侧身位站立，头部面向学生，并借助手势，使学生的注意力集中。

课堂是教师与学生接触最多的场所。教师在课堂里的讲授是学生获取知识的主要途径。良好的课堂讲授礼仪可以帮助教师更有效地传递知识，激发学生的求知欲，更主动地学习。对课堂讲授礼仪而言，教师的语言、表情、目光是最为有效的三个部分。

1. 教师语言

语言是课堂讲授最主要的工具，它直接表达教师的想法和要求。教师必须掌握好课堂上的语言运用尺度，做到文明健康，确切规范，幽默风趣。

（1）文明健康

在很多媒体报道中，总是会出现一些关于教师使用语言暴力的案件。清华大学心理学系教授付志新认为，所谓语言暴力，就是指使用嘲笑、侮辱、诽谤、诋毁、歧视、蔑视、恐吓、谩骂、贬损等不文明的语言，致使他人精神上和心理上受到痛苦或伤害，属于精神损害的范畴。有些教师在上课时，经常对学生进行言语上的攻击，比如"整天跟白痴似的""你耳朵进屎了""别给脸不要脸""你行吗""连头猪都不如"。俗话说："伤人之言，重于刀枪剑戟。"像这种语言，会给学生心灵上造成极大的伤害，使得学生的自信心倒塌，自尊心更是受到了深刻的打击。同时，学生也可能在教师的秽言污染下，开始语言的模仿，最终变得出口成脏，语言粗鄙、不健康。因此，教师必须注意使用文明健康的语言，在课堂上多用一些礼貌性的词，比如"请""谢谢""没关系"等，让学生在一个和谐、文明的环境中学习、成长。

（2）准确规范

教师语言的准确性一方面表现为对概念、定律、原理、观点的准确表述；另一方面，表现为发音和书写的准确，即无论口头语言还是书面语言，都要符合现代汉语的规范。有些老师在上课时为了图省事，在黑板上写简化字；还有的教师讲课带了很浓重的地方方言，发音不标准，听着很别扭，更有甚者甚至念错别字，这都是不允许的。如"倭 wō 寇"一词，"倭寇"是指 14 世纪至 16 世纪对我国沿海地区进行武装掠夺的日本海盗集团，曾有一位老师将其读成"矮寇"，并且解释说：因日本人个子矮，所以称为"倭 ǎi 寇"，贻笑大方。

（3）幽默风趣

全国著名特级教师李烈说："课堂上学生的笑既是一种愉悦的享受，也是一种对知识理解的表露。教师在教学活动中恰如其分地采用、比较幽默的语言，常常会引发阵阵笑声，这种幽默往往会比清晰的讲述更有吸引力，它会使学生在这种轻松的氛围中理解概念，更会激发学生对学习的热爱。"在课堂讲授过程中，教师可以运用诙谐幽默的语言、巧妙的构思，将某一深奥的问题形象化，将抽象的概念具体化，从而勾起学生探求内在本质的欲望，引发学生学习的积极性。有一位化学老师在讲解二氧化碳性质的时候，运用了以下的开场白导入：

各位同学，今天我们来当一回福尔摩斯，运用我们所学的知识找出凶手。在印尼有条死谷，有一天，一男一女带着一条狗，误入了这里，没过多久，狗就晕死了，女人蹲下去救狗，不久也晕死了，而站着的男人却安然无恙地走出了山谷。问题出来了，谁是凶手呢？会是那个仍存活着的人吗？为了解开这个谜题，请同学们认真听讲，试着在这堂课所讲的知识里找出答案来。

这位化学老师利用趣味性的案件作为课程的导入，勾起学生的好奇心，诱导学生为了探究真相，认真的学习和掌握新知识，并加以运用。显然，这种趣味性的语言更受学生的欢迎，也更容易让学生配合老师的教学。

2. 教师表情

教师表情指的是教师在授课时所表现出来的各种用来辅助教师完成教学任务的面部活动（图 10-2-5）。表情是一种内心世界的外在显露，它真实可信地反映着一个人的思想、情感及其心理活动与变化。在课堂教学中，教师应该自觉地运用表情来实现某种积极意义的表达。教师表情作为一种特殊的教学工具，它具有以下四个方面的特点：

图 10-2-5

1）直观性。教师表情是以教师的面部作为表现的媒介，通过学生的视觉器官发生作用的体态语。学生可以通过观察老师上课时的表情，直观地感受老师的情感波动。

2）丰富性。根据体态语言学者分析，面部表情分为喜、怒、忧、思、恐、惊、悲7 种。教师在讲课时，表情会随着教学内容改变而发生变化，这样可以生动地体现教学内容所表达的感情以及有效地掌握课堂教学氛围。

3）趣味性。教师在课堂上运用千变万化的表情，吸引住学生的注意力，让学生全身心地投入到课堂教学上。教师使用趣味性的表情，使学生们在欢笑中获得知识，同时也缩短了师生之间的距离。

4）共通性。世界上民族众多，语言各不相同，但却不会妨碍表情的沟通，因为大部分面部表情是人类所共通的，人们能够意识到它们的内涵，并且互相理解，这时，表情要比语言有优势得多。

3. 教师目光

眼睛是人类心灵的窗户，它能够自然地展现一个人的心理活动。教师在面对学生时，要以鼓励的、肯定的目光，去洞察学生的内心世界，与学生形成良好的交往空间。那么，教师应该如何运用目光和学生交流呢？

（1）运用目光的方法

1）教师与学生对话时，一般注视学生眼睛和嘴之间的三角区域。"注视时间占整个交谈时间的30％～60％"。超出这个范围，会让学生感到十分不自在，认为老师没有礼貌。而少于这个范围，就会让学生感到教师对交谈的话题不感兴趣。

在教学《草虫的村落》时，理解"游侠"一词，教师让学生结合在电视和小说中看到的侠客样子体会其意思。这时，教师发现一个学困生的眼中灵光一闪，手刚举到一半又要放下。这时，教师用鼓励并带有期许的眼神望向他，当他看到教师认同的表情时，好像得到了鼓励，大胆地举起了手。

（杨丽萍．浅论语文课堂教学的细节问题．天津教育，2016，（1）：11-12）

我们常说眼睛是心灵的窗户，其实我们与人进行沟通交流的时候，眼睛还是我们心灵语言的传达的工具。通过眼神，我们能看出一个人的心理活动，思想动态。借着眼神，我们也可以传送感情。正因为这样，教师在讲授时，要注意与学生的眼神交流。我们也常说，只可意会，不可言传，放在课堂上也能恰到好处地说明目光的重要作用。有时候在课堂上我们的语言是不能表达的，这时候我们就要用眼神和目光来代表我们的心意，动之以情，借助眼神的交流来达到心灵之间的沟通。

2）教师与学生对话时，一般采用直视、凝视、环视的注视方式。直视学生，可以体现出教师的坦诚大方，同时表现出对学生的尊重和重视。凝视学生，是指教师全神贯注地倾听学生的话题，体现出一种专注。环视学生，一般用在教师和多个同学对话时，体现出"一视同仁"的态度。

（2）教师目光的关注点

一般来说，教师在上课时，应将目光放在两个方面：

1）放在全体或大部分同学身上，并且正视学生，让学生能感受到教师身上散发的自信。

2）教师的目光要放在学生的表情和行为上，在上课过程中，教师通过对学生的观察，能得到很多学生的反馈信息。例如，学生眉头紧锁，满眼疑惑，就说明没有弄懂老师所讲的问题。

（3）禁忌的目光

教师肯定、鼓励的目光会让学生树立起自信，鼓起勇气，大胆发言；而不恰当的教师目光，就会给学生带来极大的伤害。以下是教师目光在课堂上的禁忌：

第一，教师的目光放在天花板或者课本上，不和学生进行视线交流。

第二，教师左顾右盼，显得急躁，不耐烦。

第三，教师神情恍惚，眼神呆滞，显得无精打采，神游天外。

第四，教师将目光集中在前排学生或者优等生身上，冷落其他学生。

第五，在批评学生时，对学生投以责怪的目光。

第六，对回答错误的学生，投以鄙视的眼神。

第七，长时间地盯着某位同学，然后突然嘴角一扯，讽刺意味十足。

这些行为都不利于教师的教学，也会破坏师生关系，引起双方的矛盾冲突。

三、班级管理礼仪

班级管理是教师为了和谐教学环境、完成教学任务、引导学生学习的一系列教学行为方式。一个井井有条、舒适轻松、积极向上的教学环境是学生学习的前提和基础，它能够调动学生的学习欲望，激发学生的学习兴趣，提高学习效率。在班级管理中，教学环境由两部分组成，即有形的教室自然环境和无形的教学心理环境。要充分有效地展开教学活动，就要求教师掌握好对这两种环境的管理。

1. 教学自然环境

教学自然环境，指的是教师和学生工作和学习的双边场所，即教室环境。和谐舒适的教室环境，能为学生和教师提供一个良好的学习及工作的场所。

一位刚上任不久的班主任丁老师走进自己的班级，看到的是这样的一个景象：课桌摆放参差不齐，墙壁上贴着五颜六色的便贴纸，脏乱的走道，满满都是字的黑板报，到处乱扔的粉笔头，无精打采的学生。丁老师顿时觉得自己的教学热情被浇灭了。

面对自己的班级，他感到十分苦恼，那么，我们应该怎样来帮助这位烦恼的老师呢？整洁优美的教室环境与教室布置、教室卫生息息相关，要想教室井井有条，就要做到以下几点：

（1）讲究实用、简洁

首先，教室的正面（面对学生的那面）布置。为了不分散学生学习的注意力，教室的正面不宜悬挂图片或者其他装饰物，一般在中间设置大黑板，黑板上方悬挂国旗或者带有鼓励意义的口号。例如，某班级的口号是"静净敬竞"。时刻提醒学生保持室内安静和干净的学习环境，形成尊敬师长、尊敬同学的优良班风以及平等竞争的学习氛围。其次，教室的侧面布置。教室的侧面可以布置 1 到 2 块展示栏，可以用作学习园地或展示学生个人风采的场所，可以悬挂 2 到 4 幅名人名言。最后，教室后墙的设置。教室后墙中央一般都是设置黑板报，而黑板的两侧可以布置读书角或者剪报栏。

（2）讲究美观、创新

教室侧面的展示栏应定期更新，展示的作品不可杂乱排列。黑板报要图文并茂，字迹工整。黑板报两侧可以发挥学生的创新性，设置有关军事、电脑等一些同学们感兴趣的园地。

（3）讲究干净、整洁

教室必须时刻保持干净整洁，没人能忍受天天在一个"脏、乱、差"的环境里读书学习。学生一天八小时都在教室里度过，良好的卫生不仅有利于学生的健康，也有利于学生保持良好的心态及充足的精神。

2. 教学心理环境

教学环境不仅是指教室环境，还应该包括教学心理环境。现代人文主义心理学家罗杰斯指出："教师的任务在于建立一个积极的、接纳的、无威胁的学习环境。"可见，良好的教学心理环境对教学的成败起到了很大的影响作用。

怎样培养一个好的教学心理环境呢？有几个小技巧可供参考：

（1）拉近学生的心理距离

老师们经常把大部分精力和注意力都集中在前排同学身上，而忽视了后排的学生，这种差别待遇，容易导致后排的学生产生失落心理，抱着破罐子破摔的念头，放纵自己。而教师对他们错误的行为听之任之，就更会助长学生的嚣张气焰，形成不良的教学心理环境。教师可以通过以下方法来帮助学生：在课堂上，身体的距离就等于精神的距离。教师在上课时，应当多走下讲台，在全班同学之间来回走动，缩短学生和教师之间的心理距离。上课时，不要用愤怒厌恶的眼神来指责学生。在发现某一学生注意力不集中时，可以走近学生，以此来提醒学生。这会加强师生之间的互动，和谐课堂教学心理环境。

（2）善待学生的错误行为

1）避免主观情绪影响。

冯老师的女儿发烧生病了，因为担心女儿，心情很焦虑。在上课时，班里几个顽皮的学生破坏了纪律，冯老师本来就心情不好，现在这些学生又闹得她心情更加糟糕。"你们给我站起来！说够了没有，给我抄二十遍课文，放学后交给我，谁没抄完，你们就一起留下直到他抄完才准回家！"冯老师当着全班同学的面，严厉地训斥并惩罚了这些学生。

冯老师的这种做法，或许很多老师至今都在沿用，可这是不对的。显然，在放学后，冯老师拿到的只能是一堆废纸——学生无视字迹无视课文内容赶时间而抄的文字符号。这种不恰当的惩罚并没有让学生真正地改正错误，反而可能让学生对老师产生怨恨，甚至为了报复老师，在上课时，更加无视纪律。惩罚学生是课堂管理中一个不可避免的环节，它是一种纠错的手段，并不是为了惩罚而惩罚。因此，在对学生进行惩罚时，要遵守一个原则：根据学生犯错的严重程度来评估惩罚的力度，不能受到主观情绪的影响。

2）避免公开纠错。

很多老师都喜欢在课堂上批评学生，他们希望通过这种方法对其他学生起到警示作用。然而，这却会让那些犯错的学生感到丢尽了脸面，感到自己被羞辱了。他们对老师的不满情绪更加强烈，有些性子急躁冲动的学生可能在批评时反唇相讥或者产生逆反情绪，使师生之间的关系僵化。因此，教师在处理学生上课时的不当行为时，要注意保护学生的自尊心，私下进行一对一的交流，这样既不会让学生感到在同辈之间丢了脸面，又能加强师生之间的沟通，解决矛盾。

3）以关心代替批评。

李老师是一个懂得照顾孩子自尊心的优秀老师，有一次，班上一个学生在自习课上睡觉，正好被经过的李老师看到，李老师把他叫醒，轻声问道："你怎么了？"这学生感到有些莫名其妙，于是答道："没什么啊。""你平常都是很认真的，怎么今天上课睡觉了呢？是身体不舒服吗？"学生感到有些不好意思，于是答道："不是的，我身体很好，谢谢老师关心。"这个学生感到非常惭愧，从此就再也没在自习课上睡觉了。

李老师的这种做法，既点出了学生上课睡觉的不当行为，又保护了学生的自尊心，并让学生感受到教师的关爱，可说是一举多得。

（3）学会赞扬学生

美国心理学家威廉·詹姆斯有句名言："人性最深刻的原则，就是希望别人对自己加以赏识、赞扬。"学生在学习的过程中，同样希望自己的优点能受到教师的赞扬和关注。教师一句适时适当的赞扬，能对学生产生很强大的正面影响，能使学生对老师的讲课产生好感，从而加倍努力。

一老师在教授《草船借箭》一课时，想让学生借助草图来了解课文内容，当老师在班里巡视的时候，发现有一个学生并没有在纸上画，而是将图画纸撕下来，用手折出了一只小纸船。老师立即耐心引导学生在折纸上画出草靶，用来借箭。

作为教师，此时绝不能打击学生的自信心和积极性。教师必须具备善于分析的头脑，将课堂上出现的各种问题及时恰当地解决，不能抹杀学生学习和探知的欲望。

在赞扬学生时，教师必须注意贵精不贵滥。一味地表扬，正如一味地惩罚一样并不可取。应当从实际出发，捕捉学生真正的闪光点加以赞扬。

第三节　教师交际的策略

人与人之间的交际离不开沟通。沟通指的是人与人之间、人与群体之间思想与感情的传递和反馈的过程。因此，沟通就像是一座桥梁，连接着桥两端不同思想和身份的人，良好的沟通能够达到思想的一致和感情的通畅。与教师接触最多的人是领导、同事、家长、学生。那么，如何正确处理与这些人的关系是顺利实现教育工作的保证。

一、与领导沟通礼仪

普通教师在学校会面对学科组长、年级组长、主任、校长等不同层次的领导。在与其交往的过程中，如何有效地沟通不仅关系到教师教学理念的实行，也关系到教师个人在学校今后的发展。

1. 与领导沟通的原则

教师与领导沟通总的原则就是要找准自己的位置，平和自己的心态，从而更好的面对工作。具体来说有以下几点：

1）学会尊重。教师应该支持领导的工作，服从领导的正确决定，适当地回应领导。对于领导的努力和成绩给予充分的肯定，赞美领导要适度，面对领导欠妥或者自己不理解的问题时要私下单独反映，以免双方尴尬。

2）平衡心态。有些教师对于领导有一种畏惧心理，看见领导就忐忑不安，造成了教师与领导的隔阂，实际上领导也是普通人，也需要朋友和友谊。因此，同领导交往时不要有不必要的距离感，只要能够与领导平等相处，即使是普通教师也完全可以与领导成为朋友。

3）不卑不亢。在与领导沟通的时候，要注意做到不逢迎、不谄媚，不盲目地跟从；也不要骄傲自大，不服从安排，缺少礼貌。随时记得自己的教师身份，不骄不躁、不矜不伐。

2. 与领导沟通的技巧

当教师不慎与领导产生矛盾或者因工作产生分歧时，可以采用以下的技巧实现与领导的有效沟通：

（1）保全领导的面子，保全自己的机会

小王是某中学的音乐老师，一次音乐课，有学生提起他们体育老师不太会教新出来的一种叫做"雏鹰起飞"的健美操，恰好小王平时爱动，学生们知道她会做，所以就叫她做示范。小王想反正课时完成了，就舒展舒展吧。没想到正好被一个路过的领导看见了，于是挨了狠狠一顿批评，小王很生气，就在教室的门外跟领导理论，领导看到许多学生都探出头来看本想离开，小王却不依不饶地和他争辩，最后领导把这节课算为了旷课。小王对于这件事一直不服气，经常向自己的同事、甚至于学生抱怨，结果使小王和这个领导矛盾更深了。

为什么小王的行为会造成这样的结果呢？首先，对领导的责备立即做出反应，不分场合竭尽全力地为自己辩护，这是与上司相处的大忌。领导需要建立起自己的威信，小王这样做就是对领导公然的挑战，使领导在公共场合下不来台。其次，事情结束后向他人多次说明，希望给人以无辜清白的形象，但是过多的反复强调会显得自己小气没有忍耐力和宽容性。这样做的最坏结果就是领导通过他人知道了你的"解释澄清"，这极易使情况变得"火上浇油"，那么教师和领导的矛盾就会进一步激化。

与领导交往的时候总是免不了受到误会，假如真的是错怪，那最先应该做的就是沉得住气。这个解释误会的基本原则是"保全领导的面子，保全自己的机会"。正确的做法应该如下：

1）先不要管领导说的是否正确，认真恭敬的态度是听到领导批评时应该有的第一反应。

2）找适当的时机，主动承认自己的错误，然后再通过自己的道歉说明事实真相，绝对不要要求领导向自己承认错误。注意用语中不要出现"您不知道""错怪""您不清楚""误会"等一些词语。

3）明确地让领导知道，你一点都不在意他的错怪。这样做，不仅让领导能认识到误会了你，而且能实现很好的沟通，给领导留下一个良好的印象。

（2）得罪领导不要慌，平衡心态很重要

晚上办公室聚餐，酒桌间刚好有人倒茶，领导说前几天开会时差点被烫死，因为一杯滚烫的茶倒在了大腿上，当时小李老师就说"嗯，这样不就是一道菜名——茶香鸡软骨"。大家爆笑，领导觉得很没面子，脸色非常难看。

遇到这种情况时千万不要慌张，往往有些事情并不是自己想象的那样严重。要避免以下几点：

1）切忌心里有阴影而畏惧领导。

在工作生活中面对得罪过的领导不用过分紧张和敏感，应寻找合适的机会私下与领导沟通，承认自己的错误，通过自己的努力化解矛盾。

2）切忌长久介怀，干扰自己的正常工作。有可能领导第二天就忘了这件事。教师不用长久介怀，心情焦虑。否则，这种焦虑情绪会影响到学生，进而影响到教学效果。

（3）准备工作做全面，摆正位置同出差

教师有的时候会遇到与领导外出到其他学校参观学习或者是开座谈会的情况，这个时候，就要注意与领导的相处和沟通方式：

1）做好准备工作。和领导一起出差是一个展示自己能力的机会。首先，出差之前，教师应该提前收集资料做好充分准备，以备领导所需。其次，在开会中不能喧宾夺主，要以领导为中心，随时随地支持自己的领导，由衷地向其他学校的教师称赞领导。

2）保持适当距离。教师可以成为领导工作上的挚友，但即使如此，也不能得寸进尺，在其他老师面前与领导称兄道弟，反而应当更加谨慎地处理问题和注意自己的言行。

二、与同事沟通礼仪

教师之间的互相支持与帮助，也是师德的一个重要方面。人才的成长，有赖于全体教师的长期团结协作，因此要建立教师集体，就要求教师能够与同事之间良好沟通，形成优势互补，合力培养人才，完成教书育人的崇高使命。

1. 与同事沟通的原则

与同事的相处之道在于真诚二字，正所谓"谦者众善之基，傲者众恶之魁"，教师要懂得谦逊低调，进退有礼。

（1）尊重他人

千万不能以老教师的身份来教训新教师，也不要过度言谈，显示出高人一等的优越感来，尤其是嘴上便宜占不得。所谓高调做事、低调做人，唯有尊重同事，才能够与其和谐相处。

（2）不说人是非、不打探别人

"来说是非者，必是是非人"。学校是一个人数众多的公共场合，教师的数量也很多，因此，在背后议论人传播流言蜚语都是相当不明智的。特别注意，有的学生不喜欢某个教师可能会向某些他们所喜欢的教师抱怨诉苦,这个时候一定不能和学生"统一战线"去传播流言蜚语。同时要注意聊天内容,避免造成尴尬。

（3）融入集体

尝试着多和同事交往,大家说笑话、说趣闻的时候也要适当回应,否则别人会觉得你冷漠难相处。常常做些办公室的公共卫生,让别人觉得你是个热心肠;善于倾听,真诚待人;容许每个人有自己独特的思维和行为方式,不要妄图改变任何人。

2. 与同事沟通的技巧

教师与同事之间既是朋友搭档,也是竞争对手,因此要妥善地处理与同事的关系,建立彼此的信任度,多关心他人才是正确的处世之道。

（1）从容、理性面对竞争

竞争无处不在,在学校中,教师与教师之间的竞争也随时都会发生。但聪明的教师应当知道竞争是促使自己进步的最好方法。因此,应该让竞争向公平化、良性化发展。我们可以这样做:

1）从容面对竞争。不要害怕展示自己,如果总是躲在一旁,那么在人才辈出的学校中,在众多思维敏捷、才华横溢的教师中,通过竞争能够胜出的一定不会是默默无闻的人。

2）理性对待竞争,不让竞争恶性化。因为竞争,可能会招致某些教师的不满,甚至用一些诸如"你们那所高级学校没教你什么吗?"之类尖酸刻薄的语言,此时,千万不要理会,假装没有听到,因为今后无论胜败,以后大家还是都要在学校继续工作下去,多多检讨自己会使自己站到新的高度。对竞争的结果,做到胜不骄、败不馁。

（2）不激化同事之间的矛盾

面对同事之间发生争吵时,应先不动声色地听听事情原委再定夺,尤其对言辞更激烈的一方要"重点盯防"。其次,和稀泥会两边都得罪,适当地说个小笑话或者自嘲一下,让双方消消火气,这个时候吵架双方的大脑都处于兴奋状态,一般是难以听他人劝说的,因此,就要想办法让两个人都冷静下来。

（3）真诚对待性格孤僻的教师

情感内向的人一般很难与大家打成一片,他们的疑心大都比较重,因此作为同事要多多注意关怀他们。

1）不在他们面前与同事过分亲热,这样会使其感到孤独。

2）不怕冷遇,教师在与这种同事接触的时候常常会碰到"钉子",不要在意,要有耐心。

3）与孤僻型教师交往言谈一定要更加谨慎,以免"言者无心,听者有意"。

总之,要真诚善待同事,严以律己、宽以待人,才能够与各种类型的同事和谐相处。

三、与家长沟通礼仪

孩子们的性格和才能,归根结底是受到家庭、父母的影响。家长与教师都是学生的教育者，共同影响着学生的成长，因此，教师与家长的沟通艺术就是一种教师智慧的体现，能够多方面地完成教育的最终目的。

1. 与家长沟通的原则

家长是教师的伙伴和同盟者，沟通的具体要求有三点：

1）尊重家长、理解家长。家长和教师共同担负着教育的责任。当学生犯错误时，教师不应当一味地指责家长，应当多进行换位思考来理解家长。与家长交往时，要尊重家长，做到态度谦和、举止得体。同时教师对待不同的家长应该是一视同仁，不能因为某些家长没有为班级做过贡献或者没有体面的工作就轻视、冷淡对待。这是一种基本的教师道德素质。

2）回避隐私。有些教师喜欢询问学生家长的收入、职务等一些隐私性东西。这样的问法会显得教师比较的功利与世俗，常常会引起家长的不满。

3）学会倾听，耐心解答。古希腊哲学家柏拉图说："耐心是一切聪明才智的基础。"家长们总是有着"望子成龙"的心态，在看到教师的时候就会想充分了解自己的孩子，自然就会有很多问题。教师此时要耐心回答，放下"教育权威"的架子，亲近家长才能更好地教育学生。

2. 与家长沟通的技巧

作为教师，经常与家长们打交道是必需的，但是有时候教师和家长之间也会有摩擦和误会产生，这个时候教师要知道如何处理这类问题，下面介绍三种情况下的正确应对技巧。

（1）温和礼貌面对家长的不满

很多时候，家长的指责不满多半是沟通不及时产生的误会。这个时候教师一定要认真分析家长的意见，理解家长心情，学会正确应对这样的事情。

（2）展现自身能力击败怀疑与不信任

有些时候家长会对新老师产生怀疑。那么这个时候教师可以采用如下方法取得家长的信任：①了解学生的不同情况，做好家长沟通的前期工作。在与家长会面之前，全面了解学生的学习、情感状况，做到对每个学生胸中有数。只有让家长感受到教师对自己孩子的重视和关心，他才能积极地倾听，与教师合作。②在家长面前肯定学生。任何学生都具有自己的优点，哪怕是学习不好的学生。教师要善于观察，发现学生的闪光点，并能在家长面前积极地表扬学生。③提出具体可行的建议。教师作为专业型人才，受到过具体、科学的训练，在解答家长问题时，给出有针对性的、具体的合理建议能够使家长清楚明白地知道自己应该做什么，相反，笼统的套话空话就会让家长感到失望。④了解家长的期望，有些家长对于自己的孩子总是有偏高的期待，对此教师要恰当地"提醒"家长，避免学生压力过大产生厌学情绪，造成沟通障碍。

（3）委婉谢绝家长的礼物

在美国，家长请老师吃饭非常少见。按美国学校的规章制度，老师不能接受家长或者学生请客吃饭。一旦被发现，老师很可能被辞退。在美国人看来，这种行为会影响老师对孩子的判断，以致出现偏袒的现象。

有位刚移民到美国来的家长，听说美国的教师节到了，想请老师吃饭。问了所有老师，没有一个愿意参加。家长以为老师不喜欢他的孩子，后来才知道，是因为学校有规定。纽约市就有一项规定，要求每名学生的礼物价值不得超过 5 美元。教育部门不仅限定了礼物的价值，还强调学生们送老师礼物应该遵循"自愿且廉价"的原则。教育部官员称，这一规定是为了避免老师与学生间的利益冲突，避免老师对学生有不公平的待遇。

有位中国学生家长，在孩子申请学校成功后为了感谢学校老师的帮助，买了Ipod 送给老师，当时大概 200 美元左右。老师当即表示太贵重了，坚决拒绝。老师见家长执意要送，就说可以捐赠给学校图书馆。但是第二天，家长却收到了学校退回来的礼物，还有一封信函。信上说："出于尊重你们家人的想法，收下礼物捐赠给学校图书馆。但学校的政策是任何机构或教员都不得接受来自申请人家庭的礼物。制定这个政策是为了避免一个申请人不够格却被接受。你的儿子被接受也仅仅是凭借他自己的能力。我们希望尽量避免此类事件再次发生。不要让孩子认为自己被接受是一个礼物帮助了他。"

（http://blog.ifeng.com/article/30232968.html）

美国国家家长教师协会最近调查了部分教师对学生送礼的看法。调查结果显示，感谢卡是老师们喜爱的礼物，而食品则不大受欢迎。此外，能够在教室里用得上的东西绝对是馈赠教师的不二选择。另外，美国校园枪击事件发生后，还有人建议家长集资买防弹背心送给老师。

我们也鼓励和提倡礼轻情意重的表达方式。比如，一封电子邮件或一张贺卡；一份小礼物（一束鲜花、一根发带都是学生的心意）；一件手工作品（可以是工艺品也可以是烘焙小点心，重点是必须自制，这样更能体现出感恩之情）；一张活动门票（运动比赛、戏剧、音乐会等娱乐活动的票）；一次聚会（一般有水果、点心或糖果，和老师聊天谈心，话题很少聊孩子的成绩，常常是交流一些孩子在家里和在学校的趣事，或者家长里短）；一场捐献活动（如家长可以申请去老师班上做义工，给班级或者学校捐献些物品）等等。

四、与学生沟通礼仪

教师与学生的每一次良好沟通都将是一次潜在的教育，只有教师重视把握沟通的艺术技巧，才能调动学生的学习主观能动性，最大限度地提高学生的效率。

1. 与学生沟通的原则

与学生沟通中要善于倾听，能够常常进行换位思考，从学生的角度去考虑事情，关心他们。具体来讲：

（1）尊重学生

教师应时刻保持良好的素质，尊重学生才能够受到学生的爱戴和拥护，要重视学生的话语权，鼓励学生自主管理；真诚对待学生，不敷衍学生，积极地与学生交往；保护学生的自尊心与自信心，重视学生的不同意见，不以教师的强势地位压制学生，不因学生偶然的失误而否认其整个人格品质。

（2）理解学生

教师与学生存在着年龄、知识结构、生活阅历等方面的差距，因此，学生有时候做事冲动，偏激，或者认识不到事情的重要性而懈怠，此时教师不能放弃或者一味地批评学生，而应该站在学生的角度理解、开导他们，从而扫除沟通障碍，达到教育目的。

（3）以德服人

"师也者，教之以事而喻诸德也。"不论遇到什么样的情况，教师要牢记这一点树立威信力，起到模范的表率作用，这样即便是批评也会让学生感到教师说的话值得信服，才不会出现与老师对峙的现象。只有班级氛围公平、轻松，学生才会有安全感和自由感。

2. 与学生沟通的技巧

教师的言行举止处处影响着学生，可能一句小小的赞美使他们受益终生，也可能一次自己的无意识的失误让学生感到莫大的伤害，因此，教师要学会运用正确的技巧来处理问题，与学生快乐地交流。

（1）积极倾听和沟通

倾听是教师与学生沟通的基本技巧，也是在沟通中认识与了解学生的第一步。在倾听中应注意：①切忌打断学生，有些时候学生找老师谈心，是对教师的信任。即便学生有些啰嗦，也要等一个话题结束后委婉地表达。②鼓励学生说话。当学生有些害羞，吞吞吐吐的时候，教师不要插话或者表现出急躁的样子，用眼神或者语言告诉他："别着急，慢慢讲，我很想听。"③重复学生说话内容。教师重复学生的话既可以帮助学生理清思路，同时表现出教师正在认真倾听而不是敷衍，学生会感受到教师的尊重。④积极参与学生的话题。经常与学生们在一起，参与他们的话题，说说自己的趣事和生活感悟，不仅拉近了教师和学生心与心的距离，同时也是另一种在课堂以外的对学生进行的人生教育。

（2）避免挑衅和讽刺

上高中的时候，一直有学生在墙上写反对学生处的、比较激进的话，并且会有学生拍下照片上传网络，霎时传遍整间学校，即使学校三令五申却屡禁不止。又有一次学生在墙上贴批评学生处某老师的纸条，语气依然激进，文章的标题就是那位老师的名字，十分醒目。但这一次学校并没有撕下纸条，那位老师反而在纸下方写了回复，语气很诚恳，说欢迎与他面对面沟通交流问题，还圈出了错别字。所有的学生路过那面墙都会去围观。过了两天，那张纸被那学生自己撕下了。

教育家苏霍姆林斯基说："在拟订教育性谈话的内容的时候，你时刻也不能忘记，你施加影响的主要手段是语言，你是通过语言去打动学生的理智与心灵的。然而，语言可以是强有力的、锐利的、火热的，也可以是软弱无力的。"作为一名教师，要想打动学生的理智与心灵，须悉心琢磨自己的语言，坚持不懈地训练自己的语言。语言是人们交际的工具，表情达意的工具。师生之间交流思想、沟通感情应认真而有效地使用这个工具。

语言不是无情物，教师的语言应该饱含深情，而不是挖苦讽刺甚至是挑衅。情是教育的根，"感人心者，莫先乎情"，教师的语言要能拨动学生的心弦，在学生心中弹奏，就要善于传情，善于注情。语言失去了情，就成为干枯的符号，挤走了血肉，只剩下几条筋，对学生无说服力，无感染力。教师应该和自己的学生站在平等的位置上娓娓而谈，用商量、探讨的口吻谈认识，谈体会，以求得心灵上的感应。

（3）充满信任和鼓励

高二的某天晚自习课上，学校突然停电，英语课代表却要收前天发下的作业试卷。因为天黑，我只能隐约通过窗外的月光，找到一张英语试卷上交。第二天，英语老师将我叫到她的办公室，拿出我那张试卷，原来我交错了——那是昨天发的，所以试卷上只有我的名字，题目一字未答。那时候我的英语成绩不太好，又正处于青春期，所以我不打算解释。估计英语老师还没仔细看卷子，就以为我是自暴自弃，故意为之。因为我看到她的脸上有一股细微的恼怒，但随后又不见了。

她对我说："你不能这样，学习的机会一辈子就只有一次，你要加油，你姐姐她们卖酸辣粉多么不容易（当时我姐姐在老家街上摆了个酸辣粉小摊，刚好这个英语老师去过）……"可能是她觉得这么说不好，于是赶紧岔开了话题。从那天起，她让我每天给她交一份学习笔记：今天学了什么、哪些懂了、哪些没懂、哪些似懂非懂……我答应了，并且一直履行到高三元旦——她结婚的时候。

现在回想起这个片段，发觉英语老师当时的态度几乎成了影响我后来心态的关键——如果当时她不是动之以情，晓之以理，而是劈头盖脸一顿臭骂的话，那么接下来我的选择应该就是自暴自弃了。所幸她用心地对我说了那番话后，我很乖巧地答应了她，并且在后来的日子里没有放弃自己。

现在有许多老师因为看多、听多了校园中负面的事情，对学生、对教育产生了一种不信任感，但作为一名教师，对学生产生怀疑是对学生极大的打击。因此教师应该做到：

1）纯洁思想。把头脑中的偏见去除，不要看到什么都是阴暗和负面的，这样不利于教育工作的展开。

2）赞美学生。"一句赞美，能让我回味两个月"，马克·吐温曾这样形容赞美的影响，作为教师，赞美学生是一件美德，能够使学生摆脱自卑，有动力进行学习活动，积极地参与校园生活，帮助学生树立起自信心。

3）信任学生。著名教育家苏霍姆林斯基说："对人的热情，对人的信任，形象点说，是爱抚、温存的翅膀赖以飞翔的空气。"要让孩子生活在自由、和谐、充满温暖的环境中就要求教师信任他们、温暖他们。

★ 案例聚焦

一天，老师去二（2）班上课，恰巧看到一男生在做一分拆的数学题，明明是简单的题目，可是他却做错了。当下老师就说了句"笨孩子，怎么这样的还错"。也许那时老师只是开玩笑说的。结果后来有一次老师再去他们班上课，就听到其他人在叫"笨孩子，你怎么都不会"。老师觉得很奇怪，他们怎么会说这样的话？后来一问才知道原来就是他无意的一句话被学生们听去了，然后他们就学会了。

（http：//www.xuexila.com/fanwen/jiaoyuxushi/450331.html）

★ 点石成金

　　老师的一言一行应谨慎而为，也许无心的一句话会带来严重的后果。人是语言化的动物，这意味着，语言对人的影响是巨大的。人的个性特征和价值观，以及诸多的心理伤害，很多时候是在语言的潜移默化下形成的。心理学家库利在对"自我"的定义中说道，"对每个人来说，他人都是一面镜子，个人通过社会交往了解到别人对自己的看法，从而形成自己的自我"。这个定义表明，他人的看法决定了一个人的自我感知，虽然他人的看法也是在经过自己的加工后形成的。教师这种以偏概全的定义会被孩子内化，内在的批评声随时都会活化。比如，每当失败时，这种批评声便会成为一种思维反刍式的喋喋不休："你没用，你永远都做不好，你去死算了。"除了负面的自我定义性的语言暴力之外，对人的自尊造成伤害的另一种常见的情况是嘲笑与讽刺。

　　在教师教育或批评学生时，重要的原则是就事论事。教师应当指出学生某方面存在的问题，并展开讨论，或提供建议，引导学生去改变。如果由于教师自己的"随意"，劈头盖脸地把一个帽子扣下去，扔给学生一种负面的自我定义，便会导致学生自卑感的加剧。不仅没有成为灵魂的工程师，反而成了灵魂的拆迁者。

　　其实，我们只需问八句话，便能解决学生犯错的问题。

　　第一句："发生了什么事？"

　　第二句："你的感觉如何？"

　　第三句："你想要怎么样？"

　　第四句："你觉得有哪些办法？"

　　第五句："这些办法的后果会怎样？"

　　第六句："你决定怎么做？"

　　第七句："你希望我做什么？"

　　第八句："下次碰到类似情况你会怎么做？"

　　如此反复练习，学生就会形成解决问题的能力。

★ 技能训练

1. 教学反思

　　有位老师说最怕教到熟人的孩子或者同一个单位的教师子女。成绩好的话皆大欢喜，成绩不好那就难办了，你盯着他学吧，他也不一定学得懂，班上有些情商高的学生还会认为你偏心；不盯着他学，成绩太难看又会影响与家长之间的关系。

请结合材料内容，谈谈该如何对待"熟人学生"。

2. 教病诊治

某学校政治教师李老师有一天进教室时，看到了黑板上学生们的留言："李老师，请您上课时看着我们吧！"原来，李老师因为个性腼腆，在上课时总是避开学生的视线，经常埋头在课本上，就连请同学起来回答问题，都是低着头倾听的。这让同学们感到十分苦恼，有的学生认为老师对他们不够重视，有的学生认为老师在故意和学生之间拉开距离，学生想亲近老师，老师也不给机会。

（1）你怎么看待学生对李老师的认识？

（2）请你给这位老师提供解决的办法。

参 考 文 献

安奈特·L. 布鲁肖 . 2007. 给教师的 101 条建议 . 北京：中国青年出版社 .

彼得·圣吉 . 1998. 第五项修炼——学习型组织的艺术与实务 . 郭进隆译 . 上海：上海三联书店 .

毕田增 . 2006. 教育生命视阈下的教师专业发展论纲（一）. 黑龙江教育学院学报，25（1）：45-47.

毕艳锋 . 2008. 从职业走向专业——改革开放 30 年来教师社会地位变化的回顾与反思 . 中国教师，
    （8）：18-21.

迈克尔·波兰尼 . 2004. 科学、信仰和社会 . 王靖华译 . 南京：南京大学出版社 .

卡尔·波普尔 . 2009. 波普尔自传——无尽的探索 . 赵月琴译 . 北京：中央编译出版社 .

蔡厚清 . 2007. 行动学习的理念、目标及关键环节 . 广西社会科学，（2）：160-163.

蔡明慧，李巨之 . 2007. 引导学生"感悟生命意义"的叙事研究——以《触摸春天》教学为个案 . 天
    津教科院学报，（3）：59-62.

蔡忠平 . 2007. 基于教师专业成长的关键教育事件研究 . 上海教育，（6）：26-28.

查有梁 . 2005. 校本学习与教育建模 . 中国教育学刊，（2）：33-36.

常生龙 . 2011-06-16. 好教师追求的教育境界 . 中国教育报，8.

陈桂生，胡惠闵，黄向阳，等 . 1999. "教育研究自愿者组合"的建构——"合作的教育行动研究"
    的尝试 . 华东师范大学学报，（4）：14-25.

陈桂生，胡惠闵 . 2000. 到中小学去研究教育——"教育行动研究"的尝试 . 上海：华东师范大学出
    版社 .

陈理宣 . 2006. 对知识内涵与教学任务的反思 . 广西教育学院学报，（3）：34-38.

陈立群 . 2010. 人-孩子-学生-我的学生观之逻辑起点 . 人民教育，（19）：12-14.

陈韶峰 . 2009. 论中小学教师的身份 . 教育发展研究，（6）：1-6.

陈序经 . 2005. 文化学概观 . 北京：中国人民大学出版社 .

陈永明 . 1999. 现代教师论 . 上海：上海教育出版社 .

程翔 . 2009. 一个语文教师的心路历程 . 北京：清华大学出版社 .

大卫·杰弗里·史密斯 . 2000. 全球化与后现代教育学 . 郭洋生译 . 北京：教育科学出版社 .

戴本博 . 2003. 外国教育史（上）. 北京：人民教育出版社 .

邓涛，鲍传友 . 2005. 教师文化的重新理解与建构 . 外国教育研究，（8）：6-10.

杜威 . 2005. 经验与自然 . 南京：江苏教育出版社 .

樊浩 . 1998. 道德理性与生命智慧 . 人文杂志，（5）：7-13.

樊浩 . 2001. 教育的伦理本性与伦理精神前提 . 教育研究，（1）：20-25.

范良火 . 2003. 教师教学知识发展研究 . 上海：华东师范大学出版社 .

方方 . 2003. 教师心理健康研究 . 北京：人民教育出版社 .

方旭 . 2004. "独特体验"和"价值取向"应统一 . 四川教育，（10）：42.

费奥斯坦，费尔普斯 . 2003. 教师新概念——教师教育理论与实践 . 王建平，等译 . 北京：中国轻工
    业出版社 .

冯建军.2006.论教师生命发展的策略.当代教育科学，(10)：27-30.

冯契，徐孝通，尹大贻，等.2008.外国哲学大辞典.上海：上海辞书出版社.

冯生尧，李子建.2002.教师文化的表现、成因与意义.教育导刊，(4)：32-34.

傅道春.2001.教师的成长与发展.北京：教育科学出版社.

高明书.1999.教师心理学.北京：人民教育出版社.

高芹.2010.知识观的演变与教师专业知识的意义建构.当代教育科学，(17)：30-32.

高耀明，李萍.2008.教师行动研究策略.上海：学林出版社.

古翠凤.2005.文化四纬度理论视角下的教师文化研究.教育探索，(8)：112-113.

顾明远，孟繁华.2003.国际教育新理念.海口：海南出版社.

顾明远.2008.教育硕士专业学位十年的思考与建议.教师教育研究，(3)：1-3.

郭思乐.2010.教育激扬生命.北京：人民教育出版社.

郭英，刑丽敏，郭邵东.2000.教师能力结构分析.成人教育，(7)：28-29.

海伦·蒂姆勃雷.2009.促进教师专业学习与发展的十条原则.张铁道译.教育研究，(8)：55-62.

洪弋力.2013.名师教学语言的魅力之光.四川教育，(22)：26.

胡德海.1998.教育学原理.兰州：甘肃教育出版社.

胡昊然.2003.构成教师角色技能的三大因素.教育发展研究，(7)：82-83.

胡庆芳，等.2011.课例研究，我们一起来：中小学教师指南.北京：教育科学出版社.

胡庆芳.2005.教师专业发展背景下的学习与学习文化的重建.上海教育科研，(3)：19-22.

怀特海.2002.教育的目的.北京：生活·读书·新知三联书店.

黄崴.2001.从"师范教育"到"教师教育"的转型.高等师范教育研究，(6)：14-17.

季苹.2009.教什么知识——对教学的知识论基础的认识.北京：教育科学出版社.

江嫚.能和学生抬杠的老师是民主的老师.http://blog.sina.com.cn/s/blog_88c334e501016hoj.html.

蒋其岂.对教师劳动示范性的解读与思考.http://blog.sina.com.cn/s/blog_4aed9b430100e1vr.html.

蒋亦璐.2010.转化学习理论概述——基于杰克·梅兹罗的研究.河北大学成人教育学院学报，(3)：22-24.

焦仲文.2012-09-20.永恒的追求——论教师与"真善美爱".中国教育报，1，4.

教育部全国中小学教师继续教育网.浅谈口诀教学法在高中地理教学中的应用.http://training.teacher.com.cn/information/center/StudyGuide/gaozhong/dili/jfyj/34D110022402.html.

教育部师范教育司组织编写.2003.教师专业化的理论与实践.北京：人民教育出版社.

教育管理第二学位网络课程·教师职业的产生与发展.http://edu.nenu.edu.cn/web/course6/6ch12/121202.htm.

金崇芳.2004.教师文化刍议.渭南师范学院学报，(3)：82-83.

金美福.2005.教师自主发展论——教学研同期互动的教职生涯研究.北京：教育科学出版社.

金盛华，张杰.1994.当代社会心理学导论.北京：北京师范大学出版社.

金岳霖.2000.知识论.北京：商务印书馆.

金忠明，林炊利.2006.走出教师职业倦怠的误区.上海：华东师范大学出版社.

荆楚网．荆州一中学教师出奇招用"欲擒故纵"阻止早恋．http：//news．cnhubei．com/xw/hb/jz/201210/t2275942．shtml．

鞠献利．1999．教师素质论．济南：山东教育出版社．

科南特．1988．美国师范教育//科南特教育论著选．陈友松译．北京：人民教育出版社．

克莱因，等．2007．教师能力标准：面对面、在线及混合情境．顾小清译．上海：华东师范大学出版社．

雷玲．2007．故事里有你的梦想——18位名师的精神档案．上海：华东师范大学出版社．

李秉德，李定仁．1991．教育论．北京：人民教育出版社．

李焕然．2005．一辈子学做教师——听于漪老师报告的感想．上海教育，（9）：52．

李继宏．2010．论教师的职业品格．全球教育展望，（2）：75-78．

李旷，吴秀娟，朱方，等．1987．教师的工作积极性．济南：山东教育出版社．

李烈．特级教师的教学习惯．http：//wenku．baidu．com/view/42de6c8ba116c175f0e480e．html．

李润洲．2006．我们塑造什么样的教师文化．教育发展研究，（6）：31-33．

李微．渊博的知识对地理教师的重要性．http：//www．qthedu．com/content．aspx？id＝13525．

李兴国，田亚丽．2005．教师礼仪．上海：华东师范大学出版社．

李镇西．2012．成长关键词——回眸我的三十年．班主任，（6）：5-8．

李镇西．教育：从爱心走向民主．http：//chinese．cersp．com/sJsys/200506/752_2．html．

李志厚．2006．论教师学习的基本追求．华南师范大学学报，（4）：99-160．

李中国．2008．教师角色转换中内涵性特征的缺失与补救．教育研究，（6）：91-94．

联合国教科文组织国际教育发展委员会．1996．学会生存——教育世界的今天和明天．华东师范大学比较教育研究所译．北京：教育科学出版社．

林崇德，辛涛，申继亮．1996．教师素质的构成及其培养途径．中国教育学刊，（6）：17-22．

林崇德．1999．教育的智慧．北京：开明出版社．

林崇德．1999．学习与发展——中小学生心理能力发展与培养．北京：北京师范大学出版社．

林剑萍．2009-05-28．教师文化：教育智慧花蕾的孕育"乳汁"．文汇报．

林爽．用挥洒自如的教育机智引领课堂教学．http：//www．docin．com/p648367439．html．

林文虎．2009．好老师在这里．北京：首都师范大学出版社．

林仲贤，武连江．2000．儿童心理健康与咨询．北京：中国林业出版社．

刘次林．2000．教师的幸福．教育研究，（5）：21-25．

刘建敏．2009．从知识建构的角度看教师对学生创造力培养的影响．新课程研究•教师教育，（8）：113-115．

刘良华．2003．校本教学研究．成都：四川教育出版社．

刘鸣家．2012．着眼劣构领域 引导高级学习构建有效课堂．中国教育技术装备，（29）：62-64．

刘儒德．2010．教师的幸福在哪里．人民教育，（19）：28-31．

刘微．教师专业化：世界教师教育发展的潮流．http：//www．edu．cn/20020104/3016343．shtml．

刘宗南．2010．论教师专业发展的德性之维．教育研究与实验，（6）：40-43．

卢正芝，洪松舟．2007．我国教师能力研究三十年历程之述评．教育出版研究，（1）：70-74．

鲁洁，王逢贤．2002．德育新论．南京：江苏教育出版社．

罗尔斯 . 1988. 正义论 . 何怀宏，何包钢，廖申白译 . 北京：中国社会科学出版社 .

罗丽萍 . 教师的幸福感言 . http：//www.jxteacher.com/sgzxlzw/column47394/bd78 f2 ee-6780-4 d03-8 c4 c-99 e80 d63 eae3. html.

罗莎·玛丽亚·托里斯 . 1997. 没有师范教育的改革，就没有教育改革 . 教育展望，（3）：13.

罗树华，李洪珍 . 1997. 教师能力学 . 济南：山东教育出版社 .

罗素 . 2006. 西方哲学史（上、下）. 何兆武，李约瑟译 . 北京：商务印书馆 .

罗素华，李洪珍 . 2006. 教师能力学 . 上海：华东师范大学出版社 .

马克思·范梅南 . 2001. 教学机智——教育智慧的意蕴 . 李树英译 . 北京：教育科学出版社 .

马克思·舍勒 . 2000. 知识社会学问题 . 艾彦译 . 北京：华夏出版社 .

马立，郁晓华，祝智庭 . 2011. 教师继续教育新模式：网络研修 . 教育研究，（11）：21-28.

马岷兴 . 2002. 例谈数学作文——"采访毕达哥拉斯". 数学通报，（11）：12-13.

马振海 . 2001. 教师礼仪 . 开封：河南大学出版社 .

迈克·富兰 . 2004. 变革的力量透视教育改革 . 中央教育科学研究所，加拿大多伦多国际学院译 . 北京：教育科学出版社 .

孟昭兰 . 1994. 普通心理学 . 北京：北京大学出版社 .

穆慧翔 . 2011. 一路花香 . 人民教育，（22）：27-28.

南京师范大学《教育学》编写组 . 1984. 教育学 . 北京：人民教育出版社 .

牛震乾 . 2008. 论教师的知识成长 . 河北师范大学学报（教育科学版），（4）：96-98.

庞亚红 . 诗意数学的生态探寻 . http：//www.szssxxorg.

培根 . 2008. 新工具 . 许宝骙译 . 北京：商务印书馆 .

彭聃龄 . 2004. 普通心理学 . 北京：北京师范大学出版社 .

钱守旺 . 教师要勇于超越自己 . http：//wenku.baidu.com/view/f0 b403573 c1 ec5 da50 e270 ba. html.

秦静 . 2008. 浅谈老师的课堂表情 . 新课程研究，（1）：81.

《教育规划纲要》工作小组办公室 . 2010. 北京：教育科学出版社 .

全国十二所重点师范大学联合编写 . 2007. 教育学基础 . 北京：教育科学出版社 .

全国十二所重点师范大学联合编写 . 2008. 教育学基础 . 北京：教育科学出版社 .

让-弗朗索瓦·利奥塔尔 . 1997. 后现代状态：浅谈教育与政治的关系 . 车槿山译 . 北京：生活·读书·新知三联书店 .

任智茹，庞丽娟 . 2010. 教师合作学习的特征 . 当代教育科学，（21）：35-46.

容理诚 . 学生的精彩才是教师真正的精彩 . http：//www.pep.com.cn/gzyw/jszx/grzj/jszj/rlc/xkcpz/201008/t20100826 _ 766415. htm.

申继亮 . 2006. 教学反思与行动研究 . 北京：北京师范大学出版社 .

石中英 . 1998. 当代知识的状况与教师角色的转换 . 高等师范教育研究，（6）：52-57.

斯宾诺莎 . 2007. 笛卡尔哲学原理 . 王荫庭，洪汉鼎译 . 北京：商务印书馆 .

斯腾伯格 . 2004. 超越 IQ：人类智力的三元理论 . 俞晓琳，吴国宏译 . 上海：华东师范大学出版社 .

苏霍姆林斯基 . 1983. 帕夫雷什中学 . 北京：教育科学出版社 .

苏霍姆林斯基 . 2004. 给教师的建议 . 杜殿坤编译 . 北京：教育科学出版社 .

睢文龙，廖时人，朱新春 . 1994. 教育学 . 北京：人民教育出版社 .

孙传远.2010.教师学习：期望与现实.上海师范大学博士学位论文.

孙培青.2005.中国教育史.上海：华东师范大学出版社.

邰鹭明.2003.新课程中教师角色定位的转换.厦门教育学院学报，（4）：42-47.

爱德华·B.泰勒.1988.原始文化.蔡江浓译.杭州：浙江人民出版社.

谈松华.2003.教师工作不仅是职业更是专业.中国远程教育，（14）：68.

覃兵.2005.论教师主体生命意义的消解与重构.教师教育研究，（3）：39-43.

唐爱民.2010.道德成长：教师教育不能遗失的伦理维度.课程·教材·教法，（2）：39-40.

唐美玲.2006.从适应型教师文化走向创生型教师文化.基础教育参考，（8）：39-41.

田秋华.2012.基于教师多元角色的校本学习策略探究.继续教育研究，（3）：82-83.

田圣会.2008.试析反思性学习的目的、功能、特征与理论基础.教育与职业，（20）：62-63.

王道俊，郭文安.2009.教育学.北京：人民教育出版社.

王光敏.2002.浅谈教师体态语言在教学中的运用艺术.辽宁教育研究，（4）：71-72.

王国富，王秀玲.2002.澳大利亚教育词典.武汉：武汉大学出版社.

王加绵.2000.辽宁省中小学教师心理健康状况的检测报告.辽宁教育，（9）：23-24.

王建勤.2009.终身学习：教师专业化的根本要求.中国成人教育，（12）：74.

王洁.教师在教育行动中成长——以课例为载体的校本教学研修行动研究案例分析.http://wenku.baidu.com/view/231 f3 f104431 b90 d6 c85 c702.html.

王金战，隋永双.记住每个学生的名字.http://book.sina.com.cn/nzt/edu/yingcaizaojiu/20.shtml.

王枬.2002.教育智慧：教师诗意的栖居.社会科学家，（2）：5-9.

王枬.2006.教育叙事研究的兴起、推广及争辩.教育研究，（10）：13-17.

王书荃.2005.学校心理健康教育概论.北京：华夏出版社.

王铁军，方建华.2005.名师成功：教师专业发展的多维解读.课程·教材·教法，（12）：70-78.

王晓春.2005.教育智慧从哪里来.上海：华东师范大学出版社.

王晓莉，卢乃桂.2011.当代师德研究的省思：与国外教学道德维度研究的比较.外国教育研究，（6）：79-84.

王晓莉，卢乃桂.2011.教师应对教学道德冲突的策略及其实证研究.课程·教材·教法，（9）：84-90.

王晓援.2007.给新教师的50个忠告.北京：中国轻工业出版社.

王以仁，陈芳玲，林本乔.2005.教师心理卫生.2版.北京：心理出版社.

王正平.1988.教育伦理学.上海：上海人民出版社.

韦有华.2002.教师的心理素质.长春：东北师范大学出版社.

维克多·埃尔.1988.文化概念.康新文，晓文译.杭州：浙江人民出版社.

沃特金斯·马席克.2000.21世纪学习型组织.沈德汉，张声雄译.上海：世界图书出版公司.

吴锡龙.2007-12-11.我和学生共同成长.教育导报.

吴咏诗.1995.终身学习——教育面向21世纪的重大发展.教育研究，（12）：10-13.

吴遵民，美丽开·吾买尔，傅蕾.2011.论"学习社会"与"学习型组织"理论与实践之异同.教育发展研究，（23）：23-29.

伍新春，张军.2009.教师职业倦怠预防.北京：中国轻工业出版社.

席梅红 . 2007. 论教师生命的意蕴 . 现代教育论丛，(11)：19-57.

肖川 . 2004-07-15. 建基于信仰的教育 . 中国教育报 .

肖第郁，钟子金 . 2010. 农村中小学教师职业压力的调查与思考 . 教育学术月刊，(1)：93-96.

谢宗春 . 期待您的那一回眸 . http：//www. dlzx. yxe21. com/keyan/ShowArticle. asp？ ArticleID ＝342.

辛涛，申继亮，林崇德 . 1999. 从教师的知识结构看师范教育的改革 . 高等师范教育研究，(6)： 12-17.

徐莉 . 2008. 论教师发展文化场及其构成 . 西南大学学报，(1)：116-121.

薛忠祥，李志红，等 . 2008. 教育哲学视野下的小学教师知识基础 . 济南：山东大学出版社 .

亚里士多德 . 2003. 工具论（上、下）. 余纪元译 . 北京：中国人民大学出版社 .

亚米契斯 . 1995. 爱的教育 . 夏丏尊译 . 上海：华东师范大学出版社 .

严卫林 . 2005-04-21. 在学生"评语"中成长 . 教育导报 .

杨明 . 2011. 成人自我导向学习理论研究 . 长江大学学报，(6)：100-101.

杨启亮 . 2001. 研究教育科学：未来教师成长的必然选择 . 教育发展研究，(4)：24-28.

杨硕 . 2009. 有助于学生发展的教师学习——美国教育家琳达·达林-哈蒙德论教师教育 . 太原大学学报，(4)：65-68.

杨维东，贾楠 . 2011. 建构主义学习理论述评 . 理论导刊，(5)：12-17.

杨新春 . 2009-1-13. 让学生能自主学习提高能力不布置作业又何妨 . 中国教育报 .

叶俊余 . 农村重点高中教师专业化发展策略研究 . http：//www. afzxx. cn/shownew. aspid＝519.

叶澜 . 1999. 教育概论 . 北京：人民教育出版社 .

叶澜 . 2004. "新基础教育"语丝 . 基础教育，(5)：2-3.

应方淦 . 2010. 二战后成人学习研究述评 . 河北师范大学学报，(5)：101-105.

于伟 . 2008. 现代性与教育 . 北京：北京师范大学出版社 .

于漪 . 2008. 语文教师的使命 . 全球教育展望，(4)：21-25.

俞国良，宋振韶 . 2008. 现代教师心理健康教育 . 北京：教育科学出版社 .

俞国良，曾盼盼 . 2001. 论教师心理健康及其促进 . 北京师范大学学报，(1)：20-27.

俞国良 . 2005. 心理健康教育（教师用书）. 北京：高等教育出版社 .

喻梦林 . 1995. 教师社会作用的特点和规律 . 教育理论与实践，(1)：16-21.

袁克定，申继亮 . 1998. 论教师知识结构及其对教师培养的意义 . 中国教育学刊，(3)：55-58.

岳欣云 . 2006. "迷失"与"回归"——试论教师自我意识对教师生命发展的作用 . 当代教育科学，(8)：11-14.

曾钊新 . 2000. 教育哲学断想录 . 长沙：中南工业大学出版社 .

张爱琴，谢利民 . 2002. 教师角色定位的本质透视 . 教育评论，(5)：41-44.

张华，石伟平，马庆发 . 2000. 课程流派研究 . 济南：山东教育出版社 .

张华 . 2006. 教师文化的逻辑视角 . 内蒙古师范大学学报，(2)：97-101.

张华 . 2007-12-11. 师生关系的根基 . 教育导报 .

张华 . 2009. 角色之重与生命之悲——教师职业的现实博弈 . 四川教育，(9)：17.

张华 . 2010. 教师角色的迷失与澄明 . 西南大学学报，(2)：129-134.

张良朋.2005-11-26.惩罚孩子：高难度的教育手段.教育导报.

张培.2006.让教师诗意地栖居在教育中.教育理论与实践，(7)：34-38.

张人杰.2005.教师专业化：亟需更深入研究的若干问题.比较教育研究，(9)：47-52.

张如珍，张学强.2000.我国教师职业的历史变迁.教育评价，(1)：61-63.

张世英.2009-12-31.人生的四重境界.光明日报，6.

张随学.2012-08-21.教师沙龙：教师专业成长的助推器.中国教育报.

张伟，杨斌.2011.论教师的课堂创新素养.教育研究，(11)：39-43.

张文言.2011.从强调奉献精神到引领自我实现——新时期我国教师职业道德建设的思考.理论前沿，
　　(6)：9-12.

赵复查.2007.生命哲学视域中的教师文化.韩山师范学院学报，(2)：87-92.

赵红.在案例学习与反思中促进教师的专业成长.http：//essay.cnsece.com/article/9496.html.

赵立伯.1992.教师论.北京：教育科学出版社.

郑文樾.1991.乌申斯基教育文选.北京：人民教育出版社.

郑夏云.做一名智慧的教育者.http：//res.hersp.com/content/1750548.

中国教师成长网.http：//teacher.cersp.com/classroom/yuwenjiaoan/200708/2517.html.

中国社会科学院语言研究所词典编辑室.2005.现代汉语词典.北京：商务印书馆.

中小学教育资源网站 http：//wwwedudownnet/teacher/guanli/xinli/200704/12668.html.

钟启泉.2013-05-22.教师研修的挑战.光明日报.

周红.2011.专业化背景下的教师知识建构的特点及策略.教育探索，(8)：107-108.

周建达，林崇德.1994.教师素质的心理学研究.心理发展与教育，(1)：31-37.

周洁.2013-1-4.与周杰伦同台演出乐山化学老师被赞"很厉害".四川日报.

周南照，赵丽，任友群.2007.教师教育改革与教师专业发展：国际视野与本土实践.上海：华东师
　　范大学出版社.

周宗诚.2001.大学教师社会角色论.高等教育研究，(5)：53-61.

朱旭东.2011.教师专业发展理论研究.北京：北京师范大学出版社.

卓国卫.教师间精诚协作.http：//eblogcersp com/userlog2/59229/archives/2007/378291 shtml.

卓晖.2011.教师自建学习共同体："科研工作坊"凸显磁场效应.中小学管理，(12)：33-34.

佐藤学.2003.课程与教师.钟启泉译.北京：教育科学出版社.

佐藤学.2003.世界课程与教学新理论文库：课程与教师.北京：教育科学出版社.

Charlotte Danielson.2005.教学框架——一个新教学体系的作用.张新立，么加利译.北京：中国轻
　　工业出版社.

C.A.冯·皮尔森.1992.文化战略.刘利圭，蒋国田，李维善译.北京：中国社会科学出版社.

Fred C.Lunenburg，Allan C.Ornstein.2003.教育管理学理论与实践.孙志军，等译.北京：中国轻
　　工业出版社.

S.D.布鲁克菲德.2006.批判反思性教师 ABC.张伟译.北京：中国轻工业出版社.